Bianca de Loryn

Bianca de Loryn stammt ursprünglich aus Nordrhein-Westfalen; ihre Lieblingsstadt in Deutschland ist allerdings München, wo sie ihr Volontariat bei einem Online-Computermagazin absolvierte. Seit 2006 lebt sie in Australien und arbeitet als Journalistin und Reiseberaterin in Cairns am Great Barrier Reef. Seit 2009 besitzt sie die doppelte Staatsbürgerschaft und hat das Abenteuer eines Hausbaus erfolgreich hinter sich gebracht.

1. Auflage

Umschlaggestaltung: Linda Kahrl, David Janik
Satz: David Janik
Druck & Verarbeitung: Ebner & Spiegel GmbH, Ulm
Umschlagbilder: Foto oben © Tourism NSW, Courtesy of DSRD, Foto unten © Biance de Loryn
Printed in Germany

ISBN 978-3-934918-38-2

www.conbook-verlag.de

KURZÜBERSICHT

Inhalt

Alltag in Australien

Vorwort

Es gibt viele Gründe, warum Menschen sich entscheiden, nach Australien zu gehen. Oft ist es das warme Wetter und die scheinbar endlosen Sonnentage, die kilometerlangen Strände und die Weite des Outbacks. Oder eine neue Perspektive im Beruf oder einfach nur eine Auszeit vom Alltag in Deutschland. Aber immer sind es Menschen mit einem Hang zu Freiheit und Abenteuer, die es nach Down Under zieht. Daher ist es umso merkwürdiger zu beobachten, dass ein Großteil der Einwanderer sich doch »nur« für die Großstädte Sydney und Melbourne entscheidet.

Australien ist kein homogenes Land wie etwa Deutschland, wo Lebensweise und Freizeitgestaltung in Hamburg wie in München kaum voneinander abweichen. In Australien entscheidet der Ort, an dem Sie leben nicht nur über so offensichtliche Dinge wie den Arbeitsmarkt und die Höhe der Mieten, sondern auch über Ihre Freizeitgestaltung und sogar Ihre Garderobe. Sind Ihnen schicke Cafés, Designermode und ein vielfältiges Kulturprogramm wichtig, oder sitzen Sie lieber in T-Shirt und Shorts am Lagerfeuer unter tausend Sternen? Mögen Sie buntes Laub im Herbst oder doch lieber ganzjährig Palmen? Wollen Sie Schnee sehen im Winter und sich abends am Kaminfeuer aufwärmen oder träumen Sie vielleicht von Spaziergängen an tropischen Stränden? All das finden Sie in Australien und noch vieles mehr. Aber viele dieser Dinge gibt es nicht in den Großstädten, sondern auf dem Land, im Outback, in den kleinen Küstenstädten oder in den Weiten von Western Australia.

Wir hoffen, dass dieses Buch Ihnen hilft, sich zu entscheiden, nicht nur wo Sie in Australien leben, sondern auch *wie* Sie leben möchten.

Mit sonnigen Grüßen aus Cairns am Great Barrier Reef,

Bianca de Loryn

Kapitel 1

Was Sie in Down Under erwartet

Australien ist ein Land für abenteuerlustige Menschen. Für Leute, die anpacken und sich damit abfinden können, dass sie viele Dinge, die sich in Deutschland, der Schweiz oder Österreich* ganz von selbst regeln, selbst organisieren müssen. Das kann ein Vorteil sein, da man auf diese Weise viel mehr in Australien erreichen kann und viele Freiheiten hat, die in Europa gar nicht denkbar sind. Aber es kann auch dazu führen, dass man sich als Neuankömmling überfordert und allein gelassen fühlt.

Bevor Sie sich überhaupt Gedanken über einen Umzug auf einen anderen Kontinent machen, in dem zudem noch eine fremde Sprache gesprochen wird, so lohnt es sich, darüber nachzudenken, ob Sie bereit sind, Ihre gewohnte Umgebung dauerhaft zu verlassen und Ihre eigene Muttersprache nur noch selten sprechen zu können.

Ihre Familie und Freunde werden Sie fast nur noch über Telefon oder Skype hören oder per Webcam im Internet sehen. Sie werden Geburtstage, Hochzeiten, Jubiläen und Beerdigungen mit wenigen Ausnahmen verpassen, weil mangelnder Urlaub oder die Finanzen vielleicht nur einen Flug im Jahr erlauben – wenn überhaupt. Ihre Freunde werden Ihnen von großartigen Partys erzählen – und Sie werden nicht dabei gewesen sein. Weihnachtsmärkte mit Schnee und Glühwein werden an Ihnen vorbeiziehen, Osterglocken und das erste Grün im März, die Sommer an der Ostsee und die herbstlichen Farben in den Alpen werden für Sie fast unerreichbar sein.

Ein Umzug nach Australien ist ein bisschen wie ein Umzug auf einen anderen Planeten. Es ist ähnlich wie in den USA, und doch irgendwie fremd. Das Wetter, die Natur, die Tiere, die Straßen, die Sprache, die

* Der leichteren Lesbarkeit halber wird im weiteren Verlauf dieses Buches meist nur noch Deutschland genannt. Gemeint sind aber alle deutschsprachigen Länder. Sollte es abweichende Bestimmungen geben, wird dies differenziert dargestellt.

Mode, das Bier – alles ist anders. Hier sind Sie der Ausländer und nicht die anderen. In diesem Fall hilft nur eins: Entweder man überwindet seine Hemmungen und das Bedürfnis, alles perfekt machen zu wollen, und findet schnellstmöglich neue Freunde, neue Hobbys, neue Ablenkungen. Oder man bekommt so schnell Heimweh, dass es mit dem nächsten Flugticket postwendend wieder nach Deutschland geht.

Checkliste – ist Australien etwas für Sie?

Australien ist das richtige Land für Sie....

- Wenn Sie sich damit abfinden können, dass Sie umgerechnet weniger verdienen werden als in Deutschland, dafür aber im Gegenzug vermutlich mehr Lebensqualität erhalten.
- Wenn Sie auf Kündigungsschutz verzichten können.
- Wenn Sie bereit sind, möglicherweise eine völlig neue Karriere (oder Berufsausbildung) zu starten.
- Wenn Sie damit umgehen können, einmal selbst »der Ausländer« zu sein, der die Landessprache nur fehlerhaft oder mit Akzent spricht.
- Wenn Sie bereit sind, Ihre Arbeit nur noch als »Acht bis Fünf«-Job und nicht mehr als Lebensgrundlage zu sehen, weil die Freizeit einfach viel wichtiger ist als der Job.
- Wenn Sie auf feuchtes, graues Winterwetter verzichten können.
- Wenn Sie Lust haben, neue Freunde aus anderen Kulturen kennenzulernen.
- Wenn es Ihnen nichts ausmacht, Weihnachten mitten im Sommer zu feiern – vielleicht sogar bei einem BBQ am Strand.
- Wenn Ihnen viele Freizeitmöglichkeiten in der Natur und die Nähe zum Meer wichtig sind
- Wenn Sie bereit sind, ständig neue Erfahrungen zu machen und es genießen können, dass Ihr Privatleben wie auch das berufliche Leben nicht bis in die Rente planbar sind.

Kapitel 2

Fakten über Australien

Australien ist ein kleines, großes Land: Anfang 2009 lebten gerade einmal 22 Millionen Menschen (darunter knapp 500.000 Ureinwohner) in einem Land, das mit einer Fläche von etwa 7,7 Millionen Quadratkilometern das sechst größte der Erde ist. Trotzdem lebt die Mehrheit der Einwohner in nur einigen wenigen Städten entlang der Küste. Bei der Volkszählung 2006 stellte sich heraus, dass über 60 Prozent der Bevölkerung in den Hauptstädten der sechs Staaten und zwei Festlands-Territorien leben*. Die größten Städte des Landes sind Sydney (4,4 Millionen Einwohner) und Melbourne (3,6 Millionen), gefolgt von Brisbane (1,9 Millionen), Perth (1,6 Millionen) und Adelaide (1,1 Millionen). Australiens Hauptstadt Canberra folgt weit abgeschlagen mit 345.000 Einwohnern. Die Schlusslichter unter den Hauptstädten bilden Hobart (210.000) und Darwin (120.000).

Wer es in den Großstädten nicht aushält, den zieht es fast immer in eine der vielen kleinen Küstenstädte entlang der Ozeane. Immerhin hat der Inselkontinent je nach Berechnungsmethode um die 40.000 Kilometer Küste zu bieten, das ist so lang wie der Erdumfang. Beliebt ist vor allem die Pazifikküste im Osten des Landes. Hier gibt es noch einige Städte mit über 100.000 Einwohnern wie etwa Gold Coast, Cairns und Townsville in Queensland sowie Newcastle und Wollongong in New South Wales.

Das *Outback* hingegen, für das Australien weltweit bekannt ist, ist fast vollkommen leer. Es erstreckt sich über Millionen von Quadratkilometern über das gesamte Binnenland Australiens. In dieser fast durchgängig ariden oder semi-ariden Zone gibt es weite Grasländer, Wüsten und Oasen, eindrucksvolle Naturparks, gigantische Erzminen

* Australien hat auch einige Territorien außerhalb des Festlandes. Dazu gehören etwa Christmas Island und die Cocos (Keeling) Islands im indischen Ozean, Norfolk Island bei Neuseeland sowie Teile der Antarktis.

und luxuriöse Hotelanlagen. Hier trifft man durchreisende Touristen und Minenarbeiter, die ihr Glück suchen. Aber dauerhaft im Outback leben mag kaum jemand.

Die britische Verwandtschaft

Wenn man Australien zum »Fernen Osten« hinzuzählt, so handelt es sich hier um das einzige Land in dieser Region, das vornehmlich von Weißen europäischer Abstammung besiedelt ist (92 Prozent der Bevölkerung). Zudem sind Landessprache, Religion und Lebensweise im weitesten Sinne britisch, was natürlich für viele europäische Touristen und Einwanderer sehr attraktiv ist. Auch das Fahren auf der linken Straßenseite stammt noch aus britischen Zeiten.

Die Landessprache ist Englisch, außerdem werden in australischen Haushalten über 200 verschiedene Sprachen gesprochen. Die meist verbreiteten sind Italienisch, Griechisch, Kantonesisch, Arabisch, Vietnamesisch und Mandarin-Chinesisch.

Die Regierungsform ist der britischen ebenfalls sehr ähnlich: Das Landesoberhaupt ist Queen Elizabeth II., die in allen Dingen vom Generalgouverneur *(Governor-General)* vertreten wird. Seit 2008 ist dies die Queensländerin Quentin Bryce. In der Praxis wird das Land vom Premierminister *(Prime Minister)* und der regierenden Partei geführt, die alle drei Jahre gewählt wird. Nach John Howard *(Liberals)*, der das Land von 1996 bis 2007 regiert hat, wurde 2007 Kevin Rudd als Vorsitzender der gewerkschaftsnahen *Labour Party* gewählt. Seine Vertreterin ist Julia Gillard.

Die Regierung besteht aus zwei Kammern, dem Senat *(Senate)* und dem Repräsentantenhaus *(House of Representatives)*.

Handel und Wirtschaft

Australien lebt in erster Linie von seinen Rohstoff-Exporten in Länder wie Japan, China und Korea. Auf dem Kontinent bekannte Marken wie *Bonds* (T-Shirts und Unterwäsche) oder *Blundstones* (Schuhe) haben in den letzten Jahren – sehr zum Unmut der Bevölkerung – ihre

Produktion nach China ausgelagert. Das ist ganz typisch für ein Land, dessen Bevölkerung sich mehr mit Handel und Dienstleistungen (75 Prozent aller Arbeitnehmer) und weniger mit der Produktion von Fertigprodukten beschäftigt.

Rohstoffe wie Eisenerz, Kohle, Kupfer, Aluminium, Diamanten, Uran und vieles mehr gibt es in so großen Mengen, dass Australien trotz kaum ausgeprägter weiterverarbeitender Industrie zu einem der reichsten Länder der Welt gehört. Mit 29 Prozent der weltweiten Exporte ist Australien zudem der weltgrößte Exporteur von Kohle. Außerdem werden Öl und Gas exportiert.

Natur

Australien ist bei Gästen aus aller Welt vor allem für seine beeindruckenden Natur- und Kulturmonumente bekannt. Einige davon sind von der UNESCO geschützt worden. Zum UNESCO-Welterbe gehören folgende australische Parks und Monumente. In Klammern steht das Jahr, indem sie gelistet wurden:

- Great Barrier Reef, Queensland (1981)
- Kakadu National Park, Northern Territory (1981)
- Willandra Lakes in New South Wales, im Bereich des Mungo National Park (1981)
- Inselgruppe der Lord Howe Islands, vor der Küste von New South Wales (1982)
- Die Wildnis Tasmaniens (1982)
- Die Regenwälder im Grenzgebiet von Queensland und New South Wales, auch bekannt als Gondwana Rainforests (1986)
- Uluru-Kata Tjuta National Park mit Ayers Rock, Northern Territory (1987)
- Die Regenwälder im Norden Queenslands, die Wet Tropics (1988)
- Shark Bay in Western Australia (1991)
- Fraser Island, Queensland (1992)
- Fossilienfundstätten in Riversleigh, Queensland, und Naracoorte, South Australia (1992)

- Die Inselgruppe Heard and McDonald Islands im Bereich der Antarktis (1997)
- Macquarie Island, etwa auf halbem Wege zwischen Neuseeland und der Antarktis (1997)
- Die Region der Blue Mountains, New South Wales (2000)
- Purnululu National Park, auch bekannt als Bungle Bungles (2003)
- Das Royal Exhibition Building und die Carlton Gardens in Melbourne (2004)
- Das Sydney Opera House (2007)

Außerdem gibt es noch viele andere Nationalparks und State Parks, die Australiens außergewöhnliche Natur schützen und die für die Öffentlichkeit zugänglich sind. Manche Parks sind dabei bequem per Auto erreichbar, einige Parks im Norden des Landes hingegen nur saisonal und auch dann auch nur im Geländewagen mit Allrad-Antrieb.

Zu den einfach erreichbaren Nationalparks gehört etwa der höchste Berg des Landes, der Mount Kosciuszko (2.228 m) in New South Wales, auf dem im Winter sogar Schnee fällt. Auch der tiefste Punkt des Landes liegt in einem Nationalpark, nämlich im zumeist ausgetrockneten Salzsee Lake Eyre (-15 m) in South Australia.

Ausländer in Australien

Australien ist ein Land der Einwanderer: In der Volkszählung 2006 stellte sich heraus, dass jeder vierte Einwohner im Ausland geboren worden war, und von den in Australien geborenen Menschen hatten noch 25 Prozent mindestens einen Elternteil, der im Ausland geboren wurde.

Die Mehrheit der im Ausland geborenen Einwohner stammte aus Großbritannien, Neuseeland und Italien, gefolgt von China, Vietnam und Indien. Außerdem lebten 2006 106.520 in Deutschland geborene Einwohner im Lande. Interessanterweise war das weniger als noch 1996, als 110.331 deutschstämmige Einwohner gezählt wurden.

Deutschstämmige Australier bilden übrigens zurzeit die drittgrößte ethnische Gruppe im Land. Bei der Volkszählung 2006 gaben über 810.000 Menschen an, dass ihre Vorfahren wenigstens teilweise deutscher Herkunft sind. Damit liegen sie direkt hinter den Angelsachsen und den Italienern.

Lebenserwartung und Überalterung

Australier haben zurzeit eine durchschnittliche Lebenserwartung von knapp 82 Jahren und liegen damit weltweit an siebter Stelle, noch vor Kanada, Frankreich, Schweden und der Schweiz. Deutschland liegt übrigens mit knapp über 79 Jahren im weltweiten Vergleich auf Platz 26. Leben in Australien ist also sehr gesund!

Diese Zahlen gelten allerdings nicht für Aborigines: Die Ureinwohner Australiens, die auf dem Lande leben, werden oft kaum 50 Jahre alt. Aborigines in städtischer Umgebung sterben nicht selten schon im Alter von um die 60 Jahren.

Das Thema Überalterung steht den Australiern noch bevor, es ist aber nicht ganz so dramatisch wie in Deutschland, da die Einwanderung sowie die Geburtenrate für eine immer noch steigende Bevölkerungsanzahl sorgen. 2009 waren 13,5 Prozent aller Australier über 65 Jahre alt, in Deutschland hingegen 20,3 Prozent.

Die wichtigsten Fakten über Australien

- Australiens größte Städte sind Sydney und Melbourne. Hier leben fast 8 Millionen Einwohner – also beinahe jeder dritte Australier.
- Die meisten Australier leben vor allem entlang der Ost- und Südküste von Cairns bis nach Adelaide.
- Englisch ist zwar Amtssprache, aber in vielen Familien wird noch eine weitere Sprache gesprochen.
- Queen Elizabeth II ist Staatsoberhaupt, Regierungschef ist der Premierminister *(Prime Minister)*.
- Australiens Reichtum stammt vor allem aus dem Export von Rohstoffen.
- Australien hat 17 UNESCO-Welterbestätten im Bereich Natur und Kultur.
- Der höchste Berg des Landes heißt Mount Kosciuszko (2.228m) und befindet sich in New South Wales.
- In Australien leben etwa 106.000 in Deutschland geborene Einwohner.
- Australier haben mit 82 Jahren eine längere Lebenserwartung als Deutsche (79 Jahre) – vielleicht, weil sie zu den glücklichsten Menschen der Welt gehören?

Kapitel 3

Klima

Australien liegt auf der Südhalbkugel, die Jahreszeiten sind daher aus europäischer Sicht »vertauscht«: Das Jahr beginnt mit dem Sommer, der bis Ende Februar dauert. Der Herbst geht von März bis Mai, danach folgen der Winter von Juni bis August und der Frühling von September bis November. Der Sommer beginnt dann Anfang Dezember. Australien folgt damit dem meteorologischem und nicht dem Sonnenkalender.

Australien gilt als flachstes, heißestes und trockenstes Land der Erde. Das trifft aber nur bedingt zu. In der Tat können Sie in Australien auch ganz schön ins Frieren kommen, und zwar nicht nur während der Wintermonate, sondern sogar im Sommer! Wenn Sie daher die im Folgenden genannten Wintertemperaturen im Vergleich zu Europa als sehr mild empfinden, dann bedenken Sie, dass die Sommer in Melbourne zwar fantastisch sein können, aber dass Sie viele Winternächte kälter als in Deutschland empfinden werden. Einer der Gründe dafür ist, dass Häuser nicht in der Weise isoliert sind, wie man es aus Europa gewohnt ist, und dass Zentralheizungen eher die Ausnahme als die Regel sind. Daher sind in den Wintermonaten warme Socken und Wollpullover sowie Heizdecken im Bett in vielen Haushalten in New South Wales, Victoria, Tasmanien und Canberra eine Notwendigkeit.

Darwin, Katherine und Cairns
Der tropische Norden

Im tropischen Norden Australiens wird es nie kalt: Die Region um Darwin und Katherine im nördlichen Bereich des Northern Territory ist eine der heißesten bewohnten Gegenden Australiens, mit Temperaturen, die auch im Winter tagsüber nicht selten 31 °C erreichen. Im Sommer kann man noch einige Grade dazu rechnen, allerdings bleibt das Thermometer fast immer unter 40 °C. Die ganzjährig hohe Luftfeuchtigkeit ist für so manchen eher erdrückend, sodass in dieser Gegend die Klimaanlagen in vielen Häusern auch im Winter laufen.

Cairns am Great Barrier Reef liegt ebenfalls in der tropischen Zone, aufgrund des relativ kalten Wassers des Pazifischen Ozeans ist das Wetter in dieser Region aber milder als in Darwin. Im Winter (Juni bis September) liegen die Tageshöchsttemperaturen bei angenehmen 26-28 °C und die Luftfeuchtigkeit ist gering. Im Sommer (Dezember bis März) liegen die Temperaturen fast täglich bei 32 °C. Über die Weihnachtsfeiertage kann zumeist mit Sonne und 32 °C gerechnet werden, wenn auch mit relativ hoher Luftfeuchtigkeit.

An der Nordküste Australiens von Western Australia bis hin nach Queensland gibt es jährlich eine Regenzeit mit Regenfällen von zum Teil über 400 Millimetern im Monat. In Darwin beginnt die Regenzeit meistens schon im November, in Cairns etwa Ende Dezember, manchmal auch erst im Laufe des Januars. Im April klingt dann die Regenzeit im Norden des Kontinents langsam aus.

Folgt man der Küste Queenslands nach Süden über Townsville, Airlie Beach und Rockhampton nach Brisbane, wird das Klima mit jedem Kilometer trockener. Rockhampton liegt fast genau am südlichen Wendekreis und bildet damit die Südgrenze der Tropen. Hier ist es fast ganzjährig trocken, ebenso wie in Queenslands Hauptstadt Brisbane.

Brisbane und Sydney
Die mediterrane Ostküste

Während im Norden Queenslands das ganze Jahr über keine Heizung benötigt wird, schalten die Bewohner von Brisbane, der Sunshine Coast und der Gold Coast an kalten Winternächten ihre Klimaanlage von »Kühlen« auf »Heizen« um: Bei nächtlichen Tiefsttemperaturen von unter 10 °C und Höchsttemperaturen von um die 20 °C im Juli ist das auch kein Wunder.

Das Klima in der Region Sydney ist vergleichbar mit Brisbane, allerdings ist es im Durchschnitt drei bis vier Grad kühler. An den Weihnachtsfeiertagen, die die Sydneysider gerne an ihren eigenen Stränden verbringen, herrscht fast immer perfektes Badewetter. Ein typischer Januartag in Sydney erreicht im Durchschnitt selten mehr als 26 °C, im Juli kann es hingegen nachts bis zu 7 °C kalt werden.

In den Bergen der Blue Mountains östlich von Sydney schneit es im Winter des Öfteren, sodass dort seit einigen Jahren *Christmas in July* mit Schnee und Kaminfeuer gefeiert wird.

Canberra und ACT
Frostige Winternächte

Australiens Hauptstadt Canberra und das umliegende Australian Capital Territory, oder kurz ACT, liegt etwa 300 Kilometer westlich von Sydney. Das Klima ist für australische Verhältnisse eher ungewöhnlich: Wer in Canberra und Umgebung wohnt, der wird sich an frostige Nächte in den Wintermonaten und an Sommermonaten mit bis zu 29 °C Höchsttemperatur gewöhnen müssen – das ist zugleich heißer und kälter als Sydney. Dafür ist das Klima mit 615 Millimeter Jahresniederschlag insgesamt trockener als in Sydney.

Wer in Canberra lebt, der kann sich im Winter an Schnee erfreuen – entweder direkt in der Stadt oder in den nahe gelegenen Skiregionen wie Perisher Blue oder Thredbo an den Hängen des Mount Kosciuszko (2.228 m).

Hobart und Tasmanien
Ganzjährig kühl

Auch im kleinen Insel-Staat Tasmanien geht es vergleichsweise kühl zu: Im Winter liegen die Tageshöchsttemperaturen um die 12 °C, im Sommer um 22 °C, nachts sinkt das Thermometer im Winter auf um die 4 °C, im Sommer bis auf 12 °C.

Insgesamt ist das Klima auf der Westseite der Insel eher rau und windig, und auf der Ostseite an vielen Sommertagen warm und sonnig. Eine Besonderheit am tasmanischen Klima ist der ganzjährig frische Wind, der um die Insel bläst, und der das Wetter insgesamt kälter erscheinen lässt.

Die Südküste von Victoria und South Australia Kühle Winter

Melbourne und die Küstenbereiche von Victoria haben im Vergleich zu Sydney ein kühleres Klima mit um die 26 °C Tageshöchsttemperaturen im Hochsommer sowie 13 °C im Winter (Juli). In Winternächten sinkt das Quecksilber nachts bis auf 5 °C ab. Im Vergleich zu Sydney mit 1.000 Millimeter regnet es in Melbourne nur knapp über 530 Millimeter im Jahr.

Im Landesinneren von Victoria sollte man im Winter mit Schnee rechnen. Bei Mount Buller Village (1.700m), das nur 200 Kilometer nordwestlich von Melbourne liegt, findet sich eines der wenigen Skigebiete Australiens.

Das Klima in Adelaide und entlang der Küste von South Australia ist ganzjährig etwa zwei Grad wärmer als in Melbourne, und noch einen Tick trockener mit um die 450 Millimeter Regen im Jahr. Im Juli liegen die Temperaturen bei 7 bis 15 °C, im Januar bei 16 bis 28 °C (jeweils Tiefst- und Höchsttemperaturen).

Melbourne ist bekannt dafür, gerade über die Weihnachtsfeiertage besonders unvorhersagbares Wetter zu haben – manchmal mit Wind aus südlicher Richtung und Temperaturen unter 20 °C, manchmal mit Wind aus nördlicher Richtung und über 40 °C. In den letzten Jahren hat es sowohl in Adelaide wie auch in Melbourne wiederholt Hitzewellen mit Temperaturen über 40 °C gegeben, die sich manchmal über zwei Wochen und länger hingezogen haben.

Im Winter hingegen macht sich bemerkbar, dass es keine Landmassen zwischen der Südküste Australiens und der Antarktis gibt, sodass nicht selten unangenehme Kaltluft-Fronten heraufziehen.

Alice Springs und das Rote Zentrum

Das Wüstenklimas im »Roten Zentrum« *(Red Centre)* sorgt dafür, dass man in Alice Springs ganzjährig mit sonnigem Wetter rechnen kann. Der tropische Monsun aus Darwin bringt zwischen Weihnachten und Ostern eher seltene, dafür aber kräftige Regenfälle in die Region. Im

Sommer gehört Alice Springs zu den heißesten Städten Australiens mit Temperaturen, die im Januar fast täglich 36 °C und mehr erreichen. Aufgrund der trockenen Luft ist die Hitze besser zu ertragen als im Norden des Northern Territory.

Zwischen April und September ist es in Alice Springs mit Temperaturen unter 30 °C tagsüber und zwischen 4 und 12 °C in der Nacht gut auszuhalten. In der Region um den Uluru (Ayers Rock) kommt es in den Wintermonaten sogar gelegentlich zu Nachtfrost. Vergleichbare Klimadaten gelten auch für Coober Pedy in South Australia.

Perth, Broome und Western Australia
Mediterran bis tropisch

Perth gilt als die Großstadt Australiens mit dem angenehmsten Klima und ist bekannt für sein ganzjährig sonniges Wetter und seinen blauen Himmel, unter dem es sich mit um die 32 °C im Sommer und maximal 18 °C im Winter gut leben lässt. Die Winternächte werden bis zu 8 °C kalt, der Regenfall liegt mit 780 Millimetern im Jahr etwa zwischen den Werten von Sydney und Melbourne.

Der südliche Wendekreis liegt im Bereich der Siedlung Coral Bay am Ningaloo Reef. Ab hier beginnen wieder die Tropen mit ganzjährig heißem Wetter und einer Regenzeit zwischen Weihnachten und Ostern. Die größte Siedlung im nördlichen Teil von Western Australia ist Broome (12.000 Einwohner). Wer hier lebt, der braucht eine Klimaanlage, da nur in den Wintermonaten Juni und Juli die Tageshöchsttemperaturen unter 30 °C fallen. Im Vergleich zu anderen Orten in den Tropen hat Broome ein Savannenklima: Mit nur 600 Millimetern Regen im Jahr ist es in dieser Gegend vergleichsweise trocken.

Naturkatastrophen
Buschfeuer, Zyklone und Vorsichtsmaßnahmen

Buschfeuer

Australien ist mit einigen Ausnahmen ein sehr trockener Kontinent. Die Gefahr von ausufernden Flächenbränden, genannt Buschfeuer oder

Bushfires, besteht vor allem in New South Wales, Victoria und South Australia. Nach besonders ergiebigen Regenzeiten, wie etwa im Jahr 2009, besteht auch in Queensland die Gefahr von Waldbränden.

Im Northern Territory wie auch in Queensland werden schon seit Jahren während der Wintermonate kleinere Feuer – die sogenannten »kontrollierten Brände« *(controlled burnings)* gelegt, um große Buschfeuer abzuwenden. Die verheerenden Buschfeuer in Victoria Anfang 2009 rühren unter anderem daher, dass Wohnen im *Bush* in Victoria immer beliebter wird, aber auch daher, dass sich Tierschützer in den letzten Jahren konstant gegen kontrolliert angelegte Brände gewehrt haben. Hier könnte sich aber in Zukunft eine Wende wieder hin zu kontrollierten Feuern nach dem Vorbild des Northern Territory abzeichnen.

Die beste Möglichkeit, seinen Besitz zu schützen, ist, sich für den Einsatz von kontrollierten Bränden einzusetzen, um gefährliche Waldbrände von vornherein zu vermeiden. Außerdem kann man selbst dafür sorgen, dass sich möglichst wenig brennbares Material im Garten und am Haus befindet, indem man Dächer und Regenrinnen laubfrei hält, Bäume von totem Holz befreit und Laub oder Holz nicht liegen lässt, sondern beispielsweise kompostiert oder anderweitig verwertet. Wenn es erst einmal so weit gekommen ist, dass die Feuerwehr eine Siedlung evakuiert, bleiben oft nur wenige Stunden um einen sicheren Ort aufzusuchen. Daher sollte man den Zustand von Haus und Garten immer im Blick behalten.

Zyklone und andere starke Stürme

Im Norden Queenslands, im Bereich von Cape York bis etwa Airlie Beach, im nördlichen Bereich des Northern Territory sowie in Western Australia besteht jedes Jahr von etwa November bis April die Gefahr von tropischen Wirbelstürmen oder Zyklonen. Die Stürme bilden sich über dem Meer und benötigen warmes Wasser. Je wärmer das Wasser ist, umso größer wird die Zyklongefahr.

Vom einfachen Tiefdruckgebiet bis zum Zyklon kann es manchmal weniger als 24 Stunden dauern. Sturmwarnungen werden in Zeitungen, Radio und Fernsehen sowie im Internet durchgegeben. Es lohnt sich also auch für Menschen, die nicht gerne Fernsehen, wenigstens im

Sommer abends die Lokalnachrichten anzuschauen. Zyklonwarnung wird in einer Sommersaison manchmal mehrmals gegeben, ohne dass es zu mehr als einem starken Regenguss kommt. Entweder zieht der Zyklon in eine andere Richtung oder er löst sich wieder auf. Daher kommt es auch bei einer Zyklonwarnung nie zu Panik oder Hamsterkäufen in den betroffenen Gebieten und das Alltagsleben läuft fast immer völlig unbeeinflusst weiter.

Die Stadtverwaltung *(City Council)* gibt normalerweise vor jeder Zyklonsaison als Postwurfsendung Merkblätter heraus, die Tipps für die Vorbereitung auf einen Sturm geben. Die meisten Häuser in den betroffenen Regionen sind sturmsicher gebaut, allerdings muss man damit rechnen, dass Strom, Telefon und Trinkwasser nach einem Zyklon für ein paar Tage nicht zur Verfügung stehen. Daher sollte man grundsätzlich mit Beginn der Zyklonsaison eine kleine Notausrüstung im Haus haben:

- Kofferradio und Taschenlampe mit Ersatz-Batterien
- Kerzen, Streichhölzer, Feuerzeug
- Erste-Hilfe-Kasten
- Taschenmesser, feste Schuhe
- Trinkwasser im Kanister, pro Person mindestens 10 Liter
- Verpackte Lebensmittel für etwa 3 Tage: Konserven, Knäckebrot, Schnellgerichte etc.
- Kühlakkus

Ein BBQ-Grill (mit Gasflasche) oder ein Camping-Gaskocher sind ebenfalls lohnenswerte Investitionen. Wenn der Strom ausfällt, taut nämlich der Eisschrank innerhalb von 24 Stunden auch in geschlossenem Zustand ab. Mit dem BBQ-Grill kann man dann ohne großen Aufwand die angesammelten Fleisch- und Gemüsevorräte schnell verwerten.

Nach einem Zyklon sind die Geschäfte möglicherweise für einige Tage geschlossen, daher sollte man sich vorsichtshalber mit Zusatzrationen wichtiger Medikamente, wie etwa Herztabletten oder Asthma-Mittel, eindecken. Ähnliches gilt für Produkte wie Windeln, Babynahrung oder Futter für Haustiere.

Wichtig ist außerdem, vor einem Sturm alles, was herumfliegen könnte – also auch Fahrräder, Mülltonnen oder Gartenmöbel – sicher in Haus oder Garage zu verschließen. Wenn die Telefonleitungen noch benutzbar sind, rufen Sie Ihre Verwandtschaft in Europa an und beruhigen Sie sie. Sagen Sie Ihnen, dass ein Zyklon nur halb so schlimm ist, auch wenn vielleicht ein paar Tage lang das Telefon nicht funktionieren sollte.

Während des Sturms lohnt es sich, in einem Raum zu bleiben, der nach Möglichkeit keine Fenster hat, um eventuellen Scherbenflug zu vermeiden. Im Radio kann man sich dann derweil über den Stand der Dinge informieren.

Checkliste: So finden Sie Ihr ideales Klima

- Vier Jahreszeiten, gelegentlich Frost im Winter, auch die Sommer sind nur selten richtig heiß: **Hobart und Tasmanien.**
- Vier Jahreszeiten, mit warmen Sommern und nicht selten Schnee im Winter: **Canberra (ACT), Blue Mountains (NSW).**
- Mediterranes Klima mit kühlen Wintern (unter 10 °C) und heißen, trockenen Sommern: **Melbourne, Sydney, Adelaide und Perth.** Perth hat im Vergleich die wärmsten Winternächte, Melbourne die kältesten.
- Wüstenklima mit kühlen Wintern (unter 10 °C) und sehr heißen Sommern (über 45 °C), aber ganzjährig sehr niedrige Luftfeuchtigkeit: **Alice Springs (NT), Yulara (Ayers Rock, NT), Coober Pedy (SA).**
- Subtropisches Klima mit kühlen Wintern (nachts um die 10 °C) und heißen, trockenen Sommern: **Brisbane, Gold Coast, Sunshine Coast in Queensland.**
- Tropisches Klima, Temperaturen im Sommer über 30 °C und auch im Winter nie unter ca. 15 °C in der Nacht, Regenzeit im Sommer: **Darwin (NT), Broome (WA), Cairns (QLD) und Katherine (NT)**

Klimaübersicht

Hauptstadt	**ø Höchsttemperaturen im Januar** (in °C)	**ø Höchsttemperaturen im Juli** (in °C)	**ø Jahresniederschlag** (in mm)
Canberra	28,5	11,5	633
Hobart	22,5	12,4	500
Melbourne	25,9	13,4	648
Adelaide	28,0	14,9	445
Sydney	25,9	16,3	1.212
Perth	30,9	18,3	744
Brisbane	29,4	20,4	1.149
Darwin	32,4	30,6	1.538

▲ *Kältere Winter*

Mildere Winter ▼

Landschaften, Orte und Regionen

Zwei von drei Australiern leben in einer der acht Landeshauptstädte. Der Rest der Bevölkerung verteilt sich vorwiegend entlang der Süd- und Ostküste von Adelaide bis nach Cairns. Daher werden im Folgenden ausschließlich die Landeshauptstädte sowie einige Küstenstädte vorgestellt.

Sydney und New South Wales

Sydney ist die Hauptstadt von New South Wales und gleichzeitig die größte Stadt Australiens. 2008 lebten 63 Prozent aller Bürger von New South Wales im Großraum Sydney. Das sind etwa 4,4 Millionen Menschen auf fast 12.200 Quadratkilometern.

Sydney = Australien?

Sydney ist der beliebteste Anlaufpunkt für Australien-Einwanderer. Die weltbekannte Stadt ist bei vielen Menschen sogar fast gleichbedeutend mit Australien. Aber glücklich wird dort nicht jeder, da sich hier die gleichen Probleme finden wie auch in anderen Großstädten der Welt, wie etwa hohe Mieten, begrenzter Wohnraum, laute Nachbarn, teure Mautstraßen und täglich Stau.

Sollten Sie also nach einigen Monaten in Sydney mit Australien völlig unzufrieden sein und sich nach der alten Heimat, den Freunden und den netten Nachbarn sehnen, dann versuchen Sie es doch einmal mit einem *Sea Change* oder einem *Tree Change*: Kündigen Sie Ihre Wohnung und Ihren Job und ziehen Sie ans Meer oder aufs Land!

Dort werden Sie sehen, dass viele der Qualitäten, die Sie sich von Australien erträumt haben, wirklich existieren: mehr Platz, bessere Luft, nette Nachbarn, große Grundstücke, kurze Wege zur Arbeit und vieles mehr.

Oder – vielleicht denken Sie von Anfang an an eine Alternative zu Sydney? Australien ist so groß, und es gibt so viele schöne Gegenden – Sie werden staunen, wie schnell Sie Sydney vergessen haben...

Die Region Sydney ist vor allem für Touristenattraktionen wie etwa die markante *Harbour Bridge* und sein muschelförmiges Opernhaus bekannt. Die Metropole ist aber auch attraktiv für Menschen, die einen spezialisierten Beruf haben. Australien ist keine Technologie-Nation; wer in einem Hightech-Beruf arbeiten will, der hat eigentlich nur Sydney oder Melbourne zur Auswahl.

Trotz der im australischen Vergleich sehr hohen Gehälter ist Sydney als Wohnort nicht ganz unkritisch: Wer an der Nordseite des Hafens wohnt, mit Blick auf die Oper und die Skyline von Sydney CBD *(Central Business District)*, der muss allein für den atemberaubenden Blick nicht unerhebliche Mietsummen aufbringen, auch wenn die Wohnung vielleicht klein und verbraucht ist. Sogar Australiens Premierminister *(Prime Minister)* wohnt während seiner Amtszeit direkt am Strand von Kirribilli im Norden der Stadt.

Deutsche, die in Sydney leben, würden Gegenden wie Redfern, CBD und Ultimo vorwiegend für Alleinstehende und weniger für Familien empfehlen. Die nördlichen Stadtgebiete *(Northern Suburbs)* und Strände *(Northern Beaches)* gelten als empfehlenswert, von den westlichen Stadtgebieten wird eher abgeraten, sie haben in Sydney keinen sehr guten Ruf. Bei der Wohnungssuche lohnt es sich eventuell, die Nähe zum Flughafen (Fluglärm!) sowie die zu erwartenden Mautgebühren zur zukünftigen Arbeitsstelle mit einzurechnen, die sich pro Tag je nach Strecke auf $20 und mehr belaufen können.

Sydneys Strände und Weihnachten im Juli

In Sydney finden sich einige der bekanntesten Strände Australiens, die Badegäste wie auch Surfer in Massen anziehen, wie etwa Bondi Beach und Cogee Beach. Im Norden der Stadt bietet sich Manly Beach nicht nur für einen Kneipenbesuch, sondern auch für ein erfrischendes Bad oder einen Ritt auf den Wellen an. Der ebenfalls im Norden gelegene Balmoral Beach ist eher ruhig und gut geeignet für Kinder, ebenso wie Bronte Beach im Süden. Insgesamt gibt es an die siebzig Strände in der Region Sydney und jeder Strand spricht einen anderen Geschmack an.

Wenn es in den Wintermonaten zu kalt wird für ein Wellenbad in Bondi Beach, zieht es viele Sydneysiders in die Blue Mountains, wo mit Schnee und Weihnachtsbäumen *Christmas in July* gefeiert wird.

Sydneys Festivals

Irgendwie wird in Sydney fast ständig an dem einen oder anderen Ort gefeiert. Hier ein Überblick über einige der größeren Festivals:

- *Sydney Festival* im Januar mit Konzerten, Zirkus, Kunstausstellungen und Straßentheater in The Domain, im Hyde Park, Macquarie Street und verschiedenen Galerien.
- *Gay and Lesbian Mardi Gras:* Karneval der Schwulenszene im Februar / März, bei dem die ganze Stadt mitfeiert.
- *City to Surf Run:* Ein 14 km langer Mini-Marathon vom Hyde Park nach Bondi Beach, der im kühlen August abgehalten wird.
- *Bondi Beach Party:* Weihnachtsparty am 25. Dezember an Sydneys bekanntestem Strand.
- *Sydney to Hobart:* Eine der wichtigsten Segelregatten des Landes beginnt am 26. Dezember im Hafen von Sydney. Auch für Nicht-Segler ein toller Anblick.
- Das Silvesterfeuerwerk ist jedes Jahr das Highlight in Sydney, mit beeindruckenden Lichtspielen über dem Wasser und der Harbour Bridge. Das Feuerwerk wird jedes Jahr von mehr als einer Million Menschen bewundert.

Entlang der Nordküste von New South Wales

Von Sydney CBD erreicht man nach etwa 40 Kilometern die nördlichen Grenzen der Metropole. Die nördlichen Küstenstädte reihen sich wie eine Perlenschnur entlang des Highways nach Brisbane. Hierbei handelt es sich übrigens um eine einfache Landstraße und nicht um eine Autobahn. Zu den größten Städten entlang der Küste gehören Newcastle, Coffs Harbour und Port Macquarie.

Die **Region Newcastle** liegt etwa 160 Kilometer nördlich von Sydney und hat zusammen mit den angeschlossenen Orten Cessnock (= Hunter Valley) und Lake Macquarie an die 540.000 Einwohner. Newcastle ist die zweitgrößte städtische Region in New South Wales und hat den größten Exporthafen für Kohle weltweit. Die Strände sollen sich gut zum Surfen eignen, und das westlich der Stadt gelegene Hunter Valley gilt als eine der besten Weinregionen Australiens.

Port Macquarie ist eine 390 Kilometer nördlich von Sydney gelegene Küstenstadt mit knapp 47.000 Einwohnern und einer großen Anzahl von Koalas, die man mit wenig Anstrengung im lokalen *Koala Hospital* und im *Koala Breeding Centre* antreffen kann.

Die Küstenstadt **Coffs Harbour** (52.000 Einwohner) liegt ungefähr auf halbem Wege zwischen Sydney und Brisbane. Das feucht-warme Mikroklima ist geeignet für den Anbau von Bananen. Passend dazu kann man vor Ort eine riesige Bananen-Skulptur namens *Big Banana* besuchen.

Byron Bay liegt nur noch 170 Kilometer südlich von Brisbane. Mit knapp über 9.000 Einwohnern handelt es sich um eine eher kleine Stadt, wenn auch um eine der schönsten in New South Wales. Mit seinem sichelförmig geschwungenen Sandstrand, dem weißen Leuchtturm und seinem Surfer-Lifestyle hat Byron Bay einen ganz besonderen Charakter erhalten, der bei Surfern, Ökos, Heiratswilligen und nicht zuletzt bei Touristen gleichermaßen beliebt ist. Auch in Sachen Kultur ist die Stadt kein Hinterland und bietet z. B. das *Blues and Roots Music Festival* an Ostern, das *Splendour in the Grass* Musik- und Kulturfestival im Juli/August sowie das *A Taste of Byron* Festival im September, das vorwiegend die Geschmacksknospen anspricht. Nur weniger Kilometer im Hinterland von Byron Bay liegt übrigens Nimbin, das vor allem bei Hippies und Menschen mit alternativen Lebenseinstellungen sehr beliebt ist.

Nimbin

Nimbin ist ein Bergdorf in den Regenwäldern, etwa 70 Kilometer westlich von Byron Bay. Byron Bay ist ja selbst schon weniger angepasst, als so manche andere australische Stadt, Nimbin geht aber noch einen Schritt weiter. Nimbin hat offiziell etwa 350 Einwohner, aber es fühlt sich nicht jeder Bewohner auch dazu genötigt, in den staatlichen Statistiken aufzutauchen, geschweige denn, einer beruflichen Tätigkeit nachzugehen (die Arbeitslosigkeit liegt bei etwa 18 Prozent).

In Australien ist Nimbin vor allem für seine Hippiekommunen und für seine freie Einstellung zum Thema Drogen bekannt. Der Anbau und Besitz von Cannabis ist zwar illegal, aber mit diesem wie auch mit anderen Verboten nehmen es die Einheimischen nicht so eng. Entsprechend macht Nimbin nicht nur wegen seiner landwirtschaftlichen Erzeugnisse, wie etwa seinem hervorragenden Nimbin-Käse, sondern auch wegen Cannabis-Produkten aller Art von sich Reden.

Anfang Mai findet alljährlich das *Nimbin Mardi Grass Festival* statt, dessen Name auf Karneval *(Mardi Gras)* wie auch auf Cannabis *(Grass)* hinweist. Die Macher des Festivals wollen sich für die Legalisierung von Cannabis einsetzen, unter anderem mit dem Hinweis auf die medizinische Nutzung für schwerkranke Menschen, aber eben auch für den »Freizeitgebrauch«. Ein Besuch des Festivals kann sich sicher für den einen oder anderen als »bewusstseinserweiterndes« Erlebnis herausstellen.

Coolangatta (4.900 Einwohner) und **Tweed Heads** (52.00 Einwohner) schließen fast nahtlos an die auf queensländischer Seite gelegene Gold Coast an. Die beiden Orte sind unter Surfern vor allem für ihre erstklassigen Strände bekannt – kein Wunder, dass Surfweltmeister wie Stephanie Gilmore und Mick Fanning in dieser Gegend aufgewachsen sind.

Melbourne und Victoria

Für Australiens zweitgrößte Stadt treffen viele Punkte zu, die im Abschnitt über Sydney zu lesen waren: die guten Arbeitsmöglichkeiten für Ingenieure im Bereich Produktion und Informationstechnologie, die für Australien überdurchschnittlichen Gehälter, die Mautstraßen und die hohen Mieten. Auch die Dimensionen sind vergleichbar – in Melbourne lebten 2006 etwa 3,5 Millionen Menschen auf einer Fläche von über 8.800 Quadratkilometern. Damit wohnten 70 Prozent aller Einwohner von Victoria in Melbourne.

Deutsche, die in Melbourne wohnen, empfehlen für die Wohnortwahl die nördlichen und nordöstlichen Vororte. Der Westteil gilt als insgesamt weniger empfehlenswert, da einige Stadtteile als soziale Brennpunkte gelten. Wer Strände mag, der sollte einen Blick auf St. Kilda oder Brighton werfen.

Melbournes Festivals und Kulturleben

Weltbekannte Sehenswürdigkeiten gibt es nicht, dafür hat Melbourne ein Kulturleben, das beispielhaft für Australien ist und für das die Sydneysider die Melbourner schon ein wenig beneiden.

Melbourne ist Austragungsort für die *Australian Open* (Tennis) im Januar, den *Großen Preis von Australien* (Formel 1) im März, den *Melbourne Cup* (Pferderennen) im November sowie das *Boxing Day Test*

Match (Cricket) Ende Dezember – um nur die größten Sportereignisse zu nennen.

Des Weiteren sind das *Royal Exhibition Building* und die *Carlton Gardens* (Botanischer Garten) seit 2004 als UNESCO-Weltkulturerbe geschützt, und nicht zuletzt haben Melbournes Cafés und Restaurants den Ruf, die besten Australiens zu sein.

In den Wintermonaten von Juli bis September geht so mancher Melbourner zum Skifahren in die Berge im Nordosten Victorias, wie etwa zum Mount Buller, den man mit dem Auto in etwa vier Stunden erreichen kann. Surfen ist ebenfalls ein beliebter Sport (wenn es nicht gerade zu kalt dafür ist). Beliebte Surfstrände finden sich an der Great Ocean Road.

Entlang der Great Ocean Road

Geelong ist nach Melbourne die zweitgrößte Stadt in Victoria und beherbergt 205.000 Einwohner auf einer Fläche von 1.240 Quadratkilometern. Die Stadt ist vor allem für seine Industrieanlagen bekannt, etwa im Bereich Fahrzeugfertigung (Ford), Öl-Raffinerien und Aluminiumschmelzen. Außerdem gibt es drei Forschungsstätten der staatlichen *CSIRO (Commonwealth Scientific and Industrial Research Organisation).* Nicht zuletzt ist Geelong bekannt für sein hervorragendes AFL Football Team – die *Geelong Cats* –, das zu den besten Teams des Landes gehört.

Etwa 25 Kilometer südlich von Geelong beginnt bei Torquay die Great Ocean Road, eine etwa 200 Kilometer lange Route, die als eine der schönsten Küstenstraßen der Welt gilt. Die wichtigsten Orte entlang der Küste sind Torquay (10.000 Einwohner), Lorne (1.000 Einwohner), Apollo Bay (1.400 Einwohner) und Port Campell (300 Einwohner).

Torquay gilt als das Mekka für Surfer und solche, die gerne wie Surfer aussehen wollen, da sich hier Geschäfte mit Surfmode und Surfboards in großer Anzahl angesiedelt haben. Auch die australischen Firmenzentralen der Modefirmen *Quiksilver* und *Rip Curl* sind seit ihren Anfängen in den 70ern in Torquay beheimatet. Die Strände entlang der 50 Kilometer langen *Surf Coast* von Torquay nach Lorne gehören zu den besten Surfstränden Australiens. Daher finden an Ostern am Bells Beach bei Torquay auch die *Rip Curl Pro Classic* Surfmeisterschaften statt.

Warrnambool ist eine Küstenstadt mit 33.000 Einwohnern, gelegen etwa 60 Kilometer westlich von Port Campbell und etwa 270 Kilometer westlich von Melbourne. Sie gilt als östlichste Stadt der Great Ocean Road. Da die Deakin University vor Ort eine Außenstelle mit etwa 1.000 eingeschriebenen Studenten besitzt, gibt es in Warrnambool auch eine entsprechende Infrastruktur mit Pubs, Discos und Live Musik. Zudem ist der Ort ein bekannter Hafen für Whale Watching von Juni bis Oktober sowie für Tauchausflüge.

Brisbane und Queensland

Brisbane ist die Hauptstadt von Queensland, das sich selbst werbewirksam als *Smart State* oder *Sunshine State* bezeichnet. Im Volksmund wohnen hier die *Banana Benders* – die Bananen-Krummbieger. Das ist nicht verwunderlich, hat Queensland doch eine lange Geschichte im Bereich der Landwirtschaft, vor allem im Anbau von Zuckerrohr, Ananas, Mangos und eben auch Bananen.

Wer in Queensland einen Job in einem Ingenieurberuf sucht, der wird nur selten außerhalb des Großraumes Brisbane / Gold Coast fündig. Dabei macht die Region Brisbane nur einen kleinen Teil des Landes aus. Zwei von drei Einwohnern leben auf einem schmalen Küstenstreifen im Südosten des Landes von gerade mal 250 Kilometer Länge, der sich von der Gold Coast an der Grenze zu New South Wales bis nach Noosa an der Sunshine Coast erstreckt. Bis zur nördlichen Spitze des Kontinents bei Seisia in Cape York sind es aber mehr als 2.600 Kilometer, wobei die letzten 600 Kilometer Straße nicht einmal asphaltiert sind.

Das sonnige Wetter und subtropische Klima in Brisbane und Süd-Queensland ist für viele Menschen sehr attraktiv, sodass Brisbane zu den am schnellsten wachsenden Städten des Landes zählt. Das Stadtzentrum liegt am Brisbane River, in einiger Entfernung zum Pazifischen Ozean. Viele Australier empfinden Brisbane als eher langweilige

Stadt mit unzähligen Einfamilienhäusern – das typische *Suburbia*, das sich immerhin auf knapp 6.000 Quadratkilometern ausbreitet. Immerhin gibt es ein öffentliches Verkehrssystem mit Bussen, Nahverkehrszügen und Flussfähren *(City Cats)*. Die Busse haben bis auf wenige Ausnahmen keine eigenen Fahrspuren, sodass sie während der Hauptverkehrszeiten genauso im Stau stehen wie alle anderen Fahrzeuge. Wer in Zentrumsnähe wohnt, der nimmt gerne die vielen Fahrradwege in Anspruch, um morgens ohne Stau, Parkplatzsorgen oder Mautgebühren zur Arbeit zu fahren.

Brisbanes Festivals, Kneipen und Kultur

Das Fortitude Valley liegt nur zwei Kilometer vom Stadtzentrum entfernt und galt früher als berüchtigtster Teil der Stadt, mit Bordellen, Spielhöllen und düsteren Kneipen. Heute ist *The Valley* ein vor allem bei jungen Leuten beliebtes Kneipenviertel, in dem man unter anderem Discos, Livemusik und auch speziell auf die Schwulenszene ausgerichtete *Gay Clubs* finden kann.

Das größte Festival der Stadt ist das *Brisbane River Festival*, das jedes Jahr den Beginn des Frühlings Ende August / Anfang September mit Tanz, Theater und Kunstausstellungen feiert. Der Höhepunkt der Veranstaltung ist das *Riverfire* Feuerwerk, das als eines der schönsten Feuerwerke Australiens gilt. Im Juli / August findet das *Brisbane International Film Festival* statt, mit bemerkenswerten Filmen aus aller Welt, sowie im Oktober die *Valley Fiesta*, eine dreitägige alkoholfreie Straßenparty für die ganze Familie, mit Musik, Straßentheater, Kunst und Mode.

Strandleben in Süd-Queensland

Ein bisschen Strandleben haben sich die Städter mit den *South Bank Parklands* direkt am Brisbane River gegönnt. Hier erfrischen sich die Brisbaner in einer künstlichen Lagunenanlage mit Sandstrand. Wer hingegen richtiges Strandleben bevorzugt, den zieht es zumeist an die vorwiegend mit Hoteltürmen bebaute **Gold Coast** (520.000 Einwohner) mit seinem 25 Kilometer langen Sandstrand, der bei Badegästen wie auch Surfern beliebt ist. Hier verbringen viele Australier ihren Urlaub ebenso wie viele Deutsche zum »Sonne tanken« nach Mallorca fliegen. Familien lieben zudem die vielen Vergnügungs- und Wasserparks in dieser Gegend, wie etwa *Dreamworld*, *Sea World*, *Movie World*, *Wet'n'Wild* und *Whitewater World*. Die Einkaufsmöglichkeiten mit Edelmarken wie etwa Prada, Gucci, Louis Vuitton und Hermès wie auch das Nachtleben sind mehr auf einkaufs- und partyfreudige Touristen zugeschnitten als in Brisbane. Und schließlich befindet sich die Zentrale der Modefirma *Billabong* in Burleigh Heads am südlichen Ende der Gold Coast.

Auch die nördlich von Brisbane gelegene **Sunshine Coast** hat weite Badestrände, wie etwa in Mooloolaba (11.000 Einwohner) sowie Surfstrände wie die Alexandra Headlands oder Maroochidore Beach. An der Sunshine Coast lebt es sich erheblich entspannter als an der Gold Coast. Die an der Küste verteilten Ortschaften sind vergleichsweise klein. Die Ausmaße der Häuser und Hotelbauten halten sich in Grenzen, ebenso wie die Anzahl der Shoppingcenter, Pubs und Discos. An die Sunshine Coast zieht es vor allem die Leute, die einfach nur Sonne, Wellen und ein bisschen Ruhe suchen.

Queenslands größte Küstenstädte

Fast jeder dritte Queensländer lebt in den Küstenstädten nördlich der Sunshine Coast bis hin nach Cairns, das etwa 1.700 Kilometer weiter nördlich liegt.

Hervey Bay ist eine der beliebtesten und am schnellsten wachsenden Küstenstädte außerhalb des Großraums Brisbane / Gold Coast. Die 56.000-Seelen-Stadt bietet Naturfreunden eine Reihe von Freizeitmöglichkeiten wie etwa ganzjährig den Nationalpark Fraser Island sowie Whale Watching von Juli bis November. Außerdem tolle Allrad-Strecken für Geländewagenfahrer auf der Insel und dem Festland sowie gute Möglichkeiten für Freizeit-Angler. Die Nähe zu Brisbane, das man in nur vier Stunden Fahrt erreichen kann, ist ebenfalls ein wichtiger Faktor.

Rockhampton liegt 650 Kilometer nördlich von Brisbane und ist mit 77.000 Einwohnern noch keine richtige Großstadt, gehört aber trotzdem zu den großen Städten des Landes. Rockhampton markiert den Übergang vom subtropischen zum tropischen Klima; die Stadt liegt fast genau auf dem südlichen Wendekreis. Ansonsten gilt sie als »Rinderhauptstadt« Australiens und ist daher vor allem bekannt für ihre Schlachthäuser und Steaks.

Baden im Meer ist aufgrund von giftigen Quallen ab der Region Rockhampton / Gladstone bis zur Nordspitze Australiens von Anfang November bis April / Mai ohne einen Neopren- oder Lycraanzug *(Stinger Suit)* nur innerhalb spezieller Netze *(Stinger Nets)* möglich, die an vielen Stränden entlang der Küste aufgespannt werden.

Mackay hat etwa 73.000 Einwohner und befindet sich fast genau in der Mitte zwischen Brisbane und Cairns, der nördlichsten Großstadt der Ostküste. Mackay liegt in einer landschaftlich sehr produktiven Region mit hohen Regenfällen. Angebaut wird vor allem Zuckerrohr, das in verschiedenen Zuckermühlen rund um die Stadt direkt verarbeitet wird, außerdem ist die Stadt ein Stützpunkt für Leute, die in den reichen Kohle- und Erzminen im Landesinneren arbeiten. Im Zentrum der Stadt finden sich geschmackvoll restaurierte Bauten aus der Jahrhundertwende und im Art déco Stil. Einige Kilometer nordöstlich des Zentrums findet man den ausgedehnten Jachthafen sowie eine kleine Restaurant-Meile mit einigen modernen Hotels. Für Badegäste bietet Mackay verschiedene kilometerlange Sandstrände mit unglaublich viel Platz. Mackay ist zudem ein idealer Startpunkt für Ausflüge in die Regenwälder des Eungella Nationalparks und zu den Kängurus im Cape Hillsborough Nationalpark. Auch nach Airlie Beach, dem größten Hafen des Segelreviers Whitsunday Islands, sind es nur 150 Kilometer.

Townsville bezeichnet sich selbst als die Hauptstadt Nord-Queenslands. Eine von staatlicher Seite sanktionierte Berechtigung gibt es dafür aber nicht. Nicht ganz falsch ist jedoch, dass Townsville mit seinen etwa 175.000 Einwohnern mit knappem Vorsprung vor Cairns die größte Stadt nördlich des Wendekreises ist. Das Mikroklima von Townsville ist fast ganzjährig trocken, fast schon wüstenhaft und damit sehr untypisch für den sonst tropisch-grünen Norden.

Cairns hat 159.000 Einwohner und liegt etwa 1.700 Kilometer nördlich von Brisbane. Die Stadt ist damit Papua Neuguinea näher als der Landeshauptstadt Brisbane. Cairns hat seine Wurzeln in der Landwirtschaft, und auch heute noch ist die Stadt von Zuckerrohr- und Bananenplantagen umgeben. Seit der Fertigstellung des internationalen Flughafens in 1984 hat sich das Stadtbild wie auch die Wirtschaft stark verändert, sodass nun Tourismus- und Dienstleistungsbetriebe sowie das Baugewerbe zu den großen Arbeitgebern gehören.

Weltbekannt ist die Region für den als UNESCO-Weltnaturerbe geschützten Regenwald und das Great Barrier Reef. Cairns besitzt zusammen mit der Nachbarstadt Port Douglas die größte auf Tourismus ausgerichtete Flotte in dieser Region des Great Barrier Reefs. Außerdem hat Cairns eine ganze Reihe von palmenumkränzten Stränden, vom schicken Palm Cove über das relaxte Trinity Beach bis hin zum verschlafenen Machans Beach.

Viele Deutsche, die in Cairns wohnen, bevorzugen unter anderem die in der Nähe des Stadtzentrums gelegenen Wohngebiete Edge Hill und Whitfield sowie die *Northern Beaches*, die Strandvororte nördlich der Stadt. Da es an den Stränden von Cairns einige hervorragende Restaurants und Pubs mit Meerblick gibt, fahren viele Strandbewohner nur zum Arbeiten nach Cairns.

Perth und Western Australia

Western Australia ist der einzige Teil Australiens, wo das Outback direkt an den Ozean reicht. Dicht besiedelt ist nur der Süden des Bundesstaates. Nördlich von Perth wird die Besiedelung immer dünner und es gibt nur wenige, nicht selten sehr weit auseinanderliegende Städte. Wer in Western Australia lebt, der wohnt daher fast garantiert im Großraum Perth.

Perth ist die einzige Millionenstadt westlich von Adelaide und die einzige Großstadt an der Westküste Australiens. Die Stadt liegt Singapur und Indonesien näher als Sydney oder Melbourne. Trotz seiner beeindruckenden Größe von 5.386 Quadratkilometern (sechs Mal so groß wie Berlin) handelt es sich nicht um eine einzige, gesichtslose Großstadt. Stattdessen besteht der Großraum aus an die dreihundert Gemeinden *(Suburbs)*, von denen viele ihren eigenen Charakter haben. Wer abends ausgehen will, der muss daher nicht in die City fahren, sondern kann zwischen vielen *Suburbs* mit ganz unterschiedlichen Gesichtern wählen. Die Bevölkerung ist vornehmlich nordeuropäischer Abstammung, allerdings sieht man auch viele italienische und chinesische Gesichter im Stadtbild. Vor allem der sogenannte *Cappuccino Strip,* eine italienische Restaurantmeile in Fremantle, zeigt den Einfluss der italienischen Einwanderer auf die mediterrane Stadt.

Deutsche, die in Perth leben, würden eher die ruhigeren nördlichen Vororte der Stadt empfehlen, mit zumeist weniger Verkehr, neueren Häusern und größeren Grundstücken.

Perths Strände

Perth hat eine große Anzahl von Stränden, die jeweils für ganz unterschiedliche Menschentypen interessant sind. Der mit hohen Norfolkkiefern bewachsene Cottesloe Beach liegt etwa 13 Kilometer von Perth Zentrum entfernt am Nordufer des Swan River und ist einer der beliebtesten Strände in Western Australia. Abgesehen von den vielen Pubs und Cafés, von denen man wunderbare Sonnenuntergänge über dem Pazifischen Ozean erleben kann, ist der Strand gleichermaßen beliebt bei Badegästen, Surfern und Schnorchlern.

Weiter nördlich liegt City Beach, der wegen seiner geschützten Gewässer vor allem bei Familien mit Kindern und bei Anglern beliebt ist, außerdem ist diese Gegend ein sehr modernes und schickes Wohngebiet. Scarborough Beach liegt nördlich von City Beach und ist vor allem für wagemutige Surfer interessant. Abends sind dann die Restaurants und Cafés ein beliebter Treffpunkt.

Am Südufer des Swan River, etwa 30 Minuten Fahrtzeit vom Stadtzentrum entfernt, liegt die historische Hafenstadt Fremantle. Die kleine Stadt hat eine der schönsten Hafenstraßen des 19. Jahrhunderts, interessante historische Museen (wie etwa die alten Gefängnistunnel der Stadt), geschmackvolle historische Pubs und eine Reihe von Klein-Brauereien *(Micro Breweries).*

Perths Kulturleben

Regelmäßige Veranstaltungen von internationalem Rang sind der *Hopman Cup* (Tennis) im Dezember/Januar sowie das *Red Bull Air Race*, ein spannungsgeladenes Rennen von Sportpiloten, die ihr Können jährlich über dem Swan River vorführen. Das *Perth International Arts Festival* ist der Höhepunkt des Kulturjahres. In vier Wochen im Februar/März werden hier Opern und Theaterstücke von internationalen Künstlern aufgeführt. Es gibt Tanz, Gemälde, klassische und moderne Musik und sogar ein Programm speziell für Kinder.

Von Perth nach Broome: Outback mit Meerblick

Perth erstreckt sich etwa 45 Kilometer Richtung Norden. Danach verdrängt das Outback langsam die Metropole. Es finden sich verschiedene kleinere Orte entlang der Küste, aber keine Siedlung erreicht auch nur annähernd 50.000 Einwohner. Einzig die Hafenstadt Geraldton kommt auf immerhin knapp über 35.000 Einwohner. Als Hauptstadt der Nordküste gilt **Broome**, das etwa 12.000 Einwohner hat. Böse Zungen behaupten, dass man in Broome nicht mehr als Sonnenbaden, Kamelreiten und Kiffen kann. Broome wird von Touristen gerne als Start- oder Endpunkt einer Outback-Reise genutzt, wenn ihnen die gesamte Strecke von Perth nach Darwin zu lang erscheint.

Der Süden von Western Australia

Der Süden des Landes ist noch relativ dicht besiedelt, hier findet man an der Küste wie auch im Landesinneren ausschließlich Kleinstädte. Zu den größten Siedlungen gehören die Goldgräberstadt Kalgoorlie (31.000) sowie die historische Küstenstadt Albany (34.000).

Adelaide und South Australia

Mit über 1,1 Millionen Einwohnern und einer Ausdehnung von 1.826 Quadratkilometern ist South Australias Hauptstadt Adelaide die fünftgrößte Stadt Australiens und vom Charakter her sonniger aber konservativer als Melbourne. Die Region Adelaide erstreckt sich als 20 Kilometer breiter Schlauch zwischen der Küste im Westen und dem Bergland der Adelaide Hills im Osten, sowie etwa 90 Kilometer in Nord-Südrichtung von Gawler bis nach Sellicks Beach. Das Stadtzentrum ist ähnlich wie ein Schachbrett aufgebaut und von einem Gürtel aus Parks umgeben. Besonders interessant in gastronomischer Hinsicht sind die Rundle Street und die Gouger Street. Hier befindet sich auch der *Central Market*, auf dem frische Lebensmittel, Obst und Gemüse verkauft werden.

Deutsche, die in Adelaide leben, bevorzugen vor allem die westlichen Vororte der Stadt. Dazu gehören nicht zuletzt die Strandvororte, wie etwa das 15 Kilometer nordwestlich des Zentrums gelegene Semaphore Beach und der 10 Kilometer südlicher gelegene Henley Beach. Glenelg ist Adelaides beliebtester Strand und daher nicht nur an den Wochenenden gut besucht. Der Strandort liegt 11 Kilometer südwestlich vom Stadtzentrum und ist leicht per Straßenbahn (*Tram*) zu erreichen. Auch Brighton, das direkt südlich an Glenelg anschließt, gilt als empfehlenswerter Wohnort. Alle Strände sind aufgrund der geschützten Lage im Golf von St. Vincent gut zum Baden geeignet. Tauchen ist vor Adelaide möglich, ebenso wie Schwimmen mit Delfinen.

In und um Adelaide gibt es Industrie (z. B. Autoteilebau für Holden) sowie ausgedehnte Weinbaugebiete, unter anderem in den Adelaide Hills, McLaren Vale und Barossa Valley. Wein spielt eine überaus wichtige Rolle in der Region; entsprechend befindet sich das öffentliche *National Wine Centre* direkt in der Stadt und ist an den Botanischen Garten *(Botanic Gardens)* angeschlossen.

South Australia nennt sich selbst *The Festival State;* wichtige Festivals in der Hauptstadt Adelaide sind das Radrennen *Tour Down Under* im Januar sowie das Autorennen *Clipsal 500* im März. Das Musikfestival *WOMADelaide,* die Kulturfestivals *Adelaide Festival of Arts* und *Adelaide Fringe Festival* finden jeweils im Februar/März statt. Das kulinarische Festival *Tasting Australia* wird im April abgehalten, das *Adelaide Cabaret Festival* im Juni. Adelaide hat übrigens im Januar auch ein Schützenfest, das vom *German Club* ausgerichtet wird. Und wenn es gerade nichts zu feiern gibt, haben die Bewohner von Adelaide die Auswahl unter über 700 Restaurants, Pubs und Cafés.

Canberra und *ACT*

Die 348.000-Seelen-Stadt Canberra und das umliegende *Australian Capital Territory (ACT)* sind der Sitz der australischen Regierung. Canberra wurde 1913 gegründet, nachdem sich Sydney und Melbourne nicht einigen konnten, welche der beiden Städte Regierungssitz werden sollte. Ganz in der Mitte zwischen den beiden Städten liegt Canberra aber nicht, nämlich 286 Kilometer westlich von Sydney und 669 Kilometer nordöstlich von Melbourne. Die Stadt liegt in etwa 650 Metern Höhe und hat vier ausgeprägte Jahreszeiten mit Frost im Winter und heißen trockenen Sommern (mehr dazu im Kapitel »Klima«). Die Regierung ist der größte Arbeitgeber in der Region. Wer in Canberra oder im ACT wohnt, der arbeitet nicht selten für die Regierung oder versorgt die Menschen, die für die Regierung arbeiten. Wer in seinem gelernten Beruf arbeiten möchte, der sollte sich vorher erkundigen, ob der entsprechende Beruf in Canberra überhaupt nachgefragt wird. Wer schließlich einen Job in der Stadt gefunden hat, der kann sich glücklich schätzen: Die Gehälter im ACT liegen erheblich über dem australischen Durchschnitt.

Die deutschstämmigen Einwohner lieben an Canberra die weite, parkartige Landschaft, die nur wenig an eine Großstadt erinnert. Trotzdem gibt es dort alles, was Städter mögen – viel Kultur, Cafés, Restaurants sowie die vielen Möglichkeiten zum Einkaufen. Auch mit Hinsicht auf Ausflugsmöglichkeiten haben es die Bewohner von Canberra gut: Im Winter ist es nicht weit zum Skifahren in die Snowy Mountains mit Australiens höchstem Berg Mount Kosciuszko (2.228 m), und nicht nur in den heißen Sommermonaten liegen die Strände von Sydney in erreichbarer Nähe.

Hobart und Tasmanien

Die im Vergleich zum restlichen Australien sehr hügelige Insel Tasmanien liegt südlich von Melbourne und ist etwa 360 km lang und 310 km breit. Auf ihr leben knapp 500.000 Einwohner, etwa 220.000 davon in Hobart und 105.000 in Launceston. Die von Australiern liebevoll *Tassie* benannte Insel begann 1803 als Strafkolonie für Schwerverbrecher. Einige der Gefängnisbauten sind heute als Museen zugänglich. Die Insel ist vor allem für seine als UNESCO-Weltnaturerbe geschützte Wildnis im Westteil der Insel bekannt. Insgesamt stehen über ein Drittel der Landesfläche unter Naturschutz.

Größere Arbeitgeber in Hobart sind etwa die Großbrauerei *Cascade,* die Schokoladenfabrik *Cadbury* sowie verschiedene Schiffsbaubetriebe. Tourismus ist auch ein wichtiger Geschäftszweig, allerdings nur in den warmen Sommermonaten zwischen Weihnachten und Ostern. Danach ist es den meisten Touristen zu kalt in diesen Breitengraden, und die Tasmanier haben die Insel wieder für sich allein.

Eine bekannte Veranstaltung in Hobart ist z. B. das Finale der Regatta *Sydney to Hobart*, die am 26. Dezember in Sydney beginnt. Über Silvester findet außerdem das kulinarische *Taste Festival* statt, bei dem man tasmanische Spezialitäten probieren, lokale Musiker hören und Kunst aus der Region sehen kann. Besonders praktisch ist hierbei, dass aufgrund der Lage weit im Süden der Erde die Sommerabende besonders lang sind: Ende Dezember geht die Sonne gegen 5:30 Uhr auf und erst gegen 21 Uhr unter, während Ende Juni die Sonne schon vor 17 Uhr untergeht.

Darwin und das Northern Territory

Das Northern Territory liegt zwischen Queensland und Western Australia und ist für seine grandiosen Outback-Landschaften und vor allem für den Ayers Rock *(Uluru)* bekannt. Und doch leben im Northern Territory gerade einmal 225.000 Einwohner – das sind etwa so viele, wie in Tasmaniens Hauptstadt Hobart leben.

Darwin ist Australiens einzige Hauptstadt, die in den Tropen liegt. Mit unter 120.000 Einwohnern ist die Stadt sogar kleiner als Cairns. Im Gegensatz zu Cairns ist man im 1839 gegründeten Darwin mehr auf Handwerk und Industrie eingestellt und weniger auf Tourismus. Das fällt vor allem dann auf, wenn man über den Stuart Highway stadtauswärts fährt, wo sich in den Vororten die Lagerhäuser und Handwerksbetriebe kilometerweit rechts und links der Straße aneinanderreihen.

Eine der schönsten Ecken in Darwin ist Cullen Bay, der Jachthafen von Darwin. Hier gibt es neben einem langen Sandstrand eine Reihe von hervorragenden Restaurants mit Blick auf die 250 geankerten Jachten, von denen einige abendliche Bootstouren anbieten *(Sunset Cruises)*. Zudem legen in Cullen Bay die Fähren nach Mandorah ab, das per Auto nur über einen langen Umweg erreichbar wäre, sowie zu den Tiwi-Inseln *(Tiwi Islands)*. Baden im Meer ist übrigens aufgrund von giftigen Quallen von Anfang Oktober bis Ende Mai nicht möglich – es sei denn, man schützt sich mit einem Neopren- oder einem Lycraanzug *(Stinger Suit)*.

In Darwin finden einige bemerkenswerte Festivals statt, wie etwa die Bierdosenregatta *(Beer Can Regatta)* am Mindil Beach Anfang August oder der *Darwin Cup Carnival*, das wichtigste Pferderennen der Region im Juli/August, das mit einem großen Rahmenprogramm zelebriert wird. Zudem gibt es das *Deckchair Cinema*, ein Open Air Kino, das während der Trockenzeit interessantes Kino mit Meerblick anbietet. Auch der Künstlermarkt *Mindil Beach Sunset Markets* hat nur während der Trockenzeit geöffnet, und zwar immer ab Donnerstag- und Sonntagnachmittag.

Alice Springs

Die 1872 gegründete Wüstenoase Alice Springs hat nur knapp 30.000 Einwohner und ist damit das größte Zentrum im südlichen Northern Territory, auf halber Distanz zwischen Adelaide und Darwin – das heißt, 1.500 Kilometer südlich von Darwin und 1.530 Kilometer nördlich von Adelaide. Diese Distanzen sind enorm und bedeuten lange Fahrten auf zweispurigen Landstraßen in einer der am dünnsten besiedelten Regionen des Kontinents. Wer in Alice Springs lebt, der arbeitet oft in der Tourismusbranche, da zwischen Alice Springs und dem Ayers Rock (Uluru) auch in den heißen Sommermonaten von Dezember bis April ein reger Touristenverkehr herrscht.

Australien – zusammengefasst

- Zwei von drei Australiern leben in einer Landeshauptstadt.
- Melbourne und Sydney sind Australiens größte Städte mit dem größten Kulturangebot und den besten Chancen auf Arbeitsplätze im Bereich Ingenieurwesen und IT.

Australien – zusammengefasst

- Sydney und Newcastle sind die größten Städteansammlungen in New South Wales, Melbourne und Geelong die größten Städte in Victoria.
- Melbournes Kulturleben gilt als das vielfältigste in Australien, die Cafés und Restaurants als die besten im Lande.
- Die Strände der Gold Coast und der Sunshine Coast in Queensland sind beliebte Urlaubsregionen für Australier, die dem kühlen Winter im Süden des Landes entfliehen wollen.
- Perth gilt als die Stadt mit dem besten Klima aller australischen Hauptstädte: ganzjährig sonnig, warm und trocken.
- Adelaide gilt als konservativ und ordentlich, mit einigen schönen Strandvororten und einer ausgeprägten Weinindustrie.
- Im Winter hat man es von Canberra nicht weit bis in die Skiregionen des Landes, im Sommer sind Sydneys Strände in erreichbarer Nähe.
- Hobart liegt zwischen Melbourne und dem Südpol und ist daher aufgrund der kalten Winter für die meisten Australier nur im Sommer interessant.
- Darwin ist Australiens kleinste Hauptstadt und liegt im tropischen Norden des Northern Territory.

Kapitel 5

Visum

Ein Touristenvisum für Australien bekommt man sofort online oder im Reisebüro. Ein Einwanderungsvisum ohne Sponsor hingegen ist mit einem Höchstmaß an Geld-, Zeit- und Papieraufwand verbunden. Aber es gibt auch eine Reihe von anderen befristeten und unbefristeten Visa für die unterschiedlichsten Bedürfnisse. Beispiele sind hier:

- Familie und Freunde besuchen
- Urlaub
- Urlaub und Arbeiten
- Dauerhaft in Australien Leben und Arbeiten
- Studium oder Fortbildung
- Heiratsvisum
- Kurzzeitige berufliche Aufenthalte
- Als Rentner nach Australien
- Medizinische Behandlungen

Die in diesem Buch vorgestellten Visa-Typen gelten jeweils für Menschen, die sich bei Antragstellung außerhalb von Australien befinden. Sollten Sie sich innerhalb Australiens befinden, gelten teilweise andere Regeln und andere Visa. In diesem Fall empfiehlt es sich, einen Termin mit einem lokalen Einwanderungsberater *(Migration Agent)* zu machen.

Da die Gesetzgebung ständig an die politische Situation und die Wirtschaftslage angepasst wird, werden eigene Recherchen etwa auf der Webseite der Einwanderungsbehörde dringend empfohlen (siehe Linkliste im Anhang).

Urlaub machen oder Familie und Freunde besuchen

Wenn Sie einfach nur Urlaub machen oder Ihre Familie oder Freunde besuchen möchten, haben Sie zwei Visatypen zur Auswahl: das *eVisitor*

Visa (Subclass 651), das auch als *ETA* bekannt ist, sowie das *Tourist Visa (Subclass 676)*.

Das *eVisitor* können Sie kostenlos im Internet oder gegen eine Gebühr in Ihrem Reisebüro beantragen. Das Visum gilt für ein Jahr und ist an Ihre Passnummer gebunden. Sie dürfen mehrmals nach Australien einreisen, aber nie länger als drei Monate pro Besuch im Land bleiben.

Das *Tourist Visa* erlaubt Australien maximal zwölf Monate am Stück zu bereisen. Allerdings müssen Sie vorher erklären, warum Sie so lange bleiben wollen. Sie müssen nachweisen, dass Ihre Finanzen ausreichen, um sich selbst zu versorgen, und möglicherweise auch, dass Sie eine Auslandskrankenversicherung besitzen. Danach wird vom Sachbearbeiter festgelegt, wie lange Sie bleiben dürfen. Für EU-Bürger ist dieses Visum kostenlos.

Urlaub und Arbeiten: Das Working Holiday Visa

Wenn Sie bei Antragstellung zwischen 18 und 30 Jahre alt sind, Australien bereisen und sich, etwa als Erntehelfer in der Landwirtschaft, etwas dazuverdienen möchten, so empfiehlt sich das *Working Holiday* Visum. Der Antragsteller sollte innerhalb von 12 Monaten nach Erteilung des Visums einreisen und darf keine Kinder mitbringen. Er kann bei der Einreise bereits 31 Jahre alt sein. Für die Beantragung müssen Sie einen Pass aus einem der folgenden Länder besitzen:

- Deutschland, Belgien, Dänemark, Finnland
- Frankreich, Großbritannien, Irland, Italien
- Malta, Niederlande, Norwegen, Schweden, Zypern

Österreicher, Schweizer, Luxemburger und Liechtensteiner stehen leider nicht auf der Liste. Für sie gibt es nur das Touristenvisum. Zusätzlich gibt es noch eine Reihe außereuropäischer Nationalitäten, die *Working Holiday* beantragen können.

Das *Working Holiday* Visum kostet etwa $230. Möglicherweise kommen noch Kosten für eine ärztliche Untersuchung bei einem von der australischen Regierung bestellten Arzt hinzu. Außerdem Kosten für eine Auslandskrankenversicherung, ein polizeiliches Führungszeugnis sowie ein Nachweis über eigene Ersparnisse von etwa $5.000.

Das Visum kann verlängert werden auf ein zweites Jahr, wenn der Antragsteller mindestens 3 Monate Arbeit in einer ländlichen Region nachweisen kann. Die Gebiete werden von der Regierung über die Postleitzahlen festgelegt. Landwirtschaftliche Tätigkeiten, Arbeiten in einer Mine oder im Wohnungsbau wie auch unbezahltes Arbeiten als *Wwoofer (Willing Worker on Organic Farms)* werden akzeptiert. Details zu Tätigkeiten und Gebieten erfahren Sie auf der Internetseite der Einwanderungsbehörde unter:

► *www.immi.gov.au/visitors/working-holiday/417/eligibility-second.htm*

Für türkische Staatsbürger: Work and Holiday Visa

Das *Work and Holiday Visa (Subclass 462)* eignet sich für Antragsteller mit einem Pass aus der Türkei sowie aus einigen nichteuropäischen Ländern. Mit diesem Visum kann man sich in Australien einen Job suchen (maximal 6 Monate pro Arbeitgeber) oder höchstens 4 Monate studieren. Das *Work and Holiday Visa* ist ein Jahr gültig und kann nicht verlängert werden.

Das Visum wird nur für Studenten angeboten, die mindestens zwei Jahre Studium und wenigstens grundsätzliche Englischkenntnisse nachweisen können. In Zahlen heißt das: einen Durchschnitt von mindestens 4.5 im IELTS oder 45-46 im Internet-TOEFL. Nicht zuletzt muss der Antragsteller einen *Letter of Support* – also eine Art Empfehlungsschreiben – von der türkischen Regierung organisieren.

Für Antragsteller mit türkischem Pass werden im Jahr 100 Visa angeboten. Es lohnt sich also, das Visum möglichst direkt am Anfang des Finanzjahres, das am 1. Juli beginnt, bei der australischen Botschaft in Ankara zu beantragen.

Dauerhaft in Australien arbeiten

Wer von einem dauerhaften Umzug nach Australien und einer Zukunft als *Permanent Resident* träumt, der sollte unter 45 Jahre alt sein und sich zuerst folgende Fragen stellen: Gibt es jemanden, der mich sponsern würde? Und: Bin ich auf der *Skilled Occupation List*? Schaffe ich 6 Punkte in allen Bereichen des IELTS-Tests?

Ein Sponsor muss nicht unbedingt ein Arbeitgeber sein. Es kann sich auch um ein Familienmitglied handeln *(Permanent Resident,* australischer Bürger oder Neuseeländer mit Aufenthaltserlaubnis) oder um einen australischen Bundesstaat, der nach Arbeitskräften bestimmter Fachrichtungen sucht. Insgesamt haben es gesponserte Antragsteller erheblich leichter, als andere Antragsteller, die ohne Hilfe ein Visum bekommen möchten.

Die *Skilled Occupation List (SOL)* listet hunderte von Berufen vom Historiker und Illustrator bis hin zu Ingenieuren aller Fachrichtungen sowie eine ganze Reihe von medizinischen Berufen auf. Wenn sich Ihr Beruf nicht auf der Liste befindet, dürfte es schwierig sein, ein Visum zu bekommen. Auf der *Skilled Occupation List* finden Sie zudem Informationen, zu der Behörde, die Ihre Ausbildung bewerten muss. Sollte Ihr Beruf mehrere Möglichkeiten zulassen, dann versuchen Sie vorher herauszubekommen, bei welchem Beruf Sie die besten Chancen haben, anerkannt zu werden.

Die *Skilled Occupation List* finden Sie hier:

► *www.immi.gov.au/allforms/pdf/1121i.pdf*

Achtung: Die *Skilled Occupation List* soll im Verlauf des Jahres 2010 komplett neu erstellt werden. Hierbei werden sicher einige Berufe gestrichen, die noch auf der »alten« *SOL*-Liste angegeben sind.

Das klassische Einwanderer-Visum

Es ist möglich, ganz ohne Sponsor ein Visum zu beantragen, das aus Ihnen ein *Permanent Resident* macht: das *Skilled - Independent - Migrant Visa (Subclass 175)*, Kostenpunkt: $2.525. Das läuft dann unter dem Oberbegriff *General Skilled Migration*. Wenn Sie ein derartiges Einwanderungsvisum beantragen möchten, dann sollten Sie sich darauf einstellen, dass das Thema Visum zu Ihrem neuen Hobby wird. Der ganze Prozess ist nämlich sehr zeit- und kostenaufwendig und kann sich über mehrere Jahre hinziehen.

Laden Sie sich am besten zuerst die aktuellsten Infoblätter zum Visum aus dem Internet herunter, um zu sehen, ob Sie den Punktetest bestehen. Dabei rechnen Sie sich Ihr Visum wie bei einem Sparkonto zusammen, mit Punkten für den gewählten Beruf, Alter, Englischkenntnisse usw.

Von der Regierung wird jährlich eine Mindestpunktezahl *(Pass Mark)* festgelegt, die der Antragsteller unbedingt erreichen muss. Ansonsten lohnt das Geld für den Antrag nicht. Im Finanzjahr, das am 30. Juni 2010 endet, liegt die Mindestpunktzahl bei 120*.

Die gefürchtete CSL

Seit Anfang 2009 gibt es eine weitere Hürde, die Antragssteller nehmen müssen, und zwar die CSL-Liste *(Critical Skills List)*. Wer seinen Beruf auf dieser Liste findet, der kann sich glücklich schätzen. Alle anderen müssen damit rechnen, dass ihr Antrag nur sehr langsam bearbeitet wird.

Auf der CSL-Liste befanden sich Ende 2009 41 Berufe, darunter Städteplaner *(Urban & Regional Planner)*, Lehrer *(Secondary School Teacher)*, Fliesenleger *(Wall and Floor Tiler)*, Apotheker *(Pharmacist)* sowie vor allem Arzt- und Ingenieur-Berufe verschiedenster Spezialisierungen. Die Liste wird ständig angepasst und ist hier zu finden:

► *http://www.immi.gov.au/skilled/general-skilled-migration/pdf/critical-skills-list.pdf*

Mit der Veröffentlichung der neuen Berufsliste bzw. *Skilled Occupation List* im Laufe des Jahres 2010 wird die CSL voraussichtlich wieder außer Kraft gesetzt.

»Der ideale Bewerber« – ein Beispiel

Peter Beispiel ist 28 Jahre alt (Altersgruppe unter 30, d. h. 30 Punkte) und von Beruf Elektro-Ingenieur (*Electrical Engineer*, 60 Punkte). Peter spricht aufgrund eines vorherigen Auslandsaufenthaltes sehr gutes Englisch und hat im IELTS Test 7 Punkte in jeder Kategorie erreicht (25 Punkte). In den drei Jahren vor Antragstellung hat er in seinem nominierten Beruf gearbeitet (10 Punkte). Von seiner ehemaligen Uni hat er sich bescheinigen lassen, dass die Unterrichtssprache Deutsch war *(Designated Language*, 5 Punkte). Außerdem steht sein Beruf auf der CSL-Liste und hat damit verbesserte Chancen auf ein Visum.

---

* Manchmal werden die Punktezahlen aber auch im Laufe des Jahres geändert. Es ist also empfehlenswert, vor der Antragstellung zu prüfen, ob sich etwas geändert hat.

Das macht insgesamt 130 Punkte. Peter hat also das Glück, die geforderte Mindestpunktzahl sogar zu übertreffen. Bis zum Visum ist es aber trotz perfekter Punktzahlen auch für Peter Beispiel noch ein langer Weg.

Der Weg zum Visum

Hier ein Beispiel, wie die Vorarbeiten für Ihren Visumsantrag ablaufen könnten:

1. Rechnen Sie Ihre Punkte zusammen und finden Sie heraus, ob Sie – eventuell zusammen mit Ihrem Lebenspartner (5 Extrapunkte möglich) – voraussichtlich die notwendigen Punkte für ein Visum erreichen.
2. Finden Sie anhand der aktuellsten *Skilled Occupation List* heraus, welche Behörde *(Assessing Authority)* Ihre Ausbildung und Ihren beruflichen Werdegang prüfen muss. Erkundigen Sie sich auf der Webseite der entsprechenden Behörde nach der Vorgehensweise für die Anerkennung Ihres Berufs.
3. Reichen Sie alle notwendigen Papiere bei der *Assessing Authority* ein und zahlen Sie die Bearbeitungsgebühr.
4. Warten Sie auf das Ergebnis, bevor Sie für weitere Dinge Geld ausgeben. Das kann einige Wochen dauern.
5. Haben Sie einen positiven Bescheid erhalten, sind Ihnen diese Punkte fürs Visum ziemlich sicher.
6. Melden Sie sich nun beim IELTS-Englischtest an. Üben Sie unbedingt für den Test! Bestellen Sie sich alles an erhältlichem Übungsmaterial, das Sie bekommen können, oder belegen Sie ein Seminar. Der Test ist teuer und sehr schwierig.
7. Warten Sie auf das Ergebnis und rechnen Sie nun Ihre Punkte zusammen. Ist das Gesamtergebnis immer noch so gut wie erwartet? Macht es noch Sinn, sich zu bewerben?
8. Falls ja: Jetzt geht es um die zusätzlichen, »einfacheren Punkte«, wie etwa der Nachweis Ihres Alters, dass Sie mehrere Jahre im nominierten Beruf gearbeitet haben, und bei Bedarf die Bescheinigung von der Universität oder Fachhochschule, dass die Unterrichtssprache Deutsch war. Alle Dokumente müssen

selbstverständlich auf Englisch sein und bei Bedarf von einem Übersetzer übersetzt und abgestempelt werden.

9 Haben Sie alle Papiere zusammen und denken, Sie haben immer noch genügend Punkte, um das Visum zu bekommen? Herzlichen Glückwunsch: Jetzt sind Sie soweit, das Visum zu beantragen.

Tipp: Wenn Sie sich Sorgen über Ihre Englischkenntnisse machen, sollten Sie vielleicht überlegen, erst den IELTS-Test und dann die Berufserkennung in Angriff zu nehmen.

Das *Skilled - Independent - Migrant Visa* ist vor allem für Leute geeignet, die nicht sofort, sondern im Laufe der nächsten Jahre nach Australien ziehen möchten. Falls Sie das Gefühl haben, dass Sie jemanden brauchen, der für Sie den Überblick behalten sollte, dann ist ein Einwanderungsberater *(Migration Agent)* sicher eine gute Wahl.

Das kostet Sie das Visum

Wie schon zu vermuten war, sind mit dem Visum einige zusätzliche Kosten verbunden. Hier ein Rechenbeispiel:

- Berufsanerkennung bei der *Assessing Authority:* Gebühr schwankt, etwa $350 bis $400
- IELTS: etwa 170 Euro oder $340
- Visum: $2.525
- Fachärztliche Untersuchung aller Antragsteller: schwankt je nach Arzt, innerhalb Australiens um die $300
- Polizeiliches Führungszeugnis aller Antragsteller: etwa 13 Euro. Teurer wird hier die notwendige Übersetzung.

Weitere Kosten:

- Übungsmaterial oder Seminargebühren für den IELTS-Test
- Beglaubigte Übersetzungen von einem zertifizierten Übersetzer
- Beglaubigte Kopien aller Zeugnisse, z. B. vom Bürgerbüro.
- Portokosten

Allein diese Kosten werden sich mit Sicherheit auf mehrere Hundert Euro belaufen.

Chancen verbessern mit staatlichem Sponsoring

Wenn Sie Ihre Chancen verbessern möchten, könnten Sie sich von einem der australischen Staaten sponsern lassen. Das wäre dann das *Skilled - Sponsored - Migrant Visa (Subclass 176)*.

Für dieses Visum gelten erleichterte Bedingungen, wie etwa eine Mindestpunktezahl von 100 (2009/2010), außerdem erhalten Sie 10 zusätzliche Punkte. Sollten in Victoria beispielsweise Bäcker fehlen, und Sie sind Bäcker, haben Sie gute Chancen, in Victoria angenommen zu werden – solange Sie Ihre Unterlagen zur Zufriedenheit der Behörden verfasst und eingereicht haben.

Mehr Informationen zu den Berufen, die zurzeit besonders in dem einen oder anderen Bundesstaat gesucht werden, erhalten Sie auf dieser Webseite:

▶ *www.immi.gov.au/skilled/general-skilled-migration/176/nom-state-terr.htm*

Achtung Elektriker!

In Australien dürfen fast alle Arbeiten, die etwas mit Strom zu tun haben, grundsätzlich nur von einem registrierten Elektriker ausgeführt werden. Dazu gehört auch das An- oder Abschrauben einer Lampe oder eines Ventilators. Wer einen Elektriker-Gesellenbrief aus Deutschland und vielleicht sogar schon viele Jahre Erfahrung mitbringt, der muss trotzdem fast immer wieder ins TAFE College (*Technical And Further Education* - eine Art Berufsschule) zur Umschulung gehen und zudem für eine Zeit als Hilfselektriker für wenig Geld arbeiten. Das kann sehr frustrierend sein. Vor allem, wenn man sieht, wie schlecht ausgebildet viele australische Elektriker tatsächlich sind.

Ganz unabhängig von der Berufsangabe im Visum lohnt sich daher, möglicherweise nach dem Umzug einen ganz anderen Beruf zu ergreifen, der letztendlich weniger Probleme bereitet.

Abgesehen vom Elektriker gibt es noch eine ganze Reihe anderer registrierungspflichtiger Berufe, bei denen auch erfahrene Fachkräfte noch einmal in die Schule gehen müssen. Dazu gehören auch praktisch alle medizinischen Berufe – und das, obwohl gerade diese Berufe dringend gebraucht werden. Vieles ist in den einzelnen Bundesstaaten unterschiedlich geregelt. Möglicherweise hängt die Anerkennung von ausländischen Zeugnissen sogar von der aktuellen Laune oder Arbeitsmotivation des Sachbearbeiters ab...

Links für die Recherche finden Sie im Anhang unter dem Thema »Arbeiten«.

Chancen verbessern mit Job- und Sponsorship-Angebot

Erheblich schneller und einfacher geht die Bearbeitung Ihres Visumantrags vor sich, wenn Sie bereits ein Angebot von einem Arbeitgeber nachweisen können, der Sie sponsern will. Wichtig zu wissen ist, dass es zwar viele Arbeitgeber gibt, die potenziellen Einwanderern einen Job anbieten. Sobald diese jedoch erfahren, mit wie viel Papieraufwand so ein Visum verbunden ist, wird das Jobangebot schnell wieder zurückgezogen. Daher muss es dringend ein Job- *und* Sponsorship-Angebot sein. Bei diesem Visum kann die Antragsbearbeitung von wenigen Wochen bis zu einigen Monaten dauern.

Da in Australien viele Jobs über Beziehungen und persönlichen Geschmack vergeben werden, ist es sehr schwer, aus der Ferne ein Job- und Sponsorship-Angebot zu bekommen. Mehr Chancen haben da Bewerber, die ihr Können schon bei einem Arbeitsaufenthalt mit dem *Working Holiday Visa* nachgewiesen haben.

Ausnahmen und Sonderregelungen

Bitte beachten Sie: Es gibt viele Ausnahmen und Sonderregelungen. Selbst wenn Sie das Gefühl haben, dass Sie aus dem einen oder anderen Grund kein Arbeitsvisum bekommen könnten, sollten Sie doch eventuell mit einem seriösen Einwanderungsberater sprechen, der sicher die eine oder andere Sonderregelung kennt, die hier im Buch aus Platzmangel nicht besprochen werden kann.

Zudem ändert die Einwanderungsbehörde sehr oft und manchmal auch völlig unerwartet seine Voraussetzungen und Regelungen für neue Visa, sodass es sich lohnt, das Thema ständig im Auge zu behalten.

Visum für Studium oder Fortbildung

Es gibt verschiedene Visa für Schüler, Studenten und Leute, die eine Fortbildung anstreben. Im Folgenden wird nur das Studentenvisum besprochen, da sich vergleichsweise nur wenige Schüler für ein Jahr in Australien interessieren Das *Higher Education Sector (Subclass 573)* Visum können Sie nur dann beantragen, wenn Sie einen Einladungsbrief für ein Vollzeit-Studium von einer Universität vorweisen können (mehr dazu im Kapitel »Studieren in Australien«). Außerdem müssten Sie nachweisen, dass Sie sich finanziell ohne zu arbeiten selbst versorgen und die Studiengebühren zahlen können.

Das Visum kostet $540, zusätzlich fallen noch Kosten für eine ärztliche Untersuchung an, die vom Arzt frei festgelegt werden können. Abhängig von der Laufzeit des ausgestellten Visums können Sie nach Ende des Semesters noch mindestens einen weiteren Monat im Land bleiben, um z. B. noch einen Urlaub anzuschließen.

Prinzipiell könnten Sie sich nach einem abgeschlossenen Studium gleich für ein Arbeitsvisum bewerben. In der Praxis sehen die Chancen eher schlecht aus. Daher gilt auch hier: Wenn Sie nach dem Studium in Australien bleiben möchten, suchen Sie sich frühzeitig einen Arbeitgeber, der bereit ist, Sie zu sponsern.

Visum für Lebenspartner

Eine Hochzeit ist keine Pflicht für eine Aufenthaltserlaubnis. In Australien kann man auch als verheiratet gelten, wenn man keine Urkunde vom Standesamt oder der Kirche nachweisen kann. Das nennt sich dann *de facto*.

De facto verheiratet sind Paare, die bei Antragstellung seit mindestens 12 Monaten zusammenwohnen, zusammen Rechnungen bezahlen und auch sonst über Schriftstücke nachweisen können, dass sie alles gemeinsam machen.

De facto gilt hierbei übrigens auch für gleichgeschlechtliche Paare. Wichtig ist, dass der australische Partner zum einen dazu bereit und zum anderen nachweislich in der Lage ist, den ausländischen Partner bei Bedarf finanziell zu unterstützen.

Das *Partner Visum* kostet $1.705 und erlaubt, sofort zu arbeiten. Zuerst erhält man normalerweise ein befristetes Visum *(Temporary Visa)*, bis eine Entscheidung auf Basis der eingereichten Dokumente gefallen ist. Danach wird ein dauerhaftes Visum *(Permanent Visa)* ausgestellt.

Wenn Sie innerhalb von neun Monaten heiraten möchten, können Sie erst ein Heiratsvisum *(Prospective Marriage - Temporary - Offshore - Subclass 300)*, nach der Hochzeit dann ein Partner Visum beantragen. Das Visum kostet ebenfalls $1.705 und ist verbunden mit einer Arbeitserlaubnis.

Arbeiten ohne Einwanderung: Das Business Visum

Wenn Sie kurzzeitig in Australien arbeiten möchten, ohne ein Recht auf permanenten Aufenthalt, dann sollten Sie direkt bei der Buchung Ihres Flugtickets ein *ETA-Business* Visum *(ETA Business Entrant Long Validity - Subclass 956)* bestellen. Das Visum wird genauso wie das Touristenvisum an Ihre Passnummer geknüpft.

Das Visum kostet $90 und gilt so lange, wie der Pass gültig ist. In der Zeit können Sie mehrfach einreisen, aber immer maximal drei Monate im Lande bleiben. Sie dürfen mit dem Visum an Konferenzen und Seminaren teilnehmen, andere Firmen für Besprechungen, zum Knüpfen von Geschäftskontakten sowie für Bewerbungsgespräche besuchen.

Und nicht zuletzt gibt es die Möglichkeit, sich als Arbeitnehmer von einer international tätigen Firma zeitweise ins Ausland zu versetzen zu lassen. In diesem Falle kümmert sich dann Ihre Firma um das Visum.

Visum für Rentner

Wer mindestens 55 Jahre alt ist, der kann als Rentner mittlerweile nur noch ein *Investor Retirement Visa (Subclass 405)* beantragen. Mit diesem Visum wird man kein *Resident*, man bleibt also nur Langzeit-Gast. Das Visum gilt für vier Jahre, kann aber verlängert werden, und wird ausgestellt auf den Antragsteller sowie seinen Partner, nicht aber für weitere Verwandte oder Kinder. Es ist erlaubt, bis zu 20 Stunden pro Woche zu arbeiten.

Für das Rentnervisum zahlt der Antragsteller eine erste Rate von $230. Kurz bevor das Visum ausgestellt wird, werden für den Antragsteller wie auch für seinen Partner (falls vorhanden) jeweils $10.440 fällig. Auch sind die finanziellen Voraussetzungen beeindruckend: Wer in einer der australischen Hauptstädte wie etwa Brisbane, Sydney oder Melbourne wohnen möchte, der muss $750.000 Ersparnisse mitbringen und nachweisen können, dass er ein minimales jährliches Einkommen von $65.000 hat. Es genügt, wenn man entsprechende Rentenbescheinigungen vorlegen kann.

Wenn es Sie in ländlichere Gebiete zieht, wie etwa Städte in Queensland außerhalb vom Großraum Brisbane / Gold Coast oder in Western

Australia außerhalb von Perth, dann sind die finanziellen Bedingungen etwas moderater: In diesem Fall müssten Sie $500.000 mitbringen und ein Einkommen von mindestens $50.000 im Jahr haben.

Bereits vor dem Antrag auf das Visum müssten Sie sich einen Staat als Sponsor aussuchen. Wenn der Sponsor dann zugestimmt hat und der Visumsantrag akzeptiert ist, dann muss das Geld im eigenen Namen in dem betreffenden Staat für die Laufzeit des Visums investiert werden. Weitere Voraussetzungen sind der Nachweis einer Krankenversicherung, die beispielsweise im Heimatland oder noch besser in Australien abgeschlossen sein sollte. Außerdem werden eine ärztliche Untersuchung sowie polizeiliche Führungszeugnisse verlangt. Ein Sprachtest wird hingegen nicht benötigt.

Visum für eine medizinische Behandlung

Keine Altersbeschränkung gibt es, wenn Sie sich einer medizinischen Behandlung unterziehen möchten oder jemanden dabei begleiten. Hier gibt es ein Visum für Aufenthalte unter drei Monaten *(Medical Treatment Short-Stay - Subclass 675)* sowie für Aufenthalte zwischen drei und zwölf Monaten *(Medical Treatment Long-Stay - Subclass 685)*.

Das *Short Stay* Visum ist kostenlos, das *Long Stay* Visum kostet $55. Beide gelten nur für die Dauer der Behandlung, nicht aber für einen Urlaub vorher oder nachher.

Kommerzielle Einwanderungshelfer

In Deutschland wie auch in Australien gibt es ausgebildete Einwanderungshelfer oder *Migration Agents*. Ein Einwanderungshelfer ist vor allem dann sinnvoll, wenn Sie Probleme haben, die Formulare zu verstehen, wenn Sie sich vom Papieraufwand überfordert fühlen oder wenn Sie denken, dass kein Visum zu Ihnen passt.*

* Bei der Recherche für dieses Buch hat sich gezeigt, dass die Informationen auf der offiziellen Webseite der Einwanderungsbehörde leider nicht immer den aktuellen Stand der Dinge widerspiegeln. Seriöse *Migration Agents* hingegen sind schon von Berufswegen immer auf dem neusten Stand und teilen diese Informationen auch mit ihren Klienten.

Allerdings sollten Sie hierbei beachten, dass Ihnen der *Migration Agent* zwar einiges abnehmen kann, aber dass Sie die meiste Arbeit trotz allem selbst übernehmen müssen. Dazu gehört etwa Kopieren, Übersetzen und Abstempeln lassen von Zeugnissen, Urkunden und anderen Dokumenten.

Wichtig bei *Migration Agents* ist zudem, dass Sie vorher herausfinden sollten, wie viel für die Dienstleistung letztendlich berechnet wird, und was dafür genau geleistet wird.

Informationen zu Australiens registrierten Einwanderungsberatern erhalten Sie auf den Webseiten von *Migration Institute of Australia (►www.mia.org.au)* und *Migration Agents Registration Authority (►www.mara.gov.au)*.

Der Englisch-Test – die härteste Prüfung

Für einige der zuvor genannten Visa ist ein bestandener Englischtest Voraussetzung. Je nach Visum sind die benötigten Durchschnittsnoten recht unterschiedlich. Der IELTS wird beispielsweise für folgende Visa benötigt:

- Studentenvisum
- Einwanderungsvisa mit oder ohne Sponsoren
- *Work and Holiday,* für türkische Staatsbürger

Beim Partner- oder Rentner-Visum wird kein Englischtest benötigt.

Der IELTS-Test kostet 170 Euro und wird von den meisten Probanden als sehr schwierig und anstrengend empfunden. Er ist gewissermaßen die höchste Hürde, die der Antragsteller auf dem Weg zum Visum nehmen muss. Daher lohnt sich die Anmeldung nur, wenn Sie sich vorher bestens vorbereitet haben.

Abhängig vom Visum und der Berufswahl muss der Bewerber den einfacheren *General* oder den schwierigen *Academic* Test absolvieren.

Der IELTS-Test besteht aus folgenden Teilen:

- *Listening:* Hörtest, 30 Minuten
- *Academic Reading* oder *General Training Reading:* Lesetest, 60 Minuten

- *Academic Writing* oder *General Training Writing:* Schreibtest, 60 Minuten
- *Speaking:* Konversation, 11-14 Minuten

Gerade wenn Sie das Gefühl haben, in der Schule eher schwach in Englisch gewesen zu sein, dann investieren Sie lieber mehr Zeit und Geld in Übungsmaterial, Vorbereitungskurse oder einen Urlaub in England oder Australien, als schlecht vorbereitet in den Test zu gehen. Den Hörtest finden die meisten Probanden sehr schwierig, da man Fragen zu einem vorher aufgezeichneten Beitrag oder Gespräch beantworten muss. Wer gut vorbereitet ist, der kann seine Chancen, das gewünschte Visum zu bekommen, erheblich verbessern!

Australischer Staatsbürger werden

Wer als Deutscher geboren wurde, der darf mit Sondererlaubnis die australische Staatsbürgerschaft zusätzlich zur Deutschen annehmen. Dazu muss ein entsprechender Antrag für eine Beibehaltungsgenehmigung ausgefüllt werden, und in einem Aufsatz ausführlich begründet werden, warum es notwendig ist, Bürger beider Länder zu sein. Die Bearbeitung kostet 255 Euro, wenn der Antrag angenommen wird, oder 191 Euro, wenn er abgelehnt wird. Wird dem Antrag zugestimmt, erhält man eine Beibehaltungsurkunde, die sicher aufbewahrt werden sollte. Erst *nach* Erhalt dieser Urkunde darf die australische Staatsbürgerschaft beantragt werden.

Für den Antrag ist es sinnvoll, Beweise für seine Verbindungen nach Deutschland zu sammeln, wie etwa Flugtickets, Telefonabrechnungen, Kontoauszüge von deutschen Konten oder Rentenversicherungen – um nur mal einige Beispiele zu nennen.

Am schwierigsten fällt den meisten Antragstellern zu erklären, warum sie Australier werden möchten, wenn sie sowieso schon mehr oder weniger unbegrenztes Aufenthaltsrecht in Australien haben. Hier ist es wichtig, stichhaltige persönliche oder wirtschaftliche Gründe zu liefern. Das Bedürfnis, in Australien wählen zu wollen, oder der Wunsch, Soldat zu werden, wird nicht anerkannt.

Eine ähnliche Gesetzgebung trifft auch auf Österreicher zu. Schweizer hingegen haben es einfacher: Sie können ohne großen Papierkrieg eine zusätzliche Staatsbürgerschaft annehmen. Es lohnt sich aber trotzdem, vorher noch einmal sicher zu gehen und sich etwa beim Schweizer Generalkonsulat in Sydney nach den aktuellen Bestimmungen zu erkundigen.

Checkliste Visum

- Ein Urlaubsaufenthalt bis zu 12 Monaten ist für EU-Bürger problemlos möglich.
- Urlaub und Arbeiten für maximal 12 Monate ist für Deutsche und – mit Einschränkungen – für Reisende mit türkischem Pass möglich.
- Die besten Chancen für ein Arbeitsvisum haben Sie, wenn Ihnen eine australische Firma ein Jobangebot macht und wenn diese Ihnen gleichzeitig anbietet, Sie zu sponsern.
- Am einfachsten erhält man ein Arbeitsvisum, wenn man sich von seiner Firma zeitweilig in eine australische Filiale versetzen lässt.
- Studenten benötigen eine Einladung von der Uni, bevor sie ein Visum beantragen können.
- Wer zu seinem Partner nach Australien ziehen will, sollte Schriftstücke vorweisen können, die bestätigen, dass die Beziehung schon seit mindestens 12 Monaten besteht.
- Rentner müssen große Ersparnisse nachweisen, bevor sie für ein Visum überhaupt infrage kommen.
- Einwanderungsberater sind nicht billig, dafür aber bestens informiert. Zudem helfen sie, den Überblick über die komplizierte Antragstellung zu behalten.
- Den IELTS-Test sollte man unbedingt ernst nehmen. Es ist sinnvoll, gut vorbereitet in den Test zu gehen, um das bestmögliche Ergebnis herauszuholen.

Kapitel 6

Umzug und Abreise

Ist das Arbeitsvisum erst einmal ausgestellt und in den Pass eingeklebt, fühlt man sich erleichtert. Endlich hat alles geklappt! In dem Aufkleber im Pass steckt so viel Arbeit, und nun so viel Vorfreude. Dabei fängt die Arbeit jetzt erst richtig an: Der Arbeitsplatz muss gekündigt (oder die Beurlaubung eingereicht), Arbeitszeugnisse angefragt sowie Eltern und Verwandte beruhigt werden. Es lohnt es, strategisch zu planen und noch das nächste größere Familienfest wie etwa wichtige Geburtstage oder Weihnachten mitzufeiern, um der Verwandtschaft die Trennung nicht zu schwer zu machen.

Umzugsplanung

Tipps für die Packliste

Auch wenn Sie ein unlimitiertes Budget für den Umzug hätten, so würde es sich doch nicht lohnen, all das mitzunehmen, was Sie besitzen. Zum einen sind australische Wohnungen und Häuser anders geschnitten als gewohnt, und zum anderen würde wahrscheinlich auch nicht alles durch die Quarantäne gehen. Wenig Sinn hat es beispielsweise, Schlafzimmerschränke oder Badezimmer-Möbel mitzunehmen (mehr dazu im Kapitel »Wohnen zur Miete«). Eine gute Idee ist es, wenn Sie sich vor Abreise noch einmal mit Bekleidung eindecken würden, die für die milden australischen Jahreszeiten angemessen ist. In Australien werden Sie Ihre gewohnten Marken und die gewohnte Qualität wahrscheinlich so schnell nicht finden.

Speditionen

Wer sich von seinen Möbeln und anderen größeren Gegenständen nicht trennen mag, für den empfiehlt sich der Umzug mit einer Spedition. Holen Sie sich verschiedene Angebote ein und überlegen Sie, ob die Kosten für den Transport wirklich günstiger sind als ein Neukauf in Australien. Günstige Möbel sind einfach zu bekommen, etwa bei *Super A-Mart*, *Freedom Furniture* oder *Harvey Norman*. IKEA gibt es ebenfalls in Australien, aktuell allerdings nur in Brisbane, Melbourne und Sydney.

Es gibt kleine 20-Fuß- und große 40-Fuß-Seecontainer, die entsprechend 5,95 Meter oder 11,90 Meter lang sind, außerdem gibt es gelegentlich noch die Möglichkeit, Kartons oder Kisten *(Crates)* in einen Seecontainer zuzuladen. Wenn die Kisten aus Holz bestehen, müssen hier noch die Kosten für das Begasen (als Schutz vor Ungeziefer im Holz) in Australien hinzugerechnet werden. Daher lohnt es sich eventuell, sich auch ein Angebot für einen ganzen Container erstellen zu lassen, um zu sehen, wie groß die Ersparnis wirklich ist, wenn man sich nur für Zuladung entscheidet.

Der Preis für einen Umzug per Spedition hängt des Weiteren nicht nur von der Nähe Ihres Wohnorts zum nächsten deutschen Hochseehafen, sondern auch von der Entfernung Ihres zukünftigen Wohnortes von einem australischen Hafen mit Quarantänestation *(AQIS)* ab. Für längere Strecken innerhalb Australiens könnten zum Teil noch erhebliche Extrakosten hinzukommen.

Insgesamt kann man für einen Umzug mit einem großen 40-Fuß-Container etwa 4.000 bis 7.000 Euro rechnen, abhängig davon, wie groß der Container ist, wo sich Abhol- und Zielort befinden und welche Zusatzleistungen gebucht werden. Auch die Jahreszeit spielt eine Rolle bei der Preisberechnung. Die Transportzeit von Deutschland nach Australien liegt bei knapp über einem Monat.

Informationen zu Speditionen erhalten Sie auf Webseiten wie:

- ► *www.umzugsauktion.de*
- ► *www.spedition.de*
- ► *www.umzug-uebersee.de*
- ► *www.quirx.net*

Der Tag des Umzugs

Die meisten Spediteure erlauben nicht, den Container abzuladen und übers Wochenende für die Beladung auf dem Grundstück stehen zu lassen. Im Normalfall haben Sie nur zwei Stunden Zeit, um den Container zu beladen, längere Wartezeiten führen zumeist zu einem Aufpreis. Es lohnt sich also, alle Kartons fertig zum Abtransport für die Spedition bereitstehen zu haben. Manchmal ist nur dann, wenn die Spedition alles für Sie einpackt, der Inhalt auch gegen Bruch versichert. Wer sich absichern möchte, der sollte Zusatzkosten für den Packservice einrechnen.

Umzug per Paketpost

Wenn Sie sich von Ihren Möbeln und Ihrem Hausstand trennen können und nur das Nötigste mitnehmen wollen, lässt sich der Umzug auch per Postpaket realisieren. Ein 20 Kilo Paket nach Australien, bei der Deutschen Post aufgegeben, kostet unversichert etwa 85 Euro. Die Pakete sind bis zu einem Wert von bis 2.658 Euro versicherbar. Dann kostet das Paket allerdings bereits um die 124 Euro.

Folgende Maße sind erlaubt:

- Länge 15 bis 120 Zentimeter,
- Breite 11 bis 60 Zentimeter,
- Höhe bis 60 Zentimeter,
- maximal mögliches Gewicht: 20 Kilo.

Als Laufzeit nach Australien werden 11 Tage angegeben. Aber die Praxis zeigt, dass es zwei bis drei Wochen dauern kann, bis das Paket ankommt. Wenn Sie noch keine Bleibe gefunden haben, können Sie den kostenlosen *Poste Restante* Service in Anspruch nehmen, der von der Hauptpost *(General Post Office, GPO)* jeder Stadt angeboten wird (siehe Link im Anhang). Das Paket wird dort dann bis zu vier Wochen gelagert. Die dazu notwendige Adressierung lautet (natürlich angepasst an das *GPO* Ihres Zielortes):

Ihr Name
Poste Restante
Cairns General Post Office
25 Grafton Street
Cairns QLD 4870
Australia

Briefe richtig adressieren

In Australien werden Briefe ganz ähnlich adressiert wie in Deutschland, allerdings gibt es einige »Verdreher«, an die man sich gewöhnen muss:

- Die Hausnummer wird immer vor der Straße genannt
- Wohnt man in einer Wohnung, so wird diese von der Hausnummer durch einen Querstrich getrennt. Wohnung 10, Hausnummer 16 wäre also 10/16
- In der Ortszeile wird nie die Stadt genannt, sondern immer der *Suburb*, das ist die genaue Bezeichnung der Wohngegend. Also nicht etwa »Sydney«, sondern »North Ryde«.
- Nach der Ortsbezeichnung folgt das Kürzel das Staates, also beispielsweise *NSW*
- Den Schluss macht dann die Postleitzahl

Hier ein Beispiel:

Mr Peter Library
201 Coxs Road
North Ryde NSW 2113

Das Maximalgewicht von 20 Kilo für ein Paket klingt auf den ersten Blick erschreckend gering. Aber wenn man sich ein Limit setzt, beispielsweise 20 Pakete oder knapp 400 Kilo pro Person, ist ein Umzug für 1.700 Euro pro Person realisierbar. Das ist immer noch billiger und weniger umständlich als ein Umzug per Spedition. Viele Dinge wie etwa Werkzeug, Computer, Elektrogeräte, Bekleidung, Schuhe, Bücher, Fotoalben, Erinnerungsstücke und sogar Fahrräder lassen sich so völlig unkompliziert in die neue Heimat verschicken, und das sogar noch am Tag der Abreise, wenn es sein muss. Das ist gerade dann praktisch, wenn man das eine oder andere Teil bis zuletzt noch braucht.

Beim Verpacken sollten Sie Folgendes bedenken: Auf Containerschiffen ist es feucht und heiß. Wenn Sie nicht vorsorgen, wird Ihr Paket in diesem Klima wahrscheinlich seine Stabilität verlieren und möglicherweise als formloses Etwas oder sogar aufgerissen in Australien ankommen. Daher ist es lohnenswert, das Paket so in Folie oder Paketband einzuwickeln, dass die Oberfläche nur noch aus Plastik besteht. Das mag vielleicht übertrieben klingen, aber die Arbeit lohnt sich! Ebenso sollten Sie alle empfindlichen Gegenstände weich verpacken, beispielsweise in Bekleidung.

In der Zollerklärung sollte der Wert der Gegenstände nicht übertrieben werden, um Einfuhrzölle zu vermeiden. Schreiben Sie daher wahrheitsgemäß *»used clothes«*, *»used books«* oder *»used office equipment«* auf die Zollerklärung.

Haustiere, Elektrogeräte und Anderes

Hunde und Katzen

Ähnlich wie England hat Australien eine sehr strikte Einstellung zum Thema Tierimporte. Hunde und Katzen müssen mindestens 30 Tage in Quarantäne bleiben, die nur in Sydney, Melbourne und Perth möglich ist. Die Länge der Quarantäne hängt davon ab, wann die Tollwut-Impfung und der Antikörpertest durchgeführt wurden.

Katzen und Hunde müssen einen Mikrochip haben, beim Umzug mindestens sechs Monate alt sein, und die letzten sechs Monate in einem einzigen Land gewohnt haben (z. B. nur in Deutschland). Kreuzungen mit Wildkatzen, Wildhunden oder Wölfen sind nicht erlaubt, ebenso Kampfhunde wie etwa Pitbulls oder argentinische Doggen (Dogo Argentino).

Die Quarantäne muss vorgebucht und im Voraus bezahlt werden. Für 30 Tage Quarantäne zahlt man für eine Katze ab $1.000 und für einen Hund ab $1.300, falls keine Arztkosten hinzukommen.

Das Tier kann unbeaufsichtigt nach Australien fliegen und wird am Flughafen von einem Quarantäne-Beauftragten abgeholt. Während der Quarantäne darf das Tier nicht besucht werden. Sollte es krank werden, wird ein Tierarzt gerufen, die Kosten muss der Besitzer tragen.

Da die Formalitäten und die lange Wartezeit für Mensch wie Tier recht anstrengend sind, lohnt sich schon die Überlegung, ob man ein älteres Tier lieber vor der Abreise in gute Hände gibt. Mehr als 20 Stunden Flug in einer dunklen Kiste und dann noch mindestens 30 Tage Quarantäne sind sicher nicht das, was man einem Tier zumuten möchte, vor allem, wenn es schon im Rentenalter ist.

Mehr Informationen zum Thema sowie die notwendigen Formulare erhalten Sie auf der Website der Quarantänebehörde AQIS:
► *www.daff.gov.au/aqis/cat-dogs*

Andere Haustiere

Pferde sind die einzigen sonstigen Tiere, die aus Europa importiert werden dürfen. Vögel und Hasen dürfen nur aus Neuseeland mitgebracht werden, alle weiteren Tiere sind nicht erlaubt.

Elektrogeräte

Aus australischen Steckdosen kommen 240 Volt, in manchen Gegenden sogar 250 Volt. Sie können alle Elektrogeräte aus Deutschland mitnehmen, die Ihnen wichtig sind. In australischen Supermärkten gibt es Adapter, mit denen Sie europäische Stecker in australische Steckdosen stecken können. In Australien wird wie in Deutschland im PAL-Format ferngesehen. TV-Geräte lohnen aber kaum der Mitnahme, da sie in Australien ziemlich günstig sind: Standard-Fernseher gibt es für unter $200, Flachbildschirme ab $500. HDTV wird in Australien immer beliebter, da verschiedene Kanäle dauerhaft in HD senden. In manchen Wohngegenden braucht man für ältere Fernsehgeräte einen DVB-T*-Receiver, der um die $50 kostet.

Insgesamt kann man in Australien alle Elektrogeräte kaufen, die es auch in Deutschland gibt, oft sogar günstiger als in Europa, wenn auch nicht immer von besserer Qualität. Scheinbar australische Markengeräte kommen dabei auch oft aus China.

Es lohnt sich, vor dem Umzug eventuell ein neues Notebook sowie eine zusätzliche externe Tastatur zu kaufen, da Sie in Australien nur Rechner mit englischer Tastatur bekommen werden. Ohne Umlaute kann das Tippen von E-Mails schnell anstrengend werden. Nicht zuletzt ist die Qualität von in Europa gekauften PCs teils besser als die von in Australien erhältlichen Geräten.

Holz- und Tierprodukte

Die Quarantänebehörde AQIS achtet mit Adleraugen darauf, dass keine Schädlinge ins Land kommen. Daher sind folgende Artikel sofort verdächtig und müssen fast immer kostenpflichtig begast oder bestrahlt werden:

---

* DVB = Digital Video Broadcasting. Digitales, terrestrisches Fernsehen, seit einigen Jahren auch im deutschsprachigen Raum verbreitet.

- unbehandeltes Holz, Weihnachtsschmuck
- Tierprodukte, Federn, auch Federbettwäsche
- getrocknete Früchte und Pflanzen, Samen und Nüsse

Vorsicht ist vor allem bei Souvenirs geboten, die man aus früheren Urlauben mitgenommen hat. Falls es sich um unbehandelte Naturprodukte handelt, sollten diese besser nicht eingepackt werden. Folgende Produkte sollte man unbedingt vor dem Verpacken gründlich reinigen:

- Angel- und Golfzubehör
- Campingausrüstung
- Schuhe, Fahrräder, Rasenmäher
- alle Gegenstände, die im Garten benutzt oder die mit Erde in Berührung gekommen sind

Wenn AQIS der Ansicht ist, dass sich in Ihrem Container verdächtige Produkte befinden, wird der gesamte Inhalt mit Gift behandelt, um eventuelle Schädlinge auszurotten. Sie können dagegen keinen Einspruch erheben und müssen zudem die Kosten dafür tragen. Überlegen Sie sich also genau, ob Sie die warmen Federbetten wirklich mitnehmen möchten.

Sollten Sie nicht per Container, sondern per Postpaket umziehen, müssen Sie damit rechnen, dass ab und zu stichprobenartig Pakete geöffnet werden. Das passiert fast immer, wenn Lebensmittel oder Süßigkeiten mit dabei sind, aber auch, wenn Pflanzenprodukte oder Erde (etwa an einem Fahrrad oder an Gummistiefeln) vermutet werden. Wird nichts Verdächtiges gefunden, kleben die Zöllner das Paket wieder zu und legen einen Zettel bei, der informiert, dass eine Kontrolle durchgeführt wurde und dass alles in Ordnung ist.

Zollbestimmungen für Alkohol und Zigaretten

Wenn Sie Vorräte aus Europa mitbringen möchten, beachten Sie bitte folgende Einschränkungen: Sie dürfen maximal 2,25 Liter Alkohol mitnehmen. Wegen der Flugbestimmungen sollten Sie diese am besten in den Koffer packen; Flaschen im Handgepäck sind beim Umsteigen problematisch. Außerdem sind 250 Zigaretten oder 250 Gramm Tabak erlaubt. Es empfiehlt sich, sich vor dem Flug nach den aktuellen Bestimmungen zu erkundigen. Diese erhalten Sie problemlos von den Fluggesellschaften, meist auch auf deren Internetseiten.

Abmelden in Deutschland

Arbeitgeber

Bevor Sie bei Ihrem Arbeitgeber kündigen oder sich beurlauben lassen, lohnt sich die Überlegung, ob es für ihn eventuell geschäftlich von Vorteil sein könnte, dass Sie nach Australien ziehen. Sie brauchen immerhin seine Unterschrift für das Arbeitszeugnis, und vielleicht muss er später mit Ihrem zukünftigen Arbeitgeber auf Englisch telefonieren. Da hilft es, wenn die Kündigung wohl vorbereitet und einvernehmlich vonstatten geht.

GEZ

Die in Deutschland für Radio und Fernsehen zuständige Gebühreneinzugszentrale (GEZ) hat keine Gnade, wenn Sie vergessen, sich vor dem Umzug abzumelden. Sollten Sie dann jemals nach Deutschland zurückkehren, wartet im schlimmsten Fall eine ernüchternde Nachzahlung auf Sie. Und das, auch wenn Sie nachweisen können, dass Sie im Ausland waren! Es lohnt sich also, die Abmeldung nicht zu vergessen.

Krankenversicherung

Überlegen Sie bei der Gelegenheit auch, ob es sinnvoll ist, sich bei der Krankenversicherung abzumelden. Sie können zwar Ihre Krankenversicherung »ruhen« lassen und eine Anwartschaft zahlen. Aber falls Sie nicht nach Deutschland zurückkehren wollen, lohnt sich der Aufwand nicht. Schließen Sie am besten auch eine Reisekrankenversicherung ab, damit Sie für den Start in Ihrer neuen Heimat versichert sind.

Konto

Ihr deutsches Konto sollten Sie vorsichtshalber behalten, auch wenn es extra Gebühren kostet. Falls Sie später in Europa noch einmal ein Konto brauchen sollten, wird es schwer, aus dem Ausland ohne Anmeldung in einer deutschen Gemeinde ein Konto zu eröffnen. Spätestens dann, wenn Sie nach Deutschland in den Urlaub fahren oder wenn Oma für die Enkel zu Weihnachten etwas überweisen möchte, lohnt sich das Konto wieder.

Ein australisches Konto können Sie unter bestimmten Bedingungen auch schon von Deutschland aus anmelden, jedoch ist das nicht dringend notwendig. Falls Sie nicht wissen, ob es in Ihrer zukünftigen Wohngegend eine Filiale dieser Bank gibt, sollten Sie vielleicht die Entscheidung verschieben, bis Sie eine feste Bleibe gefunden haben. Mehr zum Thema erfahren Sie im Kapitel »Geldfragen«.

Einwohnermeldeamt

Neben dem Einkleben des Visums ist auch die Abmeldung vom Einwohnermeldeamt ein besonderes Erlebnis. Wenn Sie permanent umziehen, wird dies voraussichtlich der letzte Besuch sein, den Sie jemals einer Meldebehörde abstatten. In Australien gibt es nämlich kein Einwohnermeldeamt und keinen Personalausweis. Das Schöne bei der Abmeldung im Einwohnermeldeamt ist, dass Sie als nächsten Wohnort »Australien« angeben können. Der Neid der Beamten ist Ihnen sicher!

Wenn Sie in Zukunft zur Wahl gehen möchten, sollten Sie dort gleich Bescheid geben, dass Sie im Wahlregister bleiben möchten, damit Sie an zukünftigen Bundestagswahlen per Briefwahl teilnehmen können.

Falls Sie nur einen vorübergehenden Aufenthalt in Australien planen, sollten Sie vielleicht weiterhin in Ihrem alten Wohnort angemeldet bleiben, um bei der Rückkehr eventuell auftretende bürokratische Hürden zu vermeiden.

Bescheinigung für Autoversicherung und Mietwohnung

Australier sind mindestens genauso bürokratisch veranlagt wie die Deutschen. Wenn Sie also hoffen, der Papierwirtschaft entgehen zu können, werden Sie leider enttäuscht werden. Es ist ratsam, folgende Dokumente mitzunehmen:

- **Mietbescheinigung:** Eine Beschreibung Ihrer Tugenden als Mieter. Schreiben Sie beispielsweise, dass Sie von gutem Charakter, sauber und ordentlich sind und dass Sie Ihre Miete immer pünktlich bezahlt haben. Dieses Dokument sollte dann Ihr aktueller Vermieter unterschreiben.

- **Autoversicherung:** Eine Bescheinigung über Ihre »Prozente« und sonstigen Versicherungsinhalte, die Sie bei Bedarf der australischen Versicherung vorlegen können.
- **Arbeitgeber:** Arbeitszeugnis auf Englisch, am besten auch eine Beschreibung Ihrer Tätigkeiten. Die Beschreibung sollte bis ins Kleinste detailliert sein, damit sich nachvollziehen lässt, was Sie im fernen Europa gemacht haben und wie Sie einsetzbar sind. Offizielles Briefpapier des Arbeitgebers ist hier eine gute Wahl.
- **Bank:** Ihre Ersparnisse in Euro und umgerechnet in Dollar, mit Stempel und Unterschrift eines Bankbeamten, damit Sie bei der Wohnungssuche als Sicherheit Ihre Ersparnisse vorweisen können.

Wichtig ist, dass Sie alle Dokumente auf Englisch fertig formuliert und ausgedruckt den betreffenden Personen zur Unterschrift vorlegen (bei manchen Autoversicherungen gibt es bereits Vordrucke dafür). Wenn alles schon fertig ist und keine zusätzliche Arbeit nötig ist, werden Ihnen die entsprechenden Personen gerne alles unterschreiben, solange es keine haarsträubenden Lügen sind.

Im »wahren« Leben würde in Australien der neue Arbeitgeber oder der neue Vermieter den alten Vermieter oder Arbeitgeber einfach kurz anrufen. Aber da zwischen Australien und Deutschland Sprachbarrieren und zudem bis zu 10 Stunden Zeitverschiebung liegen, sind die Papiere ein guter Ersatz.

Temporäre Unterkünfte in Australien

Von Deutschland aus werden Sie es schwer haben, eine Wohnung zu finden. Zum einen können Fotos auf Immobilien-Webseiten böse Überraschungen verbergen, zum anderen kann der Vermieter Sie aus der Ferne nicht einschätzen und hat deshalb eher wenig Interesse.

Daher bleiben für den Anfang nur Ferienunterkünfte, die Sie problemlos vorausbuchen können: Für Sparer gibt es beispielsweise *Cabins* (Ferienhütten) auf Campingplätzen, die aber oft sehr spartanisch eingerichtet sind. Eine Übersicht in Sachen Cabins erhalten Sie unter anderem auf der Webseite von *Big 4* (►www.big4.com.au) oder bei ►*www.toptouristparks.com.au*. Für einfache Cabins zahlt man je nach Ausstattung ab etwa $80 bis $100 am Tag. Campingplätze liegen oft relativ weit vom Stadtzentrum entfernt; Ferienapartments in Resort-Anlagen sind zentraler, aber auch teurer – meist um die $150 bis $200 am Tag. In Cabins wie auch in Ferienapartments kann man es gut aushalten, wenn man mit dem Vermieter einen Wochen- oder Monatspreis aushandelt. Falls Sie allein oder zu zweit unterwegs sind, genügt für die ersten paar Tage vielleicht auch nur ein Hotelzimmer. Auch hier müssten Sie je nach Lage etwa $100 bis $150 am Tag einplanen.

Falls Sie während der Schulferien, an Ostern oder Weihnachten eine Unterkunft benötigen, sollten Sie unbedingt zeitig vorbuchen und mit höheren Preisen rechnen.

Ankunft in Australien

Nach einem Flug von über zwanzig Stunden werden Sie abhängig von der Jahreszeit möglicherweise einen »Klimaschock« erleben. Das gilt gerade in der Zeit von Weihnachten bis Ostern, wo Sie möglicherweise von Minusgraden in Europa in ein Land mit Temperaturen weit oberhalb von 30 Grad wechseln werden.

Daher ist es sinnvoll, ohne Stress mit einem Taxi zur vorgebuchten Unterkunft zu fahren und erst einmal auszuspannen. Genießen Sie ein paar Tage Urlaub und schauen Sie sich in Ihrer neuen Heimatstadt um, bevor Sie sich den Stress der Wohnung- und Autosuche zumuten.

Die nächsten Schritte wären dann folgende:

- Handykarte kaufen
- Nur für Visa mit Arbeitserlaubnis: Steuernummer *(Tax File Number)* anmelden
- Wohnungssuche und Autokauf
- Nur für *Permanent Residents:* Anmeldung bei der staatlichen Krankenversicherung *Medicare*
- Kontoeröffnung

Versuchen Sie, möglichst bald eine Ausgabe der lokalen Gelben Seiten *(Yellow Pages)* zu organisieren, die Ihnen auch ohne Internet einen Überblick über die unterschiedlichsten Betriebe vom Bäcker bis zum Makler verschafft. Zudem ist in einem Telefonbuch normalerweise ein Stadtplan integriert, der sehr hilfreich sein kann.

Wenn das alles erledigt ist, ist es an der Zeit, einen australischen Führerschein zu beantragen und sich nach Englisch-Sprachkursen zu erkundigen. Sollten Sie Kinder haben, ist ein Besuch bei *Centrelink* (eine Art Sozialamt) mit Hinsicht auf Kindergeld eine gute Idee, und nicht zuletzt sollten die Kinder baldmöglichst bei einer Schule angemeldet werden. Ausführliche Informationen dazu finden Sie in den folgenden Kapiteln.

Checkliste Umzug

- Überlegen Sie sich genau, ob es sinnvoll ist, mit einem Container umzuziehen.
- Einen Hund oder eine Katze nach Australien mitzunehmen, ist grundsätzlich möglich, wenn man sich und das Haustier früh genug darauf vorbereitet.
- Vergessen Sie nicht, sich bei der GEZ und eventuell auch beim Einwohnermeldeamt abzumelden.
- Überlegen Sie, ob es sinnvoll ist, schon in Deutschland ein australisches Konto zu eröffnen.
- Buchen Sie frühzeitig eine Übergangsunterkunft in Australien.

Bei der Ankunft in Australien sollten Sie folgende Dokumente im Original und in englischer Übersetzung dabei haben:

- Pass mit Visum
- Internationale Geburtsurkunde
- EU-Führerschein und internationaler Führerschein
- Bescheinigung der Autoversicherung

Checkliste Umzug

- Bescheinigung vom letzten Vermieter
- Nachweis über Ihre Ersparnisse mit Bankstempel für die Wohnungssuche
- Arbeitszeugnisse, Schul-, Ausbildungs- und Unizeugnisse
- Eventuell Heiratsurkunde mit Übersetzung

Kapitel 7

Geldfragen

Die Kosten eines Neuanfangs in Australien

Leben in Australien ist nicht teuer. Wenn Sie sparsam mit dem Geld umgehen können, eine Wohnung finden, die unter $250 die Woche kostet, und wenn Sie vorerst nur *ein* Auto fahren, so können Sie zu zweit mit etwa $25.000 bis $30.000 im Jahr gut auskommen. Dabei sind besondere Genussmittel (wie z. B. Zigaretten und Alkohol) sowie einmalige Kosten fürs Auto allerdings nicht mit eingerechnet.

Checkliste laufende Kosten

- **Miete:** Zumeist ab $200 die Woche. Auf dem Land ist es einfacher, für $200 eine 2-Schlafzimmer-Wohnung zu finden. In einer Großstadt in guter Lage zahlt man oft deutlich mehr.
- **Strom:** Der Verbrauch ist abhängig vom Alter Ihrer Haushaltsgeräte und von der Nutzung der Klimaanlage. Sparsame Menschen kommen schon mit $50 Stromkosten im Monat aus. Oft sind es aber $100 und mehr – vor allem dann, wenn Klimaanlage, Wassererhitzer, Herd und Kühlschrank bereits älteren Jahrgangs sind. Strom wird direkt an den Energieversorger gezahlt.
- **Telefon und Internet:** Grundgebühren fürs Telefon liegen bei etwa $25 bis $30. Fürs Internet sollte man zusätzlich etwa $50 im Monat einplanen.
- **Private Krankenversicherung** für *Permanent Residents:* Optional, aber empfehlenswert. Pro Person etwa $120 im Monat. Urlauber können alternativ eine private Reisekrankenversicherung abschließen (mehr dazu im Kapitel Krankenversicherung).
- **Autoregistrierung** *(Car Registration* oder *Rego)* und Insassen-Unfallversicherung für das andere Fahrzeug *(Compulsory Third Party, CTP):* Beides muss gemeinsam bezahlt werden, und

zwar für sechs oder zwölf Monate im Voraus. Für ein Mittelklasse-Fahrzeug zahlt man im Jahr in Victoria etwa $500, in New South Wales etwa $550 und in Queensland etwa $800. Zahlt man halbjährlich, muss man umgerechnet aufs Jahr etwas mehr zahlen. Ein halbes Jahr *Rego* und *CTP* in Queensland würde entsprechend etwa $450 kosten.

- **Autoversicherung:** Da bei der *Rego* keine Versicherung für Sachschäden sowie für Personen im eigenen Fahrzeug eingeschlossen ist, sollten Sie vielleicht eine zusätzliche Versicherung abschließen. Es gibt Teilkasko *(Theft and Third Party)* oder Vollkasko *(Comprehensive)*. Ein Kleinwagen, wie etwa ein 7 Jahre alter Hyundai Getz, kostet beispielsweise circa $400 für ein Jahr Vollkasko. Monatliche Zahlung wird von manchen Versicherungen angeboten, umgerechnet aufs Jahr zahlt man dann aber mehr.
- **Autoclub:** Vergleichbar mit ADAC. Kosten je nach Leistungsumfang zwischen $70 und $250 pro Jahr. Kein Muss, aber empfehlenswert. Eine Auswahl an Anbietern finden Sie im Linkverzeichnis dieses Ratgebers.
- **Benzin:** Benzinpreise schwanken abhängig vom Weltmarkt-Ölpreis, der allgemeinen Wirtschaftslage und dem Dollarkurs. Im Vergleich kostet Benzin in Australien etwa 60 Prozent vom dem, was man in Deutschland gewohnt ist. Die zu fahrenden Strecken sind aber oft länger und sparsame Autos sind nicht so weit verbreitet wie in Europa. Wenn Sie vom gewohnten Verbrauch etwa 25 Prozent abziehen, sind Sie bei der Budgetplanung auf der sicheren Seite.
- **Lebensmittel:** Die Preise in den großen Supermärkten *Coles* und *Woolworths* sind etwas teurer als gewohnt. Rechnen Sie bei zwei Personen mit etwa $400 bis $500 im Monat.
- **Neue Handykarte** mit Guthaben. Die Kosten für die Karte liegen zumeist unter $10. Handy-Guthaben ab $20 wird beispielsweise an den Kassen von Supermärkten angeboten.

Fernsehgebühren sind übrigens nicht zu zahlen, ebenso wenig wie Nebenkosten an den Vermieter (siehe auch Kapitel »Wohnen zur Miete«).

Checkliste einmalige Kosten

- Flug nach Australien: Wer frühzeitig bucht, kann bei Qantas bereits für 900 Euro Flüge von Frankfurt nach Sydney bekommen (Hin- und Rückflug). Einwegflüge sind oft nur unwesentlich günstiger. Zu den typischen Ferienzeiten liegen die Flugpreise allerdings meist erheblich höher.
- Übergangsunterkunft für etwa zwei bis vier Wochen. Rechnen sollten Sie hier mit mindestens $100 pro Nacht, abhängig von Ausstattung und Lage der Unterkunft.
- Mietkaution, meist vier Wochenmieten.
- Mietwagen für etwa ein bis zwei Wochen, pro Tag zahlt man hier ab etwa $50.
- Autokauf und Kosten fürs Ummelden *(Stamp Duty)*. Die Ummeldung wird eventuell vom Händler bezahlt. Die Höhe der *Stamp Duty* liegt je nach Bundesstaat bei 1 bis 3 % des Fahrzeugwertes. Letzteres gilt etwa für Ummeldungen in New South Wales.
- Kaution für Stromanschluss, etwa $90.
- Kosten für Telefonanschluss $60 oder $120. Das ist abhängig davon, ob ein Techniker ins Haus kommen muss. Diese Kosten fallen nicht an, wenn Sie in eine WG ziehen.

Die genaue Höhe der Anfangskosten ist abhängig davon, in welchen Ort Sie ziehen möchten und welches Auto Sie bevorzugen. Als kostengünstigster zu fahrender Wagen gilt der Hyundai Getz.

Rechenbeispiel Anfangskosten

Johannes und Bettina ziehen nach Cairns in Queensland und wohnen dort in einer *Cabin* mit eigenem Bad auf einem Campingplatz. Für einen Monat Miete haben sie $60 am Tag oder $1.800 insgesamt verhandelt, da gerade Nebensaison ist. Sie haben für 10 Tage das kleinste verfügbare Auto gemietet, Kosten: $500. Für zwei Prepaid Handykarten mit Guthaben zahlen Sie jeweils $30. Nach ein paar Tagen kaufen sie sich einen gebrauchten Toyota Camry Kombi *(Camry Station Wagon)* für $12.900 beim Händler. Den Händler kann Johannes runterhandeln, sodass dieser die Jahresgebühr für den RACQ-Autoclub und die Anmeldung *(Stamp*

Duty) für ihn bezahlt. Die Registrierung *(Rego)* und die Grundversicherung *(Compulsary Third Party, CTP)* ist für die nächsten drei Monate noch vom letzten Inhaber vorausbezahlt. Aber da die CTP nur eine Insassenversicherung ist, benötigen die beiden noch eine Zusatzversicherung. Sie entscheiden sich mit Hinsicht auf ihre Einstiegsschwierigkeiten in Sachen Linksverkehr für Vollkasko *(Comprehensive Insurance)*. Dafür zahlen sie $600 im Jahr als Einmalbetrag. Nach drei Wochen haben die beiden Glück und finden eine kleine Wohnung mit zwei Schlafzimmern in der Nähe des Stadtzentrums. Sie zahlen $1.000 Kaution sowie $250 Wochenmiete, immer zwei Wochen im Voraus. Für den Stromanschluss müssen Sie $90 Kaution zahlen (wird nach einem Jahr zurückerstattet), für den Telefonanschluss $60 Anmeldegebühr.

Insgesamt haben die beiden ohne Flug und ohne Nahrungsmittel im ersten Monat knapp $17.500 ausgegeben. Ohne Autokauf und ohne Autoversicherung hätten sie knapp $4.000 gebraucht.

Australiens Banken

In Australien gibt es vier große Banken:

- ***Commonwealth Bank***
- ***nab*** *(National Australia Bank)*
- ***Westpac Bank***
- *ANZ (Australia and New Zealand Banking Group)*

Kleinere Banken wie *Bank of Queensland, Bank of South Australia, St. George* und *Suncorp* sind nach außen hin unabhängig und haben ihre eigene Preisstruktur, auch wenn sie in der Praxis an die großen Banken angeschlossen sind. Bei manchen Banken ist die Grundgebühr kostenlos, bei anderen zahlt man fünf oder zehn Dollar im Monat. Außerdem berechnen einige Banken Gebühren für Überweisungen oder für Geldabhebungen am Schalter.

Kontoeröffnung aus Europa

Westpac und *ANZ* erlauben es, aus dem Ausland ein Konto *(Savings Account)* zu eröffnen. Es ist sinnvoll, sich schriftlich per Fax, eMail oder Online-Formular anzumelden, selbst wenn eine Telefon-Hotline zur Verfügung steht. Sobald Sie Ihre Kontonummer haben, können Sie Geld auf Ihr neues Konto überweisen. Bei ANZ muss der Besitzer des Kontos innerhalb von sechs Wochen nach Einreise zu einer Filiale gehen und das Konto aktivieren. Bei Westpac muss man innerhalb von 90 Tagen nach Anmeldung das Konto in einer Filiale aktivieren. Erst nach der Aktivierung können Sie das eventuell vorher eingezahlte Geld abheben.

Kontoeröffnung in Australien

Im Grunde ist es nicht notwendig, ein Konto zu eröffnen, bevor Sie in Australien sind. Schauen Sie sich besser vor Ort einmal an, welche Banken es in Ihrem zukünftigen Wohngebiet gibt und wie nett und wie gut ausgebildet die Angestellten sind.

Eine Frage nach dem *Product Disclosure Statement* hilft immer, wenn man sich für das Kleingedruckte interessiert. Australier lesen eher ungern in den Geschäftsbedingungen nach, ganz gleich, ob sie ein Konto eröffnen oder ein Haus bauen. Wundern Sie sich daher nicht, wenn Ihnen der Bankbeamte erzählt, dass vor Ihnen noch nie jemand danach gefragt hat.

Falls Sie bei der Kontoeröffnung noch keine feste Adresse haben, geben Sie Ihre Hoteladresse oder die Adresse eines Freundes oder Bekannten an. Eröffnen Sie am besten vorher eine P. O. Box beim Postamt, dann können Sie sich gleich die Post dorthin schicken lassen.

Um sich auszuweisen, werden Sie sich wahrscheinlich dem »100 Punkte Test« unterziehen müssen. Bringen Sie dazu alle Plastikkarten mit, die Sie haben. Dazu gehören etwa die *Medicare* Karte (Kundenkarte der staatlichen Krankenversicherung), Kreditkarten und EC-Karten aus Deutschland sowie Ihr Pass mit Ihrem Visum.

Savings or Cheque?

Beim Einkaufen per Karte heißt es an der Kasse fast immer »*Savings or Cheque?*«. *Savings* ist dabei immer das Privatkonto. Wenn man außerdem ein Firmenkonto hat, dann wäre das *Cheque*. Und wer lieber mit Debit- oder Kreditkarte zahlen will, der sagt »*Credit Card*«.

Online-Banking

Wer für Überweisungen und andere Bankgeschäfte nicht in eine Filiale gehen will, der sollte sich fürs Onlinebanking anmelden. Bei manchen Banken braucht man für Online-Überweisungen zu anderen Banken ein *Token*, das ist ein kleiner Schlüsselanhänger, der immer die richtige TAN-Nummer anzeigt. Also am besten auch gleich mitbestellen, falls benötigt.

Geldtransfer aus Europa

Wenn Sie von Ihrer Heimatbank aus Geld nach Australien überweisen möchten, dann empfiehlt es sich nachzuschauen, ob Ihre Bank sich prozentual an der Überweisung beteiligen lässt (etwa x Prozent von der Gesamtsumme) oder ob sie einen Festbetrag nimmt. Rechnen Sie am besten vorher einmal aus, ob sich eine Online-Überweisung lohnt, oder ob es günstiger wäre, Geld direkt aus dem Geldautomaten in Australien *(ATM = Automatic Teller Machine)* zu ziehen. Hier werden oft nur ein paar Euro Festgebühr für den Auslandseinsatz berechnet.

Gut haben es die Kunden der Deutschen Bank, da sie kostenlos per EC-Karte Geld von jedem Westpac-Automaten abheben können. Auch Kunden der Postbank können sich freuen: Mit der SparCard können sie etwa zehn Mal im Jahr kostenlos von jedem australischen Automaten Geld abheben oder für etwa 15 Euro internationale Online-Überweisungen durchführen.

Debitkarten und Kreditkarten

Teuer kann es werden, wenn Ihr Konto in die roten Zahlen rutscht. Einen Dispo gibt es nämlich nicht. Stattdessen wird die Abbuchung abgelehnt und in manchen Fällen eine heftige Gebühr von bis zu $50 berechnet. Wer mehr Geld ausgeben will (oder muss) als er hat, der sollte eine Kreditkarte *(Credit Card)* beantragen.

Wichtig zu wissen ist, dass Sie nach Erhalt der Kreditkartenabrechnung in vielen Fällen selbst rechtzeitig den angegebenen Betrag überweisen müssen, weil sich die Zinsen sonst schnell aufsummieren. Typische Zinssätze für Kreditkarten-Schulden liegen bei 15 bis 20 Prozent.

Kreditkarten kann man unglaublich einfach bekommen, sodass es nicht ungewöhnlich ist, dass Australier gleich mehrere Karten haben, auf denen jeweils größere Summen geliehen sind. Dabei wird der tatsächliche Schuldenberg nicht offensichtlich, und viele Australier sind sich gar nicht bewusst, wie schlimm ihre finanzielle Situation eigentlich ist.

Wenn Sie einfach nur eine Karte brauchen, um beispielsweise im Internet einzukaufen, dann lohnt sich die *Debit Card*. Diese sieht genauso aus wie eine Kreditkarte und lässt sich auch genauso handhaben. Allerdings wird der bezahlte Betrag sofort nach dem Einkauf vom Konto abgezogen. Manche Banken, wie etwa Suncorp, vergeben ihre *VISA Debit Card* sogar kostenlos.

Problemfall Reiseschecks

Viele Deutschen lieben ihre Reiseschecks oder Traveller Checques – sie sind günstig, sicher und überall anwendbar. Nur nicht in Australien. Theoretisch kann man schon Reiseschecks mitnehmen, aber in der Praxis hat sich gezeigt, dass viele australische Verkäufer sich von diesen fremdartigen Papierstücken völlig überfordert fühlen und daher – wenn überhaupt – nur nach langwieriger Rücksprache mit Kollegen und Vorgesetzten endlich tätig werden. Nehmen Sie daher nur Reiseschecks mit, wenn es unbedingt notwendig ist. Eine Online-Überweisung, die EC-Karte oder Kreditkarten sind da einfacher in der Handhabung.

Bargeld

Ein paar hundert australische Dollar in der Tasche zu haben, ist für den Anfang eine gute Idee. Es ist jedoch wenig sinnvoll, größere Summen in bar mitzunehmen, da auch in einem sicheren Land wie Australien das Risiko eines Diebstahls genauso groß ist wie in Europa. Nicht zuletzt bekommt man beim Umtausch in Deutschland zumeist einen schlechteren Kurs als bei Abhebung von einem australischen Automaten.

Die australische Steuernummer

Bei der Kontoeröffnung in der Bank werden Sie wahrscheinlich gefragt, ob Sie eine *Tax File Number* haben. Das ist eine persönliche, geheime Steuernummer, die man nur bei der Steuererklärung oder bei einer Kontoeröffnung angeben sollte. Ohne *Tax File Number* würden Ihre Zinsen nur zur Hälfte gutgeschrieben und Ihr Arbeitslohn zum höchsten Steuersatz versteuert. Es ist daher eine gute Idee, baldmöglichst beim Finanzamt *(Australian Taxation Office, ATO)*, eine Steuernummer zu beantragen. Dazu müssen Sie im Lande sein und die Nummer Ihres Visums bereithalten. Am einfachsten beantragen Sie die *Tax File Number* online. Die Internetadresse dazu finden Sie im Anhang.

Deutsche Steuererklärung

Abhängig vom Datum Ihres Umzugs wird es später noch einmal wichtig, eine Steuererklärung für Deutschland einzureichen. Wenn Sie nur einige Monate des Steuerjahres in Deutschland gearbeitet haben, stehen die Chancen gut, dass Sie noch einiges zurückerstattet bekommen. Mehr zum Thema Steuererklärung erfahren Sie im Kapitel »Arbeiten«.

Geldfragen – zusammengefasst

- Wer sparsam mit dem Geld umgeht, der kann zu zweit mit etwa $25.000 bis $30.000 im Jahr auskommen.
- Benzinpreise sind günstiger als Deutschland, Lebensmittelpreise hingegen etwas teurer.
- Der Umfang der Anfangskosten hängt stark davon ab, wie viel Geld Sie für Ihr Auto ausgeben möchten.
- Rechnen Sie damit, dass Sie bis zu sechs Wochenmieten vorstrecken müssen: vier Wochenmieten für die Kaution und zwei Wochenmieten als Mietvorauszahlung.
- Einmalige Kosten bei einem Umzug nach Australien sind neben Flug, Mietwagen und Übergangsunterkunft auch Kaution für die Wohnung und den Stromanbieter.
- Behalten Sie nach Möglichkeit Ihr Konto in Deutschland.
- Vergessen Sie nicht, Ihre deutsche Steuererklärung abzugeben. Es könnte sich lohnen!

Kapitel 8

Verkehr und Autokauf

Linksverkehr

In Australien fährt man auf der linken Straßenseite. Das ist zu Anfang erst einmal gewöhnungsbedürftig, hat aber auch seinen Reiz. Bei jeder Fahrt sind die ersten Minuten hinter dem Lenkrad immer die schwersten. Daher empfiehlt es sich, für den Fahrer ein Schild oder einen Aufkleber mit der Aufschrift »Links fahren« fertigzumachen. Und auch der Beifahrer sollte besser beide Augen auf der Straße behalten.

Man gewöhnt sich schnell an das Fahren auf der linken Seite, und nach einigen Monaten ist auch das Rechtsfahren schon fast vergessen. Sie reihen sich auf einer Rolltreppe automatisch auf der linken Seite ein und gehen beim Einkaufen auf der linken Seite am Regal vorbei. Nun ist es geschafft: Sie sind ein wahrer Linksfahrer!

Kreisverkehre

In einen Kreisverkehr *(Roundabout)* fährt man mit dem Uhrzeigersinn (also genau anders als gewohnt). Als lebensgefährlich kann sich das Fahren im Kreisverkehr erweisen, wenn man die Schilder vor dem Kreisel missachtet. Nur der Verkehrsteilnehmer, der links oder geradeaus fahren will, darf sich auf der äußeren Spur einordnen. Wer geradeaus fahren will, der kann auf der äußeren oder der inneren Spur fahren (soweit vorhanden). Wer hingegen rechts abbiegen will oder wenden möchte, der *muss* auf der inneren Spur fahren.

Wer nämlich von der äußeren Spur rechts abbiegen will, der läuft Gefahr, mit einem Verkehrsteilnehmer auf der inneren Spur, der geradeaus fahren will, zu kollidieren.

Geschwindigkeitsbegrenzungen

Innerorts gilt auf fast allen Straßen eine maximale Geschwindigkeit von 50 km/h, auf speziell ausgeschilderten Straßen gelegentlich auch 40 oder 60 km/h. Außerorts sind 100 bis 110 km/h Standard, da Autobahnen außerhalb von Großstädten selten sind und der Verkehr sich dann auf Landstraßen mit nur einer Spur für jede Richtung abspielt.

In größeren Städten sind an vielen Ampeln Kameras installiert, die Rotlicht-Sünder ablichten sollen. Sehr beliebt sind auch mobile Laserkameras, die in mehr oder weniger unauffälligen Fahrzeugen am Straßenrand stationiert sind. Da Strafzettel ziemlich kostspielig sind und man nach einem Punktesystem seinen Führerschein schnell verlieren kann, ist es sinnvoll, sich immer an die Geschwindigkeitsbegrenzungen zu halten.

Alkohol am Steuer

Die Promille-Grenze für Fahrer mit einer *Open License*, also dem »normalen« Führerschein liegt bei 0,5 Promille. Fahrschüler und Fahrer in der Probezeit mit L- und P-Führerschein dürfen überhaupt keinen Alkohol trinken. Die Polizei prüft vor allem an oder nach Feiertagen mit einem Atemtester auf Alkohol. Dazu werden manchmal ganze Straßen abgesperrt und alle Verkehrsteilnehmer zum »Pusten« gebeten.

Peinlicherweise fallen oft Frauen, die ihre Kinder morgens zur Schule bringen, mit überhöhten Werten auf, was wiederum die Polizei doppelt motiviert, regelmäßig zu testen.

Führerschein statt Meldepflicht

In Australien gibt es weder einen Personalausweis noch ein Einwohnermeldeamt. Da man aber irgendwie nachweisen muss, wer man ist und wo man wohnt, dient der Führerschein *(Driver License)* als Ersatz. Wer keinen Führerschein hat – was insgesamt nur sehr selten vorkommt – der kann sich etwa beim lokalen Straßenverkehrsamt, wie etwa *Queensland Transport* in Queensland mit einer *18+ Card* oder *Proof of Age Card* versorgen*.

Ihren europäischen Führerschein können Sie beim örtlichen Straßenverkehrsamt gegen einen australischen austauschen. Die Straßenverkehrsämter heißen so:

- New South Wales: *Roads and Traffic Authority (RTA)*
- Victoria: *Vic Roads*
- Queensland: *Queensland Transport*
- South Australia: *Transport SA*
- Western Australia: *Department of Transport*
- Tasmanien: *Transport TAS*
- Australian Capital Territory (ACT): *Road Transport Authority*
- Northern Territory: *NT Transport*

Es ist nicht erlaubt, unbegrenzt mit dem EU-Führerschein Auto zu fahren. In den meisten Bundesstaaten kann man sich drei Monate Zeit lassen, bevor ein lokaler Führerschein beantragt werden muss. Eine Ausnahme ist Western Australia, hier gilt ein Zeitlimit von drei Monaten nach Erteilung des Visums.

Es empfiehlt sich, Folgendes zum Straßenverkehrsamt mitzunehmen:

- Pass mit Visum
- EU Führerschein
- Eventuell eine Übersetzung des Führerscheins. Manchmal genügt auch der internationale Führerschein.
- Nachweis der australischen Adresse, beispielsweise mittels der aktuellen Telefon- oder Stromrechnung oder des Mietvertrages.

Beim Straßenverkehrsamt erfahren Sie, ob Sie noch einen schriftlichen Test bestehen und eventuell zum Augenarzt müssen. Ein Fahrtest ist normalerweise nicht nötig.

Selbst wenn Sie keinen schriftlichen Test absolvieren müssen, empfiehlt sich der Kauf eines Heftes mit Fahrtheorie, das es beispielsweise in Zeitungsläden *(Newsagents)* gibt. In Queensland heißt das Theorie-

* Diese Karten werden vor allem von jungen Leuten benutzt, die nachweisen wollen, dass sie schon alt genug sind, um in eine Kneipe gehen zu dürfen.

heft *»Your keys to driving in Queensland«*. Einige Verkehrsregeln sind nämlich anders als in Europa; ein bisschen Theorie kann daher helfen, den einen oder anderen Strafzettel oder auch Unfälle zu vermeiden.

Wenn Sie in Europa einen offenen Führerschein hatten, bekommen Sie auch in Australien direkt einen Schein ohne Restriktionen *(Open License)*. Den Führerschein können Sie längstens fünf Jahre behalten, danach muss er verlängert werden – gegen Gebühr, selbstverständlich.

Die Rolle der Fahrschule

Das Mindestalter für einen L-Führerschein (L = *Learner* / Fahrschüler) ist 16 Jahre. Hier darf der Fahrer nur in Begleitung einer Person mit einem offenen Führerschein fahren. Für einen P-Führerschein *(Provisional,* auf Probe) muss der Fahrer mindestens 17 Jahre alt sein. Wer gerade für seinen Führerschein übt, der muss einen L-Aufkleber auf sein Auto kleben, wer in der Probezeit ist, einen P-Aufkleber. Außerdem gilt für alle Fahrer ohne offenen Führerschein die Null-Promille-Grenze.

Fahrschulen *(Driving Schools)* gibt es ebenfalls, aber die sind keine Pflicht. Wer möchte, der kann seine Fahrstunden alternativ zusammen mit seinen Eltern oder einem anderen Erwachsenen ableisten. In Queensland müssen junge Fahrer per Logbuch nachweisen, dass sie 100 Stunden mit verschiedenen Fahrübungen sowie Überlandstrecken absolviert haben.

Entsprechend selten sind Fahrschulautos im Stadtbild. Und entsprechend schlecht fahren leider so manche australischen Autofahrer. Den Schulterblick kennen viele überhaupt nicht, und aus Höflichkeit macht auch nur selten einer Platz. Fahren Sie daher lieber defensiv. Wenn es einmal eng wird, erwarten Sie nicht, dass der andere Autofahrer Sie gesehen hat.

Fahrradfahrer und Fußgänger sollten aus denselben Gründen doppelt aufpassen. Da Autofahrer gerne einmal über Rot fahren, sind Ampeln für Fußgänger auch nicht so sicher wie in Europa. Sogar wenn man als Fußgänger bei »Grün« die Straße überqueren möchte, lohnt es sich, immer kurz nach Autos zu schauen.

Autohändler oder Privatkauf?

Beim Autohändler *(Car Dealer)* zahlen Sie in Australien, wie auch anderswo, ein bisschen mehr für Ihr Fahrzeug. Dafür können Sie sich darauf verlassen, normalerweise nicht übers Ohr gehauen zu werden, wenn Sie für einen Gebrauchten beispielsweise zum örtlichen Toyota-, Mazda- oder Holden*-Händler gehen. Bei einem Privatverkauf hingegen kann sich der Käufer nie sicher sein, ob er mit dem Auto auch den Schuldenberg oder die aufgehäuften Strafzettel des Vorbesitzers übernimmt. Daher ist es eine gute Idee, wenigstens das erste Auto in Australien bei einem Händler zu kaufen und sich erst später mit den Vorteilen und Tücken eines Privatkaufs zu beschäftigen.

Autokauf beim Händler

Haben Sie bei einem Händler ein Fahrzeug gefunden, das Sie interessiert, sind nun Ihre Fähigkeiten beim Verhandeln gefragt. Wenn sich der Preis schließlich nicht mehr senken lässt, dann versuchen Sie einmal, die Autosteuer *(Stamp Duty)* und eventuell eine Mitgliedschaft für den Autoclub (vergleichbar mit ADAC) sowie die Ummeldung des Fahrzeuges beim Straßenverkehrsamt herauszuhandeln.

Haben Sie erst einmal in den Kauf eingewilligt, so sollten Sie sich darauf einstellen, dass der Händler das gerade beim Feilschen verlorene Geld wieder hereinholen will: Eine zusätzliche Behandlung des Motors gegen Rost oder verdunkelte Scheiben mit UV-Filter *(Window Tinting)* werden Ihnen sicher als unglaublich wichtiger Schutz gegen das harsche australische Klima verkauft. Wenn Sie die Verkaufsargumente nicht ignorieren, wird der Wagen schnell wieder teurer.

Autokauf privat

Eine regelmäßige TÜV-Prüfung oder einen Fahrzeugbrief gibt es in Australien für Privatfahrzeuge nicht. Für Verkäufe genügt ein einfacher

* Eine in Australien und Neuseeland sehr populäre Automarke, siehe auch »Sind australische Autos besser?«

schriftlicher Kaufvertrag, den der Verkäufer beispielsweise von den Webseiten der Autoclubs herunterladen kann.

So wie es für jeden Bundesstaat unterschiedliche Straßenverkehrsämter gibt, so gibt es auch unterschiedliche Regelungen für den Autoverkauf. Wer ein Auto verkaufen oder anmelden will, der muss nachweisen, dass das Auto fahrtüchtig ist. In Queensland benötigt man dazu ein *Safety Certificate*, in New South Wales einen *Pink Slip*. Ähnliches gilt für die meisten anderen Bundesstaaten – mehr dazu erfahren Sie bei Ihrem Straßenverkehrsamt. Diese Bescheinigung ist vergleichbar mit einem TÜV-Schein.

Bei Privatverkäufen kommt es gelegentlich vor, dass der Verkäufer von der Unwissenheit des ausländischen Käufers profitieren will, indem er ein Auto ohne eine TÜV-Bescheinigung verkauft. In diesem Falle ist das Fahrzeug wahrscheinlich nicht verkehrstüchtig und muss möglicherweise noch für viel Geld repariert werden – und kann erst dann umgemeldet werden! Die Bescheinigung bestätigt dabei, dass das Auto verkehrstüchtig, nicht aber, dass es in tadellosem Zustand ist. Eine gute Idee ist es auf jeden Fall, kein Auto mit einem Nummernschild aus einem anderen Staat zu kaufen. Die Ummeldung ist mit viel Papierkrieg verbunden und daher für Einsteiger in Sachen australischer Bürokratie nicht empfehlenswert.

Sind australische Autos besser?

Wer in Deutschland patriotisch eingestellt ist, der kauft kein japanisches oder französisches, sondern ein deutsches Auto. Viele Australier sind da ähnlich motiviert. Aber welche Marken sind wirklich australisch? Als die klassischen australischen Automarken gelten nur Ford und Holden. Schaut man sich einen Holden aber genauer an, so erkennt man schnell, dass es sich um einen Opel mit australischem Typenschild handelt. Und auch viele Ford-Modelle kennt man schon von anderswo. Es ist also eine Sache des Blickwinkels, für wie australisch man Fahrzeuge von Holden / Opel / General Motors oder Ford hält.

2008 wurde jedes fünfte verkaufte Auto in Australien produziert. Wer ein garantiert australisches Auto fahren will, der sollte nach folgenden Marken und Modellen schauen:

- Holden Commodore
- Ford Falcon
- Ford Territory
- Toyota Camry
- Toyota Aurion

Mitsubishi hat bis 2008 in Adelaide produziert, dann aber mangels Verkaufszahlen die Produktion aufgegeben.

Bevor Sie sich einen Ford oder einen Holden kaufen, ist es eine gute Idee, gut zu recherchieren, wo die Macken der Fahrzeuge liegen. Die australischen Toyotas hingegen scheinen sich mit Hinsicht auf die Qualitätssicherung nicht von original-japanischen Fahrzeugen, also denen, die auch Europa erhältlich sind, zu unterscheiden. Deutsche Fahrzeuge sind ebenfalls sehr beliebt und gelten als Statussymbol. Die Ersatzteilbeschaffung kann bei manchen deutschen Modellen allerdings recht langwierig sein, insbesondere in ländlichen Gegenden.

Wenn Sie Ihr Fahrzeug lange behalten wollen, erkundigen Sie sich doch einfach einmal in einer australischen Werkstatt, für welche Typen einfach Ersatzteile zu beschaffen sind und welche Fahrzeuge regelmäßig zur Reparatur in den Werkstätten stehen. Dann erfahren Sie schnell, ob australische die besseren Autos sind.

Autoversicherungen

Über die Autoregistrierung *(Rego)*, die man halbjährlich oder jährlich zahlen kann, werden die Straßengebühren (aber keine Maut für Mautstraßen!) wie auch die gesetzliche Mindestversicherung abgerechnet, die *CTP* oder *Compulsory Third Party*. Die *CTP*-Versicherung ist nur eine Insassen-Haftpflichtversicherung – aber nicht für das eigene, sondern nur für das fremde Fahrzeug!

Wenn der Fahrer also sich selbst und Sachschäden am eigenen wie auch am fremden Fahrzeug decken will, dann benötigt er eine Zusatzversicherung. Für ein Mittelklasse-Fahrzeug kostet die *Rego* im Jahr in Victoria etwa $500, in New South Wales etwa $550 und in Queensland etwa $800.

Zur Auswahl stehen Teilkasko- *(Fire, Theft & Third Party Liability)* und Vollkasko-Versicherungen *(Comprehensive Insurance)*. Beide Versicherungen sind nicht ganz so teuer, wenn Sie daran denken, aus Deutschland eine Bescheinigung Ihrer »Prozente« mitzunehmen, mit der Sie im Bedarfsfall nachweisen können, wie lange Sie unfallfrei gefahren sind.

Am günstigsten sind Autoversicherungen, wenn Sie sie direkt im Internet abschließen. Autoversicherungen gibt es beispielsweise über die Autoclubs oder von speziellen Autoversicherern.

Hier eine Auswahl für die eigenen Recherchen:

- AAMI (► *www.aami.com.au*)
- Allianz (► *www.allianz.com.au*)
- Suncorp (► *www.suncorp.com.au*)
- Autoclubs wie RACQ, RACV, NRMA usw. versichern nur Fahrzeuge innerhalb des Staates, indem sich die Clubs befinden. Mehr dazu im nächsten Abschnitt.

Autoclubs

Autoclubs agieren in Australien ähnlich wie in Deutschland als Interessensgruppen der Autofahrer. In den Leistungen einer Clubmitgliedschaft eingeschlossen ist eine Zeitschrift sowie nach Beitrag gestaffelt ein mehr oder weniger umfassender Pannenhilfsdienst. Jeder Staat hat seinen eigenen Autoclub. In Queensland heißt er RACQ, in New South Wales NRMA und in Victoria RACV.

Die Beiträge liegen je nach Leistungspaket zwischen $70 und $250 pro Jahr, sodass sich das Geld schon bei der ersten Panne auszahlen kann. Es ist daher immer empfehlenswert, Mitglied zu werden. Des Weiteren bieten Autoclubs zusätzlich Auto- und andere Versicherungen wie etwa Gebäude- und Hausratsversicherungen *(Home and Contents Insurance)* an.

Strafzettel und Bußgelder

Auch in Australien gibt es ein Punktekonto für Verkehrssünder. Die Punkte heißen *Demerit Points,* was man frei mit »Strafpunkten« oder

»Sündenpunkten« übersetzen kann. Strafzettel für zu schnelles Fahren sind nicht ganz billig: Für weniger als 13 km/h über dem Limit zahlt man $133 und bekommt einen *Demerit Point*. 13-20 km/h zu viel kosten schon $200 und bringen 3 Punkte.

Wer innerhalb von drei Jahren 12 bis 15 Punkte angesammelt hat, der verliert seinen Führerschein für drei Monate. Wer den Führerschein verliert und nachweisen kann, dass er ohne Führerschein seinen Job verliert, der kann unter bestimmten Umständen immerhin mit dem Auto zur Arbeit fahren.

Den Führerschein zu verlieren, gilt für manche Autofahrer als Kavaliersdelikt. Im Fernsehen sieht man immer wieder Berichte über wiederholte Verkehrssünder, die direkt vor dem Gericht, wo sie ihren Führerschein verloren haben, ins Auto steigen und weiter fahren, als wenn nichts gewesen wäre.

Verhalten bei einem Unfall

Als Ausländer, der ursprünglich aus einem Land kommt, indem man auf der anderen Straßenseite fährt, ist man grundsätzlich verdächtig. Trotzdem ist es wichtig, bei einem Unfall keine Schuld einzugestehen und die Schuldfindung der Polizei zu überlassen.

Eine gute Idee ist, mit der eigenen Fotokamera oder dem Handy die Unfallstelle zu dokumentieren. Machen Sie nicht nur Fotos von den beteiligten Fahrzeugen, sondern auch vom Nummernschild und vom Führerschein *(Driver License)* des anderen Fahrers und leiten Sie die Fotos an Ihre Versicherung weiter.

Zusammenfassung Verkehr und Autokauf

- In Australien fährt man auf der linken Straßenseite – und im Uhrzeigersinn durch Kreisverkehre.
- Es gibt verschiedene Regeln im Straßenverkehr, die anders sind als in Europa. Daher lohnt es sich, ein Buch zur Fahrtheorie zu lesen, selbst wenn man den schriftlichen Test nicht mehr absolvieren muss (siehe Weblinks im Anhang).

Zusammenfassung Verkehr und Autokauf

- Wer bereits einen EU-Führerschein besitzt und die Probezeit überstanden hat, der erhält einen offenen Führerschein ohne Probezeit, der ohne Verlängerung maximal fünf Jahre gültig ist.
- Es ist empfehlenswert, das erste Auto bei einem Händler zu kaufen, auch wenn es etwas mehr kosten wird.
- Kaufen Sie nur dann ein Auto ohne TÜV-Bescheinigung *(Safety Certificate, Pink Slip etc.)*, wenn Sie sicher wissen, dass es in Ihrem Staat nicht notwendig ist.
- Die Mitgliedschaft bei einem Autoclub ist nicht teuer und eine sinnvolle Investition.
- Bei Autoclubs kann man neben Autoversicherungen auch andere Versicherungen abschließen.
- Achten Sie auf die Verkehrsregeln – auch in Australien verlieren Verkehrssünder schnell den Führerschein.

Kapitel 9

Gesundheitsversorgung und Krankenversicherung

Das australische Krankenversicherungssystem besteht aus zwei Säulen: einer staatlichen *Medicare*-Versicherung für die Grundversicherung sowie einer privaten Krankenversicherung als Zusatzversicherung. Obwohl die beiden Versicherungen auch in Kombination nicht sehr teuer sind, verlässt sich jeder zweite Australier allein auf die staatliche *Medicare*-Versicherung – und nimmt damit wissentlich schlechte Zähne, zerkratzte Brillen und jahrelange Wartezeiten auf nicht lebensrettende Operationen in Kauf.

Australier und *Permanent Residents* haben Anspruch auf *Medicare*, alle anderen Bewohner und Gäste Australiens müssen sich auf andere Weise versichern.

Medicare – die staatliche Krankenversicherung

Im Vergleich zu Europa ist *Medicare* spottbillig: Nur 1,5 Prozent vom Bruttogehalt werden für die staatliche Krankenversicherung einbehalten. Wer unter $17.794 im Jahr verdient, der zahlt gar nichts. Wer mehr als $70.000 verdient und keine private Zusatzversicherung hat, der muss ein Prozent »Strafzuschlag« bezahlen, der über die Steuererklärung abgerechnet wird.

Von diesen Beiträgen wird Australiens gesamtes Gesundheitssystem finanziert. Die grüne *Medicare*-Karte, die jeder Australier und jeder *Permanent Resident* bekommt, garantiert eine kostenlose medizinische Grundversorgung im Krankenhaus oder beim Allgemeinmediziner *(General Practitioner, GP)*. Eine Untersuchung beim Augenarzt ist ebenfalls mit dabei, nicht aber Brillen oder Kontaktlinsen. Auch Behandlungen beim Zahnarzt *(Dentist)* muss der Patient aus eigener Tasche bezahlen.

Für Operationen von chronischen Problemen, wie etwa an Knie oder Hüfte, gibt es Wartelisten von manchmal mehreren Jahren. Bei Unfällen oder anderen lebensbedrohlichen Umständen wird der Patient möglichst sofort operiert. Dies kann im Gegenzug allerdings bedeuten, dass der Arzt, der einem gerade das Leben rettet, vielleicht schon 24 Stunden im Dienst ist und gerade auf dem Weg nach Hause war.

Private Krankenversicherungen

Eine private Zusatzversicherung können Australier und *Permanent Residents* bei Anbietern wie etwa *Medibank*, *NIB* oder *MBF* abschließen. Preise beginnen ab $65 im Monat, für einen sinnvollen Versicherungsschutz sollte man ungefähr $120 pro Person und Monat einplanen*. Der neu Versicherte sollte sich auf sechs Monate Wartezeit einstellen, bevor er alle Leistungen in Anspruch nehmen kann. Bei Anmeldungen zum Ende des Geschäftsjahres im Mai und Juni wird die Wartezeit im Rahmen von Sonderaktionen manchmal gestrichen.

Bei einer privaten Zusatzversicherung werden Kosten im Krankenhaus *(Hospital Cover)* und auf Wunsch auch sogenannte *Extras* gedeckt. *Extras* sind beispielsweise die kostenlose halbjährliche Zahnpflege oder ein Anteil für den Kauf der nächsten Brille oder Kontaktlinsen.

Hier zeigt sich der große Nachteil der privaten Krankenversicherung: Es wird fast immer nur ein Anteil bezahlt und fast nie der Gesamtbetrag. So kann etwa die neue Brille trotz $250 Anteil der privaten Krankenversicherung noch $200 Zuzahlung kosten, da australische Brillen grundsätzlich teurer sind als z. B. in Deutschland gekaufte. Auch für Zahnfüllungen und Röntgenaufnahmen muss ein Eigenanteil bezahlt werden. Nicht zuletzt darf sich der privat Versicherte in Privatkrankenhäusern und von Spezialisten behandeln lassen, mit insgesamt kürzeren Wartezeiten. Von *Medicare* hingegen würde eine Behandlung weder im Privatkrankenhaus noch durch einen Spezialisten abgedeckt, auch nicht, wenn der Erkrankte Krebs hat und um sein Leben bangt.

Die australische Regierung versucht, ihre Bürger zu motivieren, eine

* Hier sind bereits die 30 Prozent Rabatt von der Regierung mit eingerechnet. Mehr dazu siehe unten.

private Krankenversicherung abzuschließen, wenn sie noch jung sind. Die Altersgrenze ist der 30. Juni nach dem 31. Geburtstag. Solange das Alter des Antragstellers unter dieser Grenze liegt, bekommt er von der Regierung einen Zuschuss von 30 Prozent zur privaten Krankenversicherung. Tritt er in späteren Jahren in die Versicherung ein, so wird der Zuschuss mit jedem »verpassten« Jahr stetig kleiner – und bleibt das ganze Leben lang auf dieser Stufe. Daher lohnt es sich für Spätentscheider kaum, noch eine private Versicherung abzuschließen.

Eine Ausnahme gilt für neu eingereiste *Permanent Residents*, die natürlich keine Gelegenheit hatten, sich vorher zu versichern. Diese können mit ihrem Visum nachweisen, dass sie den vollen Zuschuss von der Regierung verdient haben. Dazu sollte man sich innerhalb von 12 Monaten nach Ankunft bei der privaten Versicherung anmelden.

Auslandskrankenversicherung bei längeren Aufenthalten

Die meisten deutschen Auslandsreisekrankenversicherungen decken nur maximal 45 Tage im Ausland ab. Danach muss der Reisende sich nach anderen Alternativen umsehen. Wer beispielsweise mit einem Touristenvisum oder einem *Working Holiday Visa* für längere Zeit als Gast in Australien lebt, für den lohnt sich eventuell eine private Krankenversicherung von Deutschland aus, beispielsweise von AXA oder DKV. Für Reisende unter 30 liegt der Preis für eine derartige Versicherung bei unter 40 Euro im Monat. Alternativ können sich Reisende auch bei *Medibank* versichern und die Beiträge monatlich von der Kreditkarte abbuchen lassen. Hier zahlt man ab etwa $180 im Monat.

Wer *Permanent Resident* ist und dauerhaft in Australien bleiben will, der kann sich direkt bei *Medicare* anmelden.

Weitere Informationen zur Versicherung für Studenten finden Sie im Kapitel »Studieren in Australien«.

Arztpraxen und Notaufnahmen in Krankenhäusern

Die Dienste der Notaufnahme eines Krankenhauses sollte man am besten nur in Anspruch nehmen, wenn man sich auf einer Liege befindet und damit an der Warteschlange vorbei direkt zum Arzt geschoben wird. In allen anderen Fällen sollte man die Notaufnahme meiden und zu einem »normalen« Arzt gehen oder außerhalb der üblichen Geschäftszeiten nach einem *24 Hour Medical Centre* schauen.

Einen Allgemeinmediziner nennt man in Australien *GP (General Practitioner)*. In vielen Fällen arbeiten GPs in einer Gemeinschaftspraxis *(Medical Centre)*. Wenn Sie einfach nur ein neues Rezept brauchen, lohnt sich der Gang in eine Praxis, die *Bulk Billing* erlaubt, also bargeldlose Abrechnung über die *Medicare*-Karte. Einige dieser Praxen verlangen keine Sonderzahlungen von ihren Patienten und versuchen daher nicht selten, möglichst viele Patienten schnell zu behandeln. Falls Sie nur ein Rezept brauchen, reicht dies dann oft völlig aus.

Viele Ärzte nehmen für eine Behandlung mehr als den von der Regierung festgesetzten Grundbetrag. Je nach Arzt können das $30 bis $90 pro Besuch sein. Einen Anteil bekommt man nachher zurück, wenn man die Quittung in einem *Medicare*-Büro einreicht. Oft ist es so, dass ein Arzt, der höhere Beiträge berechnet, sich auch mehr Zeit für den Patienten und seine Beschwerden nehmen kann. Ein guter Arzt ist sein Geld wert – wenn man ihn erst einmal gefunden hat! Hier lohnt es sich, bei Bekannten Empfehlungen einzuholen oder verschiedene Ärzte »durchzuprobieren«, bis man einen gefunden hat, der nicht nur die richtigen Medikamente verschreibt, sondern auch zuhören kann.

Frauenärztliche Untersuchungen übernimmt übrigens auch der GP. Zum »richtigen« Frauenarzt gehen nur Schwangere oder wenn der GP eine Überweisung schreibt. Das gilt auch für andere Fachärzte: Ohne Überweisung vom GP geht hier gar nichts.

Beziehung von Krankenhauspersonal und Patienten

Passend zum im Allgemeinen angenehmen und unkomplizierten Charakter der Australier versucht das Krankenhauspersonal fast immer, den Patienten den Aufenthalt – falls er einmal nötig werden sollte – so angenehm wie möglich zu machen. Da Krankenpfleger im Gegensatz zu den Ärzten zumeist nicht überarbeitet und Überstunden die Ausnahme und nicht die Regel sind, haben sie die Zeit und auch die Motivation, nett zu ihren Patienten zu sein. Kein Wunder also, dass sich Patienten und Personal meistens mit Vornamen anreden.

Besonders angenehm wird von vielen Patienten empfunden, dass sie bei Untersuchungen oder Eingriffen, die nicht unter Vollnarkose stattfinden, ihren Partner mitnehmen können, der dem Patienten etwa zur Beruhigung die Hand halten kann. Auch im Aufwachraum nach Operationen darf der Partner dabei sein, sodass der Patient sofort ein vertrautes Gesicht sieht, wenn er nach einer Vollnarkose aufwacht. In Deutschland wird so etwas zumeist nur bei kleinen Kindern erlaubt, normalerweise nicht bei Erwachsenen. Auch mit den Besuchszeiten nimmt man es nicht so eng, wenn es sich um einen schweren Fall handelt.

Ärztliche Versorgung auf dem Lande und im Outback

In vielen ländlichen Gegenden oder im Outback gibt es anstelle von Ärzten und Krankenhäusern nur eine diensthabende Krankenschwester bzw. einen Krankenpfleger *(Nurse)*, die/der erheblich weitreichendere Kompetenzen hat als ihr/sein deutsches Gegenstück. Bei Notfällen – etwa nach einem Unfall – oder wenn Operationen geplant sind, muss der Patient das nächstgelegene Krankenhaus aufsuchen, das manchmal mehrere hundert Kilometer entfernt liegen kann. In dringenden Fällen werden Patienten dabei in den Flugzeugen der Fliegenden Ärzte *(Flying Doctors)* oder im Notfall-Hubschrauber zum nächsten Krankenhaus geflogen.

Für alle sonstigen Dienstleistungen in ländlichen Gegenden wie Apotheke, Zahnarzt oder Optiker *(Optometrist)* sind oft längere Fahrten notwendig, auch wenn gelegentlich durchreisende Optiker in der lokalen Krankenstation oder in einem Hotelzimmer Untersuchungen vornehmen und ihre Brillenkollektion vorstellen.

> Zitat aus einem Australienforum: »Je weiter man aus der Stadt rauskommt, desto weniger Zähne sieht man...«

Apotheken

Apotheken heißen in Australien *Pharmacies*, und viele sind in etwa vergleichbar mit deutschen Drogerieläden. Unabhängige Apotheken sind mehr die Ausnahme als die Regel. Bekannte Ketten heißen beispielsweise *Amcal*, *Chemmart*, *Priceline*, *V Pharmacy* oder *Chemists Warehouse*. Sie überbieten sich gegenseitig mit Beteuerungen, dass sie allein die günstigsten sind.

Wenn man ein Rezept beim Apotheker einlöst, der seine eigene Theke im hinteren Bereich des Ladens hat, dann können die Preise, die schließlich an der Kasse zu zahlen sind, sehr unterschiedlich sein. Vor allem bei Dauerrezepten lohnt es sich daher, einmal ein paar Drogerien durchzuprobieren, bis man die günstigste in der Umgebung gefunden hat.

Viele Drogerien haben täglich geöffnet, nur der Apotheker hat am Sonntag und manchmal auch am Samstag frei. Geschäftszeiten sind von ca. 9 Uhr bis 17:30 Uhr. Einen Notdienst gibt es nicht. In manchen Orten gibt es allerdings Drogerien, die rund um die Uhr geöffnet haben.

Der Baby Bonus

Der *Baby Bonus* wurde im Jahr 2004 eingeführt, nachdem die Geburtenrate 2003 auf ein für Australien historisches Tief von 1,73 Geburten pro Frau gefallen ist. Eine Einmalzahlung von damals $3.000 sollte australische Familien und *Permanent Residents* motivieren, sich für ein Kind zu entscheiden, und Familien bei den Anfangskosten nach der Geburt ein wenig unterstützen.

Der Bonus scheint geholfen zu haben: Bereits zwei Jahre später lag die Geburtenrate bei 1,82 Kindern pro Frau (oder 265.969 Geburten) – das sind immerhin 11.703 Kinder mehr als im Jahr 2004. Im Jahr 2009/2010 lag der Babybonus bei $5.185, allerdings nur für Familien, die in den sechs Monaten nach der Geburt unter $75.000 verdienen.

Fazit: Jeder ist sich selbst ein Doktor

Wenn Australier krank werden, gehen sie in vielen Fällen nicht erst zum Arzt, sondern erst zur Apotheke und schauen, ob sie sich selbst versorgen können. Kein Wunder also, wenn manche *Pharmacies* eher an kleine Supermärkte erinnern, in denen es mehr rezeptfreie Medikamente gibt, als man es aus Europa gewohnt ist.

Viele Australier gehen nur zu Ärzten, bei denen keine Zuzahlungen nötig sind, und bei denen *Bulk Billing* (bargeldlose Abrechnung) durchgeführt wird. Gerade diese Ärzte sind aber nicht selten völlig überarbeitet und haben zu wenig Zeit für ihre Patienten, um eine verlässliche Diagnose zu stellen. Es lohnt sich auf jeden Fall, ein wenig Zeit in die Recherche zu investieren, um einen guten Arzt (GP) zu finden.

Private Krankenversicherungen sind schon ab etwa $65 pro Person und Monat zu haben und eine sinnvolle Investition. Leider übernehmen sie die eventuell vom GP berechneten Zusatzkosten nicht.

Kapitel 10

Wohnen zur Miete

Wohnung oder Haus?

Eine typische Wohnung hat zumeist zwei Schlafzimmer, ein Wohn- und Esszimmer mit offener Küche *(Open Plan)*, einen Waschraum *(Laundry)* für Waschmaschine und Trockner sowie ein Bad mit Dusche und WC, manchmal auch mit Badewanne. Das reicht gerade für zwei Personen oder für eine Familie mit einem kleinen Kind. Die Schlafzimmer sind fast immer gerade so groß, dass man ein Doppelbett und zwei Nachttische reinstellen kann. Die Bekleidung kommt in den Einbau-Kleiderschrank. Weitere Möbel wie etwa ein Computerschreibtisch passen meist nur in den *Master Bedroom,* dem größten Schlafzimmer der Wohnung. Einen Keller haben australische Häuser normalerweise nicht, und bei einer Mietwohnung ist oft keine Garage, sondern nur ein Carport dabei. Das heißt, es steht kaum Stauraum zu Verfügung, es sei denn, Sie mieten eine Wohnung, in der ein Schlafzimmer direkt als Stauraum oder als Arbeitsraum für Schreibtisch und PC eingeplant ist.

Mieten Sie ein ganzes Haus, so stehen mindestens drei Schlafzimmer sowie ein eigener Garten und eine Einzel- oder Doppelgarage zur Verfügung. Gerade Häuser neueren Baujahres haben recht groß geschnittene Wohnzimmer, aber dafür sehr kleine Schlafzimmer. Häuser empfehlen sich vor allem für Familien mit Kindern oder für Leute mit großem Platzbedarf. Bezahlbare Häuser zur Miete finden sich oft nur in den Außenbereichen der Städte, was nicht zuletzt einen längeren Weg zur Arbeit bedeutet.

Typische Ausstattung einer Wohnung

Wohnungen und Häuser gibt es in zwei Varianten: Unmöbliert *(unfurnished)* und möbliert *(furnished)*. Wohnungen mit Möbel findet man relativ häufig, da Wohnungsmieter im Durchschnitt mobiler sind und öfter umziehen als beispielsweise Familien, die eher ein Haus mieten.

Die Grundausstattung bei einer unmöblierten australischen Wohnung ist erheblich vollständiger als etwa bei einer deutschen Wohnung. Bei einer Wohnung vom Typ *unfurnished* fast immer dabei:

- Lampen und Bodenbeläge in allen Räumen.
- Voll ausgestattete Badezimmer; es fehlen nur noch Seife, Handtücher und andere persönliche Dinge.
- Küche: Einbauküche mit Herd, aber ohne Kühlschrank und ohne Mikrowelle. Manchmal ist auch eine Spülmaschine dabei.
- Wohnzimmer: ohne Möbel.
- Waschraum *(Laundry)*: Waschbecken für Handwäsche, manchmal auch ein Trockner. Die Waschmaschine muss selbst mitgebracht werden.
- Schlafzimmer: Einbauschrank, meist mit Schiebetüren.

Im Grunde muss man bei einer »unmöblierten« Wohnung nur Sofa, Sofatisch, Fernseher, Kühlschrank, Waschmaschine, Esstisch und Stühle sowie Bett und Nachttische und eventuell einige Bücherregale mitbringen.

Bei einer möblierten Wohnung sind alle Möbel inklusive, ähnlich wie bei einer Ferienwohnung. Manchmal sind sogar auch Geschirr und Töpfe mit dabei. Nachteilig ist hingegen, dass etwa bei einem 2-Schlafzimmer-Apartment in beiden Schlafzimmern Betten stehen, auch wenn man das zweite Schlafzimmer vielleicht als Arbeitsraum nutzen will. Und nicht zuletzt ist die enthaltene Ausstattung nicht immer auf dem neusten Stand und entspricht nicht unbedingt den eigenen Vorstellungen bzw. dem eigenen Geschmack.

Wohnungssuche per Zeitung und Internet

Die beste Quelle für die Wohnungssuche ist die lokale Tageszeitung sowie ein Besuch in einem Maklerbüro *(Real Estate Agent)*. Ein Immobilienteil ist in der Lokalzeitung immer am Samstag dabei, manchmal findet man auch am Mittwoch einige Anzeigen. Die Immobilienanzeigen, die auch in kleineren Städten in die Hunderte gehen können, sorgen am Wochenende für wahre Völkerwanderungen, wenn Mieter und Hauskäufer auf der Suche nach einer neuen Bleibe durch die Wohngebiete ziehen.

Objekte, die im Internet auf Webseiten wie ▶ *www.domain.com.au* und ▶ *www.realestate.com.au* angeboten werden, sind oft schon vergeben, wenn man sie online entdeckt hat. Aber die Online-Anzeigen sind ein guter Start, wenn man sich für das Preisniveau des einen oder anderen Wohngebietes interessiert. Eine gute Idee ist, sich nicht nur die Preise, sondern auch die Fotos etwas genauer anzuschauen. Hier können Sie bereits online herausfinden, in welchem Zustand die angebotenen Wohnungen sind.

Sollten Sie nur nach einem Zimmer in einer Wohngemeinschaft suchen, empfiehlt sich ein Blick auf die Schwarzen Bretter der nächstgelegenen Universitäten und auf Webseiten wie etwa ▶ *www.flatmates.com.au.*

Gute und schlechte Wohngebiete

Jede Stadt hat ihre guten und nicht so guten Wohngebiete. Den besten Überblick haben die Immobilienagenturen, die schon von Berufs wegen genau wissen, welche Gegenden für Familien besonders geeignet sind, welche für Singles und welche man gegebenenfalls meiden sollte.

Typischerweise bedient eine Immobilienagentur nur die unmittelbare Umgebung im Umkreis von einigen Kilometern. Im Zweifelsfall fahren Sie also auf gut Glück in ein eventuell für Sie interessantes Wohngebiet. Irgendwo auf der Hauptstraße werden Sie mindestens ein, wenn nicht sogar mehrere Immobilienbüros finden. Bekannte Namen sind *LJ Hooker*, *Professionals*, *Ray White* und *PRD*, aber es gibt auch viele kleinere, lokale Unternehmen, die Sie in den Gelben Seiten unter dem Stichwort *Real Estate Agents* finden.

Da der Vermieter die Kosten für die Dienstleistung zahlt, können Sie sich beim Makler kostenlos beraten lassen. Erzählen Sie, wofür Sie sich interessieren, fragen Sie nach einer Preisliste und erkundigen Sie sich ganz unauffällig nach Wohngebieten *(Suburbs)*, die man besser vermeiden sollte. Wenn man richtig fragt, bekommt man darauf auch eine passende Antwort.

Bewerbung für eine Wohnung

Gerade in Ballungsräumen, wo sich Dutzende von Mietinteressenten für eine Wohnungsbesichtigung einfinden, ist eine überzeugende Bewerbung essenziell wichtig. Für eine Wohnungsbewerbung werden vom Makler Formulare bereitgestellt, die in manchen Fällen an einen Lebenslauf für eine Jobbewerbung erinnern: Wie hieß der letzte Vermieter, wie lange hat man an der letzten Adresse gewohnt? Wie hieß der *vorletzte* Vermieter und wie ist seine Telefonnummer? Wie viel verdienen Sie? Wie lange haben Sie den aktuellen Job schon? Wo haben Sie vorher gearbeitet?

Sollten Sie noch keinen Job gefunden haben, wenn Sie auf Wohnungssuche gehen, so sind Nachweise, die Ihren guten Charakter sowie Ihre von *Overseas* (dem Ausland) mitgebrachten »Reichtümer« bezeugen, sehr hilfreich. Nun zahlt es sich aus, wenn Sie Papiere vorzeigen können, die Sie in Deutschland schon vorbereitet haben, wie etwa eine Bescheinigung vom letzten Vermieter sowie einen von der Bank abgestempelten Kontoauszug.

Sollten Sie nur nach einem Zimmer in einer Wohngemeinschaft suchen, entscheiden die Anwohner zumeist nach Bauchgefühl, ob Sie in die WG passen oder nicht.

Mietvertrag und Kaution

Australische Mietvertrage sind fast immer auf eine befristete Zeit ausgelegt. Typische Mietverträge *(Residential Tenancy Agreements)* werden für sechs Monate oder länger ausgestellt. Die genaue Länge wird im Vertrag festgehalten. Zumeist erhalten Sie einige Wochen vor Ablauf des Mietvertrags ein Angebot für eine Verlängerung. Sollten Sie keines erhalten, empfiehlt es sich, sich rechtzeitig mit dem Vermieter in Kontakt zu setzen. Wird Ihr Mietvertrag nicht rechtzeitig verlängert, müssen Sie die Wohnung zum Vertragsende räumen.

Sollten Sie die Wohnung vor dem im Vertrag genannten Datum verlassen wollen, werden Sie vertragsbrüchig und müssen möglicherweise die Miete bis zum genannten Datum weiter bezahlen. Es sei denn, Sie haben Glück und es findet sich kurzfristig ein Nachmieter. Aber auch hier wird oft eine Strafgebühr von einer oder mehreren Wochenmieten berechnet. Es lohnt sich also, gut vorauszuplanen! Im Mietvertrag wird auch die Wochenmiete festgesetzt. Normalerweise sind zwei oder vier Wochenmieten im Voraus zu zahlen. Die Kaution *(Bond)* beträgt meist weitere vier Wochenmieten.

Vorsicht auch bei unbefristeten Verträgen: Sollte Ihnen ein Vermieter einen unbefristeten Vertrag anbieten, haben Sie keinen Kündigungsschutz und können jederzeit der Wohnung verwiesen werden. In einer Wohngemeinschaft werden diese Themen etwas lockerer gehandhabt. Sicher vor einem umso plötzlicheren Rauswurf sind Sie andererseits auch nicht.

Mietpreise

In den Stadtzentren befinden sich zumeist Wohnblöcke mit ein- oder mehrstöckigen Wohnungen *(Units)* oder mit zweistöckigen Reihenhäusern *(Townhouses)*. Wohnkomplexe sind aber oft nicht so ausgedehnt wie die in Europa aus den 1970ern bekannten Plattenbauten. Der Mietpreis wird bestimmt von der Nähe zum Stadtzentrum oder zum nächsten Strand, vom Alter der Ausstattung wie auch von dem Blick, den man von seinem Balkon aus hat.

In Cairns (159.000 Einwohner) in Nord-Queensland sind beispielsweise Zwei-Schlafzimmer-Mietwohnungen in einer guten Wohngegend für unter $250 die Woche sowie Häuser mit vier Schlafzimmern in Strandnähe für unter $400 zu haben. (Nicht nur) an der Gold Coast, wo Wohnen in Wohntürmen eine Prestige-Sache ist, zahlt man für eine möblierte 2-Schlafzimmer-Mietwohnung mit Meerblick im 31. Stock hingegen um die $550 die Woche.

Bei einer Wohngemeinschaft wird die Miete jeweils unter den Bewohnern aufgeteilt.

Nebenkosten

Zusätzlich zur Miete werden keine Nebenkosten berechnet. Die Gebühren für Straßenreinigung, Müllabfuhr und Wasser – die *Council*

Rates – sowie die Gebäudeversicherung werden vom Vermieter getragen. Der Mieter zahlt nur seine Stromrechnung. Heizkosten laufen zumeist auch über die Stromrechnung. Manche Häuser haben einen Gasherd und eine Durchlauferhitzer, der mit Gas arbeitet. Das Auffüllen der am Haus angebrachten Gasflasche müssen Sie selbst bezahlen. Ihren Besitz müssten Sie bei Bedarf selbst versichern mit einer *Contents Insurance* (Hausratversicherung).

Pools

Auch für einen Swimming Pool werden keine zusätzlichen Kosten berechnet – diese sind bereits mit der Miete abgegolten. Wenn Sie eine Wohnanlage mit Pool gefunden haben, lohnt es sich zu prüfen, ob das Wasser sauber und der Pool gut gepflegt ist. Ansonsten werden Sie wenig Spaß damit haben.

Auch im tropischen Norden werden die meisten Pools von den Anwohnern kaum genutzt, es sei denn, es gibt Kinder in der Wohnanlage. An Wochenenden und in den Ferien werden Sie am Pool daher fast immer Kinder spielen hören. Wenn Sie das stört, lohnt es sich, eventuell nach einer Wohnung ohne Pool zu schauen.

Garten- und Balkonbepflanzung

Leben Sie in einem Wohnblock in einer *Unit*, dann haben Sie zumeist nur einen Balkon, den Sie mit Blumentöpfen verschönern können. Solange der Balkon bei Ihrem Auszug wieder in den Urzustand versetzt wird, ist die Bepflanzung normalerweise kein Problem.

Ärger kann es gelegentlich geben, wenn man seine Wäsche sichtbar auf dem Balkon zum Trocknen aufhängt. Wird die Sicht aber von einer buschigen Palme verdeckt, kann sich auch der Nachbar nicht beklagen. Um die eventuell vorhandenen Gemeinschaftsgartenanlagen eines Wohnblocks müssen Sie sich nicht kümmern, das macht der Gärtner.

Bei einem *Townhouse* ist immer ein eigener kleiner Garten mit dabei, meist kaum mehr als eine Sitzecke mit Platz für ein bisschen Grünzeug. In diesem Falle hängt es vom Vermieter ab, ob Sie etwas an der Bepflanzung verändern dürfen. Gleiches gilt, falls Sie eine *Unit* mit Garten mieten sollten.

Bei einem Haus mit Garten haben Sie normalerweise die Pflicht, den Rasen zu mähen und die Pflanzen zu gießen. Sie können aber auch jemanden einstellen, der regelmäßig für Sie den Rasen mäht. Möchten Sie etwas am Garten verändern, müssen Sie eine Erlaubnis einholen.

Mieterhöhungen

Prinzipiell kann ein Vermieter nach Beendigung des Mietvertrages die Miete so erhöhen, wie es ihm beliebt. In der Praxis schätzen Vermieter ordentliche Mieter mit guter Zahlungsmoral und werden daher die Miete zumeist immer nur so erhöhen, dass es unterhalb der Schmerzgrenze liegt.

In vielen Fällen wird die Miete nur um fünf Dollar pro Woche erhöht, aber je nach Angebot und Nachfrage kann es auch mehr sein. Fünf Dollar mehr klingt erst einmal wenig. Aber wenn man bedenkt, dass das Jahr 52 Wochen hat, sind das $260 im Jahr – das kann schon mal mehr als eine zusätzliche Wochenmiete sein.

Heizen per Klimaanlage

Zentrales Heizen ist in Australien praktisch unbekannt, ebenso wie ordentlich isolierte Wände und Doppelglasscheiben. Viele Häuser sind in *Stick Frame* Bauweise gebaut. Von einer kalten Winternacht trennt Sie also nur eine dünne Holzwand. Ältere Häuser haben oft noch Kamine, aber diese sind nicht selten zugemauert, weil sie von der modernen Klimaanlage ersetzt wurden.

In den Wintermonaten von Juni bis September sollte man fast überall außerhalb der Tropen damit rechnen, dass es notwendig wird zu heizen. Wer im Norden des Landes lebt, wie etwa in Broome, Darwin, Cairns oder Townsville, dem bleibt das Heizen im Winter hingegen erspart.

Wie man Ärger mit dem Vermieter vermeidet

Eine gute Idee ist es, beim Einzug mit einer Fotokamera alle Macken in der Wohnung per Nahaufnahme aufzunehmen, zusätzlich zum *Condition Report*, mit dem Sie den aktuellen Zustand der Mietwohnung schriftlich festhalten sollten. Da man ohne Erlaubnis keine Nägel oder Schrauben an den Wänden befestigen darf, lohnt es sich, Fotos der vorhandenen Wandbefestigungen zu machen.

Typisch fürs Wohnen zur Miete ist, dass der Vermieter oder ein *Property Manager* von der Immobilienagentur alle paar Monate zu einem angemeldeten Besuch kommt, um den Zustand der Wohnung zu prüfen. Wenn man vorher ein wenig putzt und aufräumt und dann noch Smalltalk mit dem Wohnungsprüfer pflegt, so kann man definitiv Punkte sammeln. Immerhin ist man spätestens beim Auszug abhängig vom guten Willen des Vermieters, damit die Kaution hoffentlich ohne Abzüge zurückerstattet wird.

Aus- und Umzug innerhalb Australiens

Ist der 6-Monats-Mietvertrag erst einmal vorbei, kann es passieren, dass Sie schon wieder ausziehen müssen, weil der Vermieter den Vertrag nicht verlängern will oder weil die Wohnung verkauft wurde. Das kann ganz schnell gehen. Wichtig ist, dass Sie nach Erhalt der Kündigung sofort auf Wohnungssuche gehen. Eine neue Wohnung zu finden braucht seine Zeit. Wenn Sie die Wohnung räumen müssen und noch keine neue gefunden haben, dann kann das viel Extraarbeit verursachen, da nicht nur Sie selbst, sondern auch Ihr Habe kurzfristig eine Unterkunft benötigen. *Self Storage* Lagerhäuser und Ferienwohnungen auf Campingplätzen wären nur eine Notlösung.

Wie auch in Europa können Sie für viel Geld ein Umzugsunternehmen mit Rundumservice beauftragen. Alternativ können Sie auch mit dem Pkw-Führerschein für unter $200 am Tag einen kleinen Lastwagen mieten und den Umzug selbst in die Hand nehmen.

Die größte Prüfung beim Umzug ist die finale Wohnungsinspektion. Die entscheidet darüber, ob und wie viel von der Kaution Sie zurückerhalten. Teppiche müssen vom Fachmann gereinigt werden, was zumeist um die $50 bis $100 kostet. Den Rest kann man selbst putzen oder gegen entsprechendes Entgelt vom Fachmann reinigen lassen.

Typische Dinge, die beim Hausputz übersehen werden, sind:

- Oberseiten der Ventilatoren
- Lampen
- Insektengitter *(Security Screens)*
- Laufleisten der Schiebefenster
- Oberseiten von Schränken und anderen hoch aufgehängten Geräten (z. B. Trockner, Durchlauferhitzer)

Außerdem geht der Vermieter davon aus, dass die Zierleisten entlang der Decke frei von Spinnweben, die Fußleisten staubfrei, und dass alle Schränke ausgewaschen sowie die Wände feucht abgewischt sind.

Es ist eine gute Idee, die Wohnungsprüfung ein paar Tage vor den Auszugstermin zu legen, damit Sie noch Zeit haben, eventuell nachzubessern. Der *Property Manager* von der Immobilienagentur wird sich alle Mühe geben, schmutzige Ecken zu finden, Nägel, die unerlaubt in die Wand geschlagen wurden oder andere echte und eingebildete Macken zu entdecken. Daher ist es doppelt wichtig, dass die Wohnung beim Auszug besser aussieht als beim Einzug. Und dass Sie bei den bisherigen Inspektionen nett zum Wohnungsprüfer waren.

Ist die Wohnungsprüfung erst einmal mit Bravour überstanden, erhalten Sie Ihre Kaution zurück und können endlich die neue Wohnung so richtig genießen.

Checkliste Wohnen zur Miete

- Da bei Mietwohnungen sehr selten ein eigener Keller oder eine eigene Garage zur Verfügung stehen, sollte man bei der Wohnungssuche eventuell ein zusätzliches Zimmer als Stauraum einplanen.
- Auch in unmöblierten Wohnungen finden Sie schon einige Möbel vor. Bringen Sie also aus Europa nur Möbel mit, von denen Sie wissen, dass sich auch ein Stellplatz dafür findet.
- Die aktuellsten Mietangebote finden Sie in der Zeitung oder direkt bei einer Immobilienagentur.
- Für eine Wohnung muss man sich bewerben wie für einen Job. Bereiten Sie sich daher gut vor, wenn Sie die Wohnungssuche möglichst kurz halten wollen.
- Als Nebenkosten für eine Wohnung zahlt man nur die Stromrechnung und – falls vorhanden – das verbrauchte Gas.
- Mieten Sie ein Haus, so müssen Sie sich fast immer selbst um den Garten kümmern, es sei denn, Sie stellen einen Gärtner ein, der die Arbeit für Sie übernimmt.
- Seien Sie nett zum Wohnungsinspektor. Haben Sie eine gute Beziehung mit Ihrem *Property Manager*, verbessern Sie Ihre Chancen, die Kaution ohne größere Streitigkeiten wiederzubekommen.
- Sollten Sie allein in Australien unterwegs sein und nur für eine begrenzte Zeit eine Unterkunft suchen, ist eine Wohngemeinschaft vielleicht eine Alternative zu einer »normalen« Wohnung.

Kapitel 11

Hauskauf

Viele Deutsche kaufen in ihrem Leben genau ein Haus. Dort wollen sie ihre Familie gründen, ihr Leben genießen und alt werden. In Australien ist alles ganz anders. Hier stehen jedes Wochenende in jeder größeren Stadt Hunderte von Wohnungen und Häusern zum Verkauf. Allein der Immobilienteil der Tageszeitung *Cairns Post* hat jedes Wochenende über 50 Seiten – und dabei hat Cairns nur knapp 160.000 Einwohner. Entsprechend dicker sind die Immobilienteile der Zeitungen in Sydney, Melbourne oder Brisbane.

In Australien ist ein Haus ein »Lebensabschnittspartner« oder auch eine Geldanlage. Junge Leute kaufen sich typischerweise eine 2-Schlafzimmer-Wohnung, bis sie eine Familie gründen und Kinder bekommen. Dann geht es je nach Einkommen und lokalen Immobilienpreisen in eine 3- oder 4-Schlafzimmer-Wohnung oder ein Haus. Bei einer Gehaltserhöhung wird die Wohnung oder das Haus vielleicht gegen ein luxuriöseres Modell eingetauscht. Oder auch gegen ein ähnliches Haus in einer anderen Stadt, in der bessere Gehälter gezahlt werden. Gehen die Kinder schließlich aus dem Haus, schauen sich viele wieder nach einer kleineren Immobilie um, weil sie die Anzahl an Zimmern eigentlich gar nicht mehr brauchen.

Das sind viele Umzüge in einem Leben, die in Australien leichter fallen als in Deutschland, weil die Kosten und der Papierkrieg, der bei einem Hauskauf anfällt, nicht annähernd so extrem ist wie in Europa.

Das Schöne an der Sache ist aber, dass Sie sich nicht dem Trend anpassen müssen. Wenn Sie nur einmal in Australien ein Haus kaufen und nie wieder umziehen möchten, dann ist das völlig in Ordnung – und kein Australier wird das komisch finden. Vielleicht wird man Sie sogar beneiden, weil Sie es geschafft haben, sich den Umzugsstress erfolgreich zu ersparen.

Hauskauf privat und über Immobilienmakler

Die meisten Häuser in Australien werden über Immobilienagenturen verkauft. Die Kosten für den Makler zahlt der Verkäufer. Manche Agenturen verlangen einen Prozentsatz des Kaufpreises, andere nehmen einen Festpreis. Makler schalten fast immer die großen Farbbild-Anzeigen in den Zeitungen, Privatverkäufer findet man im Kleinanzeigenteil der Immobilienbeilagen. Immobilienanzeigen finden Sie z. B. auch bei ►*www.domain.com.au* oder ►*www.realestate.com.au*, aber diese Anzeigen sind nicht immer so aktuell wie die Anzeigen in der Zeitung.

Vergleichsweise wenige Häuser werden privat verkauft. Man findet sie auf Webseiten wie ►*www.owner.com.au* oder ►*www.smartvendor.com.au*. Da die Hauspreise vom Besitzer oft ohne unabhängige Beratung festgelegt werden, kann es vorkommen, dass der Kaufpreis höher ist, als wenn man direkt mit einem Makler sprechen würde.

Grundsätzlich ist es wichtig, eine unabhängige Meinung über den Wert des Hauses einzuholen, bevor Sie ein Angebot machen. Die erhalten Sie etwa von einem Gutachter oder *Property Valuer*.

Regionale Bauweisen in Australien

Das Klima bestimmt die Bauweise in Australien. Im tropischen Norden des Landes müssen Häuser sturmfest bzw. zyklonfest sein und werden daher seit einigen Jahren vorwiegend einstöckig und aus kiloschweren Betonblöcken mit einem speziell befestigten Wellblechdach *(Colorbond Roof)* gebaut. Weiter im Süden Australiens macht man sich eher Gedanken über Feuer und über mangelnden Platz. In dieser Region sind viele Häuser zweistöckig und bestehen aus einem Holzskelett, das außen mit einer Ziegelwand *(Brick Veneer)* oder anderen Materialien verkleidet wird. Mehr zu diesem Thema finden Sie im Kapitel »Hausbau«.

Kaufpreis

Um einschätzen zu können, ob ein Haus seinen Preis wert ist, lohnt es sich, schon einige Monate vor dem geplanten Hauskauf regelmäßig in die Zeitung zu schauen und verschiedene Häuser oder Wohnungen im Rahmen von *Open House*-Terminen am Wochenende zu besichtigen, um die Preisentwicklung in Ihrer Wunsch-Wohngegend zu verfolgen. Wenn es dann an der Zeit ist, zuzuschlagen, können Sie ohne Hilfe wenigstens grob abschätzen, ob das entsprechende Haus oder die Wohnung seinen Preis wert ist.

Schon bevor Sie dem Makler ein Angebot unterbreiten, sollten Sie ein Kredit-Angebot *(Pre Approval)* von einer Bank oder von einem Hypotheken-Vermittler *(Finance Broker)* in der Hand haben, damit Sie wissen, wie viel Sie überhaupt ausgeben können.

Sobald Sie ein Angebot mit Ihrer Unterschrift sowie eine Anzahlung beim Makler abgegeben haben, haben Sie nämlich den Kaufvertrag schon halb unterschrieben. Es hat entsprechend keinen Sinn, ein schriftliches Angebot bei mehreren Häusern abzugeben, nur um sich das Haus zu sichern. So etwas kann teuer werden! Dasselbe gilt auch für Angebote, die handschriftlich und scheinbar unverbindlich bei einer Hausbesichtigung ausgefüllt werden. Sobald Ihre Unterschrift und der Kaufpreis auf dem Zettel stehen, ist das Dokument amtlich. Sollte der Makler Ihnen etwas anderes erzählen, will er wahrscheinlich ein schnelles Geschäft machen.

Kauf per Auktion

Wer sich auf dem Immobilienmarkt gut auskennt, der kann ein Haus oder eine Wohnung auch auf einer Auktion kaufen. Wer ernsthaft an einem Kauf interessiert ist, der sollte schon vor der Auktion eine Hausbesichtigung durch einen Bausachverständigen *(Building Inspector)*, einen Kammerjäger *(Pest Control)* und durch einen Wertgutachter *(Valuer)* durchführen lassen, auch wenn das Geld vielleicht verloren ist, wenn man den Zuschlag nicht bekommt. Ist das Gebot in der Auktion nämlich erst einmal angenommen, gibt es kein Zurück mehr. Das gilt übrigens auch, falls Ihre Bank in letzter Minute einen Rückzieher machen sollte. Insoweit sind Auktionen nur für erfahrene Käufer zu empfehlen.

Problemfälle: Termiten und Asbest

Wer sich für eine gebrauchte Immobilie entscheidet, der sollte mit Hilfe eines Bausachverständigen und eines Kammerjägers möglichst vor dem Kauf genau herausfinden, welche unangenehmen Überraschungen sich verbergen könnten. In Gebäuden aus den 1970er Jahren findet sich möglicherweise Asbest in den Badezimmern oder sogar unter den Teppichen; Termiten wohnen vielleicht im Dachstuhl, in der Einbauküche oder auch in den Wänden.

In Häusern, die Innenwände aus »termitensicheren« Rigips-Platten *(Plasterboard)* haben, kann es vorkommen, dass die Termiten den Papierüberzug der Platten anfressen. Termiten können sich auch in relativ neuen Häusern finden – vor allem in feuchter Umgebung – oder bei Häusern, die in dichter Vegetation stehen.

Die meisten Inspektionsberichte sind in Ordnung, aber zu sehr sollte man sich nicht auf die Meinung von Sachverständigen verlassen, die bestätigen, dass alles tadellos sein soll. Wenn es zu anstrengend ist (beispielsweise an manchen Ecken auf dem Dach), dann schauen sie einfach nicht nach. Das steht dann irgendwo im Kleingedruckten Ihres teuer bezahlten Reports. Falls sich an diesen Orten also doch Termiten verstecken, ist das leider Ihr Problem. Schauen Sie also lieber auch selbst nach und bilden Sie sich eine eigene, umfassende Meinung in Ergänzung zu den Einschätzungen des Fachmannes. Wenn Sie trotz eines positiven Reports ein ungutes Gefühl haben, sollten Sie sich lieber auf Ihr Gefühl verlassen als auf einen möglicherweise nicht ganz lückenlosen Report.

Broker helfen bei der Finanzierung

Als gewissenhafter Deutscher verspürt man irgendwie doch das Bedürfnis, direkt mit dem Geldgeber zu sprechen, um sich und eventuell auch der Bank die Beratergebühren zu ersparen. In Australien ist dies nicht immer eine gute Idee, da eine Hypothek *(Home Loan)* direkt von der Bank fast immer teurer ist, als wenn man zum Hypotheken-Vermittler *(Finance Broker)* geht. Und die Chancen, abgewiesen zu werden, sind bei einem Direktkontakt mit der Bank ebenfalls höher.

Der *Finance Broker* bildet eine Art Pufferzone zwischen dem Geldgeber und dem unerfahrenen Hauskäufer. Ein Broker weiß genau, welche Bank am besten zur finanziellen Situation und den Bedürfnissen des Kunden passt. Als Belohnung dafür, dass der Broker der Bank eine Menge Zeit und Papierkrieg erspart hat und alle Formulare perfekt vorausgefüllt vorlegt, bekommt er eine Kommission – und der Kunde ebenfalls. Würde man ohne Unterstützung eines Brokers zur selben Bank gehen, so würde man nicht selten 0,5 Prozent oder mehr Zinsen auf seine Hypothek zahlen. Und zwar nicht nur ein paar Monate lang, sondern über den Verlauf der gesamten Hypothek. Das können immerhin 25 oder 30 Jahre sein.

Wenn Sie zu mehreren Banken oder Brokern gehen wollen, dann sagen Sie vorsichtshalber sofort, dass Sie keinen *Credit Check* (eine Art Schufa-Anfrage) machen möchten, da ansonsten alle Banken/Broker wissen, dass Sie vorher schon bei der Konkurrenz waren.

Variable und Festzins-Hypotheken

Die meisten Australier entscheiden sich für eine Hypothek mit variablem Zinssatz *(Variable Rate)*. Der Zins liegt immer nah am Geldmarkt-Zins und schwankt entsprechend mit der Entwicklung der Wirtschaft. Mitte 2008 lag der Zinssatz für variable Hypotheken bei über 9 Prozent, Mitte 2009 um 5,5 Prozent. Der Zinssatz wird jeden Monat angepasst. Wenn es mit der Wirtschaft bergauf oder bergab geht, spiegelt sich das sofort in den Raten wieder, die Sie an Ihre Bank zurückzahlen müssen.

Nur jeder zehnte Australier entscheidet sich für einen Kredit mit einem Zinssatz, der für eine bestimmte Anzahl an Jahren – etwa zwei oder fünf Jahre – festgelegt wird. Die Idee, mit seinem Kredit völlig unabhängig von den Geldmarktschwankungen zu sein, klingt auf den ersten Blick fantastisch. Aber die Belohnung dafür erhalten nicht Sie, sondern die Bank. Ist der Zins niedrig, so zahlen Sie immer mehr als andere Kreditnehmer mit einer variablen Hypothek. Ist der Zins hoch und sinkt schließlich, können Sie andererseits an den Ersparnissen anderer Kunden nicht teilhaben.

Zum Vergleich: Bei der Commonwealth Bank zahlten Kunden mit *Economiser*-Kredit (variabler, am Geldmarkt orientierter Zinssatz) im

August 2009 einen Zinssatz von 5,23 Prozent. Kunden mit *5 Year Fixed Rate* bekamen einen Kredit mit 7,79 Prozent Zinsen.

Sollten in den folgenden fünf Jahren die Zinsen wieder steigen, beispielsweise auf 8 Prozent, so haben die Kunden mit *Economiser*-Kredit natürlich einen Vorteil gegenüber anderen Hausbesitzern, die an die variable Rate gebunden sind. Und nicht zuletzt schafft eine feste Zinsrate auch Planungssicherheit: Man weiß genau, wie viel in den nächsten Jahren für das Haus abzubezahlen ist.

Kaufvertrag und Wohnungsübergabe

Bevor Sie einen Kaufvertrag unterschreiben, sollten Sie den Vertrag Ihrem Notar *(Conveyancer)* oder Anwalt *(Solicitor)* zur Prüfung vorlegen. Außerdem schaut der Notar / Anwalt, ob mit dem Grundstück alles in Ordnung ist und ob Sie tatsächlich das Grundstück vom rechtmäßigen Besitzer kaufen. Typische Klauseln auf Kaufverträgen sind *Subject to Finance* (Hauskauf nur, wenn die Bank zusagt), *Subject to satisfactory Pest Control* (Hauskauf nur, wenn keine Termiten gefunden werden) oder *Subject to satisfactory Building Inspection* (Hauskauf nur, wenn der Bausachverständige keine Mängel findet). Man sollte sich jedoch nicht darauf verlassen, dass man sich über diese Klauseln aus dem Vertrag herausreden kann, wenn einem das Haus plötzlich doch nicht mehr gefällt.

Immerhin gibt es noch eine Sache, die zugunsten des Käufers ausfällt, und das ist die *Cooling Off Period*, eine Zeit von zumeist fünf Werktagen, in der der Käufer gegen eine Gebühr, die auch schon mal $1.000 übersteigen kann, aus dem Vertrag aussteigen kann. Bevor Sie den Vertrag unterschreiben, lohnt es sich, vorsichtshalber beim Notar oder Anwalt zu fragen, wie lange aktuell die *Cooling Off Period* in Ihrem Bundesstaat ist.

Wenn die Bank mit Ihren vorgelegten Dokumenten einverstanden ist und von einem Gutachter *(Valuer)* den Wert des Objekts hat bestimmen lassen, stehen die Chancen gut, dass das Haus oder die Wohnung bald Ihnen gehören wird.

Die Geschwindigkeit der Eigentumsübertragung *(Settlement)* hängt unter anderem davon ab, wann der Besitzer ausziehen will und wie lange die Bank benötigt, um das Geld freizugeben. Hierbei kann es sich um mehrere Wochen handeln, bis man schließlich die Hausschlüssel in der Hand hält.

Steuern und Nebenkosten beim Immobilienkauf

Wer eine Immobilie kauft, der muss dafür nichts an den Makler zahlen. Es fallen aber einige Kosten vonseiten der Regierung an, die vom Wert des Hauses abhängig sind. Außerdem ist es sinnvoll, einen Notar oder Anwalt einzuschalten, der sich um den ordnungsgemäßen Ablauf des Kaufs *(Settlement)* kümmert.

Hier eine Übersicht über die Gebühren aus Käufersicht:

- **Makler:** Keine
- **Notar-** *(Conveyancer)* oder **Anwaltskosten** *(Solicitor)*: Etwa $900 bis $2.000
- **Verkaufssteuer:** *Transfer Duty* oder *Stamp Duty*. Kaufen Sie etwa in Queensland ein Haus mit Grundstück, in das Sie selbst einziehen wollen, so werden für ein $350.000-Haus 1 % – also $3.500 – Steuern berechnet.*
- **Anmeldegebühr für den Kredit** *(Loan application fee)*: Wird von der Bank berechnet, zumeist um die $600.
- **Kontoführungsgebühren** *(Service Fee)* bei der Bank: um die $10 im Monat.
- **Hypotheken-Versicherung** *(Mortgage Insurance)*: Hiermit versichert sich die Bank gegen die Zahlungsunfähigkeit des Kunden. Diese »Versicherung« ist ein Einmal-Betrag, der auf die Hypothek aufgeschlagen wird und zumeist um die $1.500 bis $3.000 liegt.

  Wenn Sie 20 % Eigenkapital einbringen und einen festen Arbeitsplatz vorweisen können, müssen Sie diese Versicherung nicht bezahlen.

* Wird nicht berechnet, wenn Sie Ihre erste Immobilie in Australien kaufen.

Kosten für Sachverständige (freiwillig):

- Prüfung durch einen Bausachverständigen *(Building Inspection):* etwa $250 bis $450.
- Prüfung durch einen Kammerjäger *(Pest Report):* etwa $150 bis $300.
- Wertschätzung *(Valuation):* Wird zumeist von der Bank bezahlt, etwa um $250.

Sonderregelungen beim Kauf des 1. Hauses

Wenn Sie nachweisen können, dass Sie in Australien noch keine Immobilie gekauft haben, können Sie über Ihre Bank oder den Broker einen *First Home Owner Grant (FHOG)* beantragen. Minimal werden von der Regierung $7.000 beigesteuert, die an Australier wie auch an *Permanent Residents* ausgezahlt werden. Außerdem sparen Sie sich die Verkaufssteuer *(Transfer Duty)*, solange das Haus nicht über $550.000 kostet. Beides gilt aber nur, wenn Sie selbst in die Immobilie einziehen.

Council Rates – die Gebühren der Stadtverwaltung

Mit dem Hauskauf werden sofort die *Council Rates* fällig. Das sind an die Stadtverwaltung *(City Council)* zahlbare Gebühren, die unter anderem für Trinkwasser, Abwasser, Müllabfuhr und Straßenreinigung verwendet werden, aber auch für Straßenbau und -beleuchtung, Büchereien, Stadtparks und andere städtische Dienstleistungen. Die Höhe der Gebühren berechnet sich nach dem Wert des Grundstücks. Genaue Preise erhalten Sie beispielsweise vom Makler oder wenn Sie bei Ihrem lokalen *City Council* nachfragen.

Nebenkosten für Wohnungsbesitzer

Wohnungen in Wohnkomplexen oder Reihenhäusern, also *Units* oder *Townhouses*, sind für viele Australier attraktiv, da sie sich um nichts kümmern müssen. Der Garten ist gepflegt, der Rasen gemäht, die

Gehwege und der Pool strahlend sauber. Aber das hat seinen Preis. Und der heißt *Body Corporate. Body Corporate* ist Fluch und Segen für Hauseigentümer zugleich und beschreibt mit einem Begriff sowohl die Eigentümergemeinschaft wie auch alle Nebenkosten, die beim Besitz einer Wohnung anfallen.

Body Corporate setzt sich mindestens aus folgenden Bestandteilen zusammen:

1. Anteil an der gemeinschaftlichen Gebäudeversicherung *(Home Insurance)*
2. Kosten für Rasen mähen, Mulch für die Blumenbeete, jährliche Reinigung von Regenrinnen sowie von Parkplätzen und Gehwegen per Hochdruckreiniger und einiges mehr.
3. Falls vorhanden: Poolreinigung und -wartung
4. Rücklagen für Reparaturen, etwa des elektrischen Tores an der Einfahrt oder des Gartenzaunes.

Wenn Sie Glück haben, sind Sie mit Kosten von um die $2.000 im Jahr dabei, zusätzlich zu $2.000 oder mehr jährlich für Ihre *Council Rates*. Den Abschluss in Sachen Nebenkosten macht dann die Strom- und eventuell die Gas-Rechnung von etwa ab $700 im Jahr, abhängig vom Alter und der Sparsamkeit der Haushaltsgeräte.

Die Kosten allein für *Body Corporate* können sich auch auf $5.000 oder mehr pro Jahr belaufen, wenn sich auf dem Gelände ein Fitnessstudio, ein Resort Pool oder aber ein Hausmeister *(Resident Manager)* befindet, der sich hauptberuflich um die Anlage kümmert. Bei einer richtigen Resort-Anlage zahlen Sie zwar viel für *Body Corporate*, aber da haben Sie immerhin eine schöne Wohnanlage, auf die Sie stolz sein können und für die andere Sie beneiden.

Vorsicht geboten ist auch bei Wohnanlagen, die vernachlässigt aussehen – oft wird trotzdem viel *Body Corporate* berechnet, und das Geld summiert sich auf dem Konto des Vorsitzenden der Eigentümer-Gemeinschaft auf.

Sollten Sie übrigens planen, die Wohnung zu vermieten, so können Sie diese Kosten dem Mieter nicht separat in Rechnung stellen. Diese Kosten müssen bereits in der Miete inbegriffen sein.

Versicherung von Gebäude und Hausrat

Wer ein Haus oder eine Wohnung kauft und sein Eigentum mit Geld von der Bank bezahlt, der ist gezwungen, die Immobilie zu versichern. Bei einer Wohnung läuft die Gebäudeversicherung über die Eigentümergemeinschaft *(Body Corporate)*, sodass nur noch der Inhalt der Wohnung versichert werden müsste.

Bei einem Haus muss man sich selbst um die Versicherung von Gebäude und Inventar *(Home and Contents Insurance)* kümmern. Es ist sinnvoll, verschiedene Angebote einzuholen, da die Versicherungsprämien abhängig vom Anbieter stark abweichen können. So kann man für ein auf $250.000 versichertes Haus (Wiederbeschaffungswert ohne Grundstück) bei der einen Versicherung $1.200 und bei der anderen knapp über $600 pro Jahr zahlen – für die gleiche Leistung. Zahlung in Monatsraten ist bei vielen Versicherungen möglich, allerdings werden die Prämien damit um einiges teurer.

Checkliste Hauskauf – in 7 Schritten zum eigenen Haus

1. Recherche nach passenden Wohngebieten und Immobilien in Zeitung und Internet.
2. Wohnungsbesichtigungen in *Open Houses* (Häuser frei zur Besichtigung ohne Anmeldung) an den Wochenenden – auch wenn Sie noch nicht kaufen wollen. Besichtigen Sie so viele Häuser, bis Sie ein Haus vom Preis her einschätzen können.
3. Gehen Sie zur Bank oder zum Broker und lassen Sie sich ein Kredit-Angebot *(Pre Approval)* ausstellen. Erkundigen Sie sich, ob Sie zusätzliches Geld von der Regierung im Rahmen des *First Time Home Buyers Grant* erwarten können.
4. Wenn Sie ein Haus gefunden haben, das zu Ihren Ansprüchen und Ihrem Budget passt, machen Sie eine Anzahlung und geben Sie den Kaufvertrag zum Notar oder Anwalt, bevor Sie ihn unterzeichnen.

Checkliste Hauskauf – in 7 Schritten zum eigenen Haus

5 Wenn alles in Ordnung ist, können Sie beim Anwalt / Notar den Vertrag unterschreiben.

6 Ihre Bank lässt Ihre Immobilie schätzen, bevor sie das Geld freigibt.

7 Nach einigen Wochen erhalten Sie die Schlüssel für Ihr neues Haus.

Kapitel 12

Hausbau

Ein eigenes Haus nach Maß muss auch in Australien kein Traum bleiben. In der Tat ist es in Downunder erheblich einfacher, ein Haus selbst zu bauen oder bauen zu lassen als in Europa, da ständig ein Bedarf nach neuen Immobilien besteht. Entsprechend gibt es eine Menge Baufirmen, die sich auf günstige und schnell gebaute Häuser spezialisiert haben.

Häuser von der Stange

Erkundet man die Neubaugebiete Australiens, so findet man immer wieder Riesenplakate mit Angeboten wie »Haus und Land ab $345.000« *(House & Land from 345K)*. Hierbei sollte man noch Kosten für Bodenbeläge, Insektengitter, Klimaanlagen sowie schönere Lampen einrechnen, was sich schnell zu einem Aufpreis von $20.000 oder mehr aufsummieren kann.Seriöse Baufirmen werden ein ausführliches Angebot erstellen, indem alle Leistungen aufgelistet sind. Alles, was dort nicht zu finden ist, wird auch nicht eingebaut. Man darf also nicht erwarten, dass sich das eine oder andere von selbst versteht.

Wer sein erstes Haus bauen will, für den empfehlen sich Häuser von der Stange, die von größeren Baufirmen nach festen Bauplänen mehr oder weniger in Massenproduktion errichtet werden. Hier ein Auswahl der bekanntesten Firmen für Ihre Recherche:

- Austart Homes *(Australienweit)*
- GJ Gardner *(Australienweit)*
- Better Homes Queensland
- Dixon Homes *(Queensland, Nördliches New South Wales)*
- Simonds *(Melbourne und Victoria)*
- Sarah Homes *(nur South Australia)*
- Dale Alcock *(Perth und südwestliches Western Australia)*

Ein Blick in die Gelben Seiten unter *Building Contractors* ist ebenfalls sehr hilfreich für die Recherche nach Baufirmen aus oder mit Vertretung in der Region.

Eine gute Idee ist auf jeden Fall, einmal die neuen Wohngebiete in Ihrer Gegend zu erkunden und dort die Musterhäuser der lokalen Baufirmen anzuschauen.

Dort sehen Sie viele Dinge, an die Sie vielleicht auf Anhieb gar nicht gedacht haben, beispielsweise wie viele Steckdosen und welche Elektrogeräte mit dabei sind, wie das Furnier in der Küche verarbeitet ist, welche Lampen, Türen, Türklinken und Fußleisten als Standard eingebaut werden und aus welchem Material die Badewanne und der WC-Spülkasten bestehen.

Haus nach Maß vom Architekten

Einige der im letzten Abschnitt genannten Firmen bieten auch an, vorgegebene Hauspläne stark zu personalisieren oder aber völlig neue Baupläne nach Ihren Wünschen zu entwerfen. So wird Ihr Haus ein Einzelstück, das dann allerdings auch seinen Preis hat. Eine andere Möglichkeit ist, sich Ihr Traumhaus von einem Architekten entwerfen und dann von einer Baufirma oder einem *Builder* errichten zu lassen, den Sie ebenfalls unter *Building Contractors* im Telefonbuch finden oder sich von Ihrem Architekten empfehlen lassen können. Bei einem *Builder* kann es sich um ein großes Bauunternehmen mit hunderten von Arbeitskräften oder auch nur um einen selbstständigen Handwerker handeln, der sich um das gesamte Projektmanagement kümmert und andere Handwerker bei Bedarf hinzu holt.

Wenn Sie sich für eine kleine, weniger bekannte Firma entscheiden, sollten Sie sich unbedingt vorher nach Häusern erkundigen, die die entsprechende Firma bereits errichtet hat. Und nutzen Sie die Gelegenheit, mit den Besitzern zu reden, um einen Eindruck von der Arbeitsmoral und der Qualität der Arbeit zu kommen.

Ein gewisses Risiko besteht bei Sonderprojekten immer, vor allem mit Hinsicht auf die tatsächliche Bauzeit und die letztendlich zu zahlenden Kosten.

Bauen mit Bausatz- und Fertighäusern

Auf dem Land ist es fast immer erlaubt, ein *Kit Home* zu bauen – also ein Bausatz-Haus, das man von Handwerkern aufstellen lassen oder theoretisch selbst bauen könnte, falls die Hausbank es nicht verbieten sollte. *Kit Homes* bestehen aus kaum mehr als Stahlträgern, Holzwänden und Wellblech für Dach und Außenverkleidung. Bausatz-Häuser bekommt man etwa von *Nu-Steel, Cedar Kit Homes* oder *Kitome.*

Um selbst bauen zu dürfen, muss der Bauherr ein *Owner Builder Seminar* bestehen. Elektrische Arbeiten müssten von einem staatlich registrierten Elektriker vorgenommen, alle Wasseranschlüsse von einem Sanitär-Handwerker installiert werden.

Es gibt noch eine andere Alternative: komplett fertig in der Fabrik gebaute Häuser. Diese werden in Teilen auf Sattelschleppern angeliefert und je nach Größe innerhalb von Stunden oder Tagen auf dem Grundstück einzugsfertig errichtet. Das ist vor allem beliebt bei Leuten, die in entlegenen Gebieten wohnen, wo Baumaterial und Arbeitskräfte schwierig zu organisieren sind. Anbieter sind beispielsweise *Modscapes* aus Melbourne oder *Ark Homes,* mit Filialen in Townsville in Queensland und in Karratha in Western Australia.

Falls Sie ein Bausatz-Haus oder ein vorgefertigtes Haus kaufen wollen, lassen Sie sich trotzdem zum Vergleich noch einmal ein Angebot für ein Standard-Haus erstellen. Dann können Sie vergleichen, ob Sie mit einer alternativen Bauweise wirklich etwas sparen.

Staatliche Fördergelder

Australier oder *Permanent Residents,* die ihre erste eigene Immobilie kaufen oder bauen möchten, erhalten eine Beihilfe von mindestens $7.000 aus dem staatlichen *First Home Owners Grant,* sobald das Fundament fertiggestellt ist. Die genaue Summe hängt von der aktuellen Wirtschaftslage und eventuell auch von Ihrem gewünschten Wohngebiet ab. Rabatte für staatliche Gebühren beim Grundstückskauf werden ebenfalls für die erste Immobilie gewährt, solange man innerhalb eines Jahres einzieht.

Wer bereits Eigentum in Australien besitzt und eine weitere Immobilie kaufen will, der kann Steuererleichterungen auf die Zinsen für seine Hypothek sowie auf Abschreibungen für Abnutzung der Hauseinrichtung bekommen. Das gilt aber nur, wenn die Immobilie vermietet wird und damit längerfristig ein Einkommen erzielt werden soll. Weitere Informationen dazu erhalten Sie von Ihrem Steuerberater *(Accountant)*.

Bauvorschriften

Auch in Australien kann man unangenehme Überraschungen erleben, wenn man sich erst nach dem Grundstückskauf bei der Stadtverwaltung *(City Council)* nach den Bauvorschriften erkundigt. Im schlimmsten Fall wird die Stadtverwaltung Ihre Baupläne so lange nicht abstempeln, bis Sie alle Einzelheiten beachtet haben. Ob Sie sich dann das Projekt überhaupt noch leisten können, ist der Stadt dabei völlig gleichgültig.

Im Falle eines neuen Wohngebietes sollte man sich im entsprechenden Verkaufsbüro, das sich meist auf dem Gelände befindet, nach dem *Covenant* erkundigen. In diesem Dokument werden lokale Bauvorlagen detailliert beschrieben. Diese Vorschriften können ganz merkwürdige Formen annehmen, so etwa, dass man nur bestimmte Farben fürs Dach auswählen darf oder dass ein Haus eine Doppelgarage haben muss, selbst wenn man gar kein Auto besitzt.

Auszug aus dem Covenant für das Smithfield Village bei Cairns in Queensland

- Mindestwohnfläche 120 Quadratmeter, gerechnet ohne Garage aber mit Terrasse, falls gewünscht.
- Doppelgarage ist ein Muss.
- Die Einfahrt vor der Garage muss breit genug für zwei Fahrzeuge sein und darf nur gerade, nicht aber geschwungen (Wineglass Shaped) sein, außerdem muss sie eine attraktive Oberfläche haben. Einfacher Beton oder Kies sind nicht gestattet.
- Der Bauplan muss vor Baubeginn beim Estate Manager zum »Abnicken« vorgelegt werden.
- Zäune als Sichtschutz im Vorgarten sind nicht erlaubt.
- Dachschräge minimal 24 Grad, besser noch steiler.
- Wassererhitzung nur erlaubt über Sonnenkollektoren oder Wärmepumpe.

Regenwassertanks

Ein Wassertank zum Sammeln von Regenwasser gehört zum Standard für die meisten Neubauten in Australien – selbst wenn Sie vielleicht nur Kakteen im Garten pflanzen wollen. Sie müssen nur dann keinen Wassertank installieren, wenn Ihre Wohngegend ein eigenes Grauwasser-Netz hat und damit gewissermaßen das Wassersammeln für Sie übernimmt.

Typische Varianten für Grundmauern

Abhängig vom Klima und den lokalen Bauvorschriften werden unterschiedliche Baumaterialien für die Grundmauern bevorzugt. Am weitesten verbreitet ist die auch in den USA bekannte *Stick Frame* Bauweise. Dabei werden Holzwände errichtet *(stick frames)*, die etwa mit dekorativen Ziegeln *(Brick Veneer)*, Holzplanken *(Weatherboard)*, Wellblech *(Colorbond)* oder einem Mix aus verschiedenen Materialien verkleidet werden.

In Gegenden, in denen mit Zyklonen gerechnet werden muss, wie etwa in Nord-Queensland, ist die sehr stabile Bauweise mit vorgegossenen Betonblöcken sehr beliebt. Seltener wird in *Full Brick* gebaut, mit zwei tragenden Ziegelmauern, die durch einen isolierenden Luftraum getrennt sind.

Typischer Ablauf beim Hausbau

Das typische australische Haus wird auf einer Betonplatte oder, falls in Hanglage, auf Stelzen gebaut. Einen Keller gibt es normalerweise nicht, stattdessen wird entweder eine größere Garage oder ein größerer Kühlschrank gekauft. Um Ihnen einen Eindruck zu vermitteln, wie ein solcher Hausbau ablaufen kann, hier die typischen Schritte:

1. Recherche: Welches ist das richtige Grundstück für mich, welche die richtige Baufirma? Wie viel kann ich monatlich abzahlen? (Es empfiehlt sich, bereits vorab ein Budget aufzustellen)

2 Besuch bei der Bank oder beim Broker, um ein *Pre Approval* für eine Hypothek zu beantragen. Das ist die Erlaubnis, eine gewisse Summe für einen Hausbau auszugeben.

3 Grundstückskauf – wird über Notare und die Bank abgewickelt, die die Hypothek auszahlt. Mehr zu den anfallenden Gebühren finden Sie im Kapitel »Hauskauf«. Unterschreiben Sie nichts, solange Sie nicht wenigstens ein *Pre Approval* von der Bank haben!

4 Absprechen der Baupläne mit der gewählten Baufirma und unterzeichnen des Bauvertrages.

5 Einreichen der Baupläne bei der Stadtverwaltung *(City Council)* durch die Baufirma.

6 Nachdem der *City Council* zugestimmt hat, kann die Betonplatte gegossen oder können die Stelzen errichtet werden.

7 Danach beginnen die Arbeiten an den Außenwänden.

8 Der Dachstuhl wird auf die Außenwände gesetzt: Die Dachbalken sind bereits zu dreieckigen Gebilden vorfabriziert und werden mit dem Kran aufs Dach gehoben.

9 Das Dach wird mit Ziegeln oder Wellblechplatten *(Colorbond)* gedeckt, die mit über tausend Schrauben ohne Isolierung direkt an den Dachstuhl geschraubt werden.

10 Nun werden die Innendecken zum Dach sowie die Innenwände eingesetzt. Dabei handelt es sich um Holzgerüste mit Rigips-Platten *(Gyprock, Plasterboard)*. Im Dach wird das Isoliermaterial auf die Innendecke gelegt. Ein begehbarer Fußboden im Dach ist normalerweise nicht vorgesehen.

11 Stromkabel werden kreuz und quer durch den Dachraum verlegt, um die Wohnung zu verkabeln.

12 Die Außenwände werden verputzt und angestrichen, falls die Bauweise dies verlangt.

13 Fenster und Türen werden eingesetzt. Ab jetzt ist die Wohnung nicht mehr von außen zugänglich und kann nur mit einem speziellen Handwerkerschlüssel besucht werden.

14 Die Innenausstattung beginnt: Fliesen legen in den Badezimmern, die Einbauschränke werden in den Schlafzimmern sowie

eventuell ein Wäscheschrank im Flur installiert. Die Badezimmer- und Waschraum-Möbel werden eingebaut, und die von einer Küchenfirma gelieferte Küche installiert.

15 Die Innenwände werden angestrichen, zumeist sehr dünn mit einer Sprühpistole.

16 Steckdosen werden eingesetzt, Klimaanlagen (falls bestellt), Lampen und Schalter angeschraubt.

17 Der Fußboden wird gelegt (falls bestellt) – zumeist Teppich in den Schlafzimmern und Fliesen in Küche und Wohnzimmer.

18 Ein unabhängiger Gutachter *(Valuer)* prüft im Auftrag der Bank, ob die Baufirma alle im Vertrag genannten Arbeiten ausgeführt hat. Danach zahlt die Bank die letzte Rate für den Bau.

19 Schlüsselübergabe und Einzug.

Baubericht Australien

Einen Erfahrungsbericht zum Thema Hausbau in Australien finden Sie auf dieser Webseite: ► *www.Australien-Reisetipps.de/hausbau*

Der Bau ist zumeist in vier bis fünf Bauabschnitte eingeteilt. Nach jedem Bauabschnitt stellt die Baufirma dem Kunden eine Rechnung aus, die unterschrieben an die Bank weitergeleitet werden muss. Danach überweist die Bank das Geld direkt an die Baufirma, und die Arbeiten können weiter gehen. Falls die Bank bei der einen oder anderen Zahlung Probleme macht, ist es praktisch, wenn man sich auf seinen *Broker* verlassen kann, der die Hypothek organisiert hat. Ohne Broker hingegen muss man selbst Probleme mit der Bank lösen und vielleicht sogar einen teuren Anwalt hinzuziehen, wenn die Situation festgefahren erscheint.

Die am Bau beteiligten Handwerker sind in vielen Fällen unabhängige Subunternehmer. Je nach Auftragslage der Handwerker kann der gesamte Bau in nur vier Monaten abgeschlossen sein oder sich in schlimmen Fällen über länger als ein Jahr hinziehen.

Typisch ist eine von der Jahreszeit unabhängige Bauzeit von etwa sechs Monaten.

Kontrollbesuche auf der Baustelle

Australische Baufirmen finden es sehr unangenehm, wenn der Bauherr ihnen ständig über die Schulter schaut und auf der Baustelle herumschnüffelt. Daher wird im Vertrag meist eine Klausel eingefügt, die besagt, dass man aus »versicherungstechnischen Gründen« nur zusammen mit dem Bauleiter die Baustelle besuchen darf. Dazu muss man einen Termin mit dem Bauleiter vereinbaren, der selbstverständlich immer so beschäftigt ist, dass man ihn kaum öfter als zum Ende eines Bauabschnittes zu sehen bekommt.

Theoretisch dürften Sie nicht einmal am Wochenende auf der eigenen Baustelle vorbeischauen. In der Praxis wird das Ganze eher locker gehandhabt, da es keinen Bauzaun und zu Anfang auch keine abgeschlossenen Türen auf der Baustelle gibt.

Wertsteigerung mit dem richtigen Wohnungsschnitt

Sollten Sie kein Haus von einem vorgefertigten Bauplan bestellen, sondern von einem Architekten planen lassen, so haben Sie selbstverständlich freie Wahl, wie das Projekt aussehen soll.

Falls Sie die Immobilie in Zukunft verkaufen möchten (oder müssen), ist es wichtig, so zu bauen, wie es für Australier nachvollziehbar ist. Ein frei stehendes Haus hat zumeist drei oder vier Schlafzimmer. Hat ein Haus etwa nur zwei Schlafzimmer, dafür aber verschiedene andere Wohnräume, die aufgrund ihrer Lage oder ihres Schnittes nicht als Schlafzimmer genutzt werden können, dann ist es weniger wert als ein gleich großes Haus, in dem drei oder vier Zimmer als Schlafzimmer genutzt werden können.

Ebenso wichtig sind die Einbauschränke: Hat ein Zimmer keinen Einbauschrank, dann nennt man es *Rumpus Room* oder *Study* – aber eben nicht Schlafzimmer. Hat es hingegen einen Einbauschrank, der am besten sogar noch Schiebetüren haben sollte, so ist das Haus sofort wertvoller. Perfekt ist der begehbare Kleiderschrank, der auch nur ein kleiner angeschlossener Abstellraum mit einem Regal sein kann.

Ebenfalls beliebt ist es, nach einem Hauskauf eine Garage in Wohnraum umzuwandeln oder einen Anbau hinzuzufügen, um den Wert des Hauses zu steigern. Es ist also ein Bonus, wenn das Grundstück groß genug für derartige Projekte ist.

Fußbodenbeläge

In Wohnzimmer, Küche, Esszimmer und Bad vieler neuer Häuser werden je nach Budget für die Ausstattung Fliesen oder Plastikfußböden *(Vinyl)* gelegt, sowie Auslegeware in den Schlafzimmern. Holzfußböden wie Parkett oder Laminat sind kein Standard und kosten erheblich mehr. Hier lassen viele Baufirmen mit sich reden, sodass man nach dem Einzug den Fußboden nach eigenem Geschmack selbst legen oder legen lassen kann.

Heizen und Kühlen

Auch wenn Sie das Bedürfnis verspüren sollten, Ihr Haus nach europäischen Maßstäben isolieren zu lassen und Sie sich nach Dreifach-Verglasung und Rollos sehnen, so wird dasselbe Bedürfnis sicher schnell versiegen, wenn Sie herausfinden, dass sich der Wert des Hauses damit nicht bemerkenswert steigert. Zudem ist es nicht ganz einfach, entsprechendes Baumaterial in Australien zu finden, geschweige denn einen Handwerker, der weiß, was er damit anfangen soll.

Isoliert wird nur im Dachbereich, nicht aber in den Wänden. Die Fenster sind Schiebefenster mit Einfach-Glasscheiben, dafür aber gelegentlich dunkel eingefärbt *(tinted)*. Wohnen Sie in einer Gegend, in der im Winter Temperaturen unter 15 °C zu erwarten sind, ist es eine gute Idee, einen Kamin oder Ofen einzuplanen, der mit Holz oder Gas heizt. Am besten ist es, wenn der Kamin oder Ofen so installiert wird, dass er gleichzeitig mehrere Räume beheizt. Schicke Kamine oder Öfen tragen zum *Lifestyle* bei, sind damit also wertsteigernd. Selbstverständlich könnte man auch mit einer Elektroheizung die Wärme direkt aus der Steckdose holen – so machen das nämlich viele Australier. Aber das rächt sich spätestens dann, wenn die nächste Stromrechnung sich in Ihrem Briefkasten einfindet.

Auf eine Klimaanlage sollten Sie trotzdem nicht verzichten, selbst wenn Sie diese aus der alten Heimat nicht gewohnt sind. Eine Klimaanlage gehört zu den Dingen, die das Haus nicht zuletzt einfacher verkaufbar machen. Da manche Klimaanlagen auch erlauben zu heizen, sollten Sie unbedingt auf den Stromverbrauch nicht nur fürs Kühlen, sondern eben auch fürs Heizen achten – nicht alle Klimaanlagen sind Strom sparend. Eine Klimaanlage muss nicht unbedingt zeitgleich mit dem Hausbau installiert werden. Es ist auch möglich, die Verkabelung von der Baufirma vorbereiten zu lassen und die Klimaanlagen später nachzurüsten.

Poolbau

Ein Pool im Garten ist ein Traum vieler Australien-Auswanderer. Das ist auch kein Wunder, da das Klima in vielen Gegenden des Landes sich ganzjährig dafür eignet. Zitat eines deutschstämmigen Poolbesitzers: »Wer keinen Pool besitzt, der will einen haben. Wer einen Pool hat, der will ihn lieber zuschütten.«

Da in jedem Jahr mehrere Kinder in australischen Pools ertrinken, sollten Sie sich dringend nach den Bauvorschriften für Poolumzäunungen informieren und sich genau daran halten. Außer Metallgittern oder Holzzäunen gibt es auch sehr ansehnliche Varianten aus Glas.

Ein Pool aus Beton kann jede Form annehmen, die Sie sich leisten können. Falls der Beton nicht noch zusätzlich mit Fliesen versiegelt ist, ist er aufgrund der rauen Oberfläche nicht immer einfach zu reinigen.

Außerdem gibt es die zumeist günstigeren, vorgefertigten Pools aus glasfaserverstärktem Kunststoff *(Fiberglass Pool)*, die sich in den Boden einpassen lassen. Einen derartigen Kunststoff-Pool können Sie schon ab etwa $18.000 fertig installiert bekommen, bei Betonpools liegen die Preise oberhalb von $20.000.

Alternativen zum traditionellen Pool sind die Whirlpools *(Spas)*, in denen man sich sitzend erfrischt und die sogar in Internet-Shops und Baumärkten wie *Bunnings* verkauft werden. Preise fangen bei etwa $6.000 an. Da Whirlpools viele bewegliche Teile wie elektrische Pumpen und Düsen haben, sollten Sie gelegentliche Wartungskosten mit einrechnen.

Und schließlich gibt es noch die *Swim Spas*, die im Vergleich zu einem Pool eher klein ausfallen, die aber aufgrund der starken Strömungsdüsen »Schwimmen auf der Stelle« erlauben. Für ein *Swim Spa* zahlt man abhängig von der Größe ab $17.000.

Abgesehen von den Baukosten müssten Sie bei einem eigenen Pool noch Kosten für Wasser, Strom und Salz oder Chlor einrechnen. In manchen Gegenden muss man im Winter heizen, damit der Pool überhaupt benutzbar wird. Es lohnt es, sich schon vor dem Kauf bei anderen Poolbesitzern in der Umgebung über die laufenden Kosten zu informieren.

Um die Kosten für Ihren Pool langfristig zu senken, sollten Sie auf den Stromverbrauch der Pumpe achten. Geben Sie lieber ein bisschen mehr Geld für eine Strom sparende Pumpe aus, als sich jahrelang über die hohe Stromrechnung zu ärgern.

Schwarzarbeit am Bau

In Deutschland gilt Schwarzarbeit fast schon als Kavaliersdelikt und ist nicht nur in der Baubranche weit verbreitet. Australier sehen Schwarzarbeit eher aus dem Blickwinkel, dass sie sich steuerlich nicht absetzen lässt und dass die Mehrwertsteuer *(GST)* sowieso nur 10 Prozent beträgt. Daher kommt es eher selten vor, dass Dienstleistungen »schwarz« erbracht werden. Ausgenommen der kostenlosen Hilfe von Freunden und Bekannten oder kleinerer Dienste wie etwa Rasen mähen.

Checkliste Hausbau

- Es ist sinnvoll, das erste Haus »von der Stange« von einer größeren Baufirma bauen zu lassen, da man zumeist vorher schon absehen und besser einschätzen kann, welche Leistung und welche Qualität man für sein Geld bekommt.
- Es gibt staatliche Fördergelder für Australier und *Permanent Residents*, die ihr erstes Haus kaufen oder bauen.
- Informieren Sie sich unbedingt vor dem Grundstückskauf nach lokalen Bauvorschriften.
- Regenwassertanks sind Pflicht bei fast jedem Neubau.
- Bei einem von der Bank finanzierten Hauskauf wird die Baufirma in einzelnen Bauabschnitten bezahlt. Erst wenn der Gutachter *(Valuer)* den Bau abgenickt hat, erhält man die Schlüssel zum neuen Haus.

Checkliste Hausbau

- Es ist wichtig, einen für Australier nachvollziehbaren Wohnungsschnitt zu wählen, damit das Haus bei Bedarf besser oder überhaupt verkaufbar ist.
- Typische Fußbodenbeläge in Neubauten sind Fliesen oder Plastik und Teppich. Holzfußböden müssen speziell geordert werden und sind teurer.
- Klimaanlagen sind wichtig, um das Haus im Sommer zu kühlen. Sollten Sie auch zum Heizen genutzt werden, sollte man unbedingt darauf achten, ein stromsparendes Modell zu wählen.
- Swimming Pools gibt es aus Kunststoff oder aus Beton. Wichtig bei der Planung ist, dass man sich zeitig über die laufenden Kosten informiert, und die Vorlagen mit Hinsicht auf die Einzäunung strikt einhält.

Kapitel 13

Telefon und Internet

Festnetzanschluss

Als Standard in vielen australischen Haushalten gilt ein analoger Telefonanschluss bei Telstra sowie Internet von Bigpond, das ebenfalls zu Telstra gehört. Die meisten Australier melden sich bei Telstra an, da es sich um den Marktführer handelt und weil sie sonst keine anderen Anbieter kennen. Anschlussgebühren kann man sich leider nicht ersparen. In den meisten Fällen übernimmt man die Wohnung oder das Haus von einem Vormieter, sodass der Anschluss nur reaktiviert werden muss. Dann zahlt man $59 oder $125, abhängig davon, ob ein Techniker ins Haus kommen muss oder nicht. Ist das Haus gerade erst gebaut worden, werden für den Erstanschluss des Telefons $299 berechnet.

Bei Telstra gibt es fürs Telefonieren im Festnetz verschiedene Pakete *(Home Phone Plans)* mit Grundgebühren zwischen $21 bis $90 im Monat. Abhängig vom gewählten Paket sind die Tarife für die Gesprächsminuten preislich angepasst.

Telstra ist zwar nicht der günstigste Anbieter, aber dafür sehr zuverlässig. Es ist daher eine gute Idee, sich für den Anfang bei Telstra anzumelden. Wenn Sie dann später Zeit und Lust haben, ein wenig zu recherchieren, können Sie immer noch zum interessantesten Anbieter wechseln. Dann lohnt es oft, gleich mit Festnetz, Internet und Handy zu einem anderen Anbieter umzuziehen, um Rabatte für Kombiangebote nutzen zu können.

Um problemlos den Anbieter wechseln zu können, ist es allerdings wichtig, sich von Telstra keinen Ein- oder Zwei-Jahres-Vertrag aufschwatzen zu lassen. Unbefristet *(Casual)* genügt und lässt sich jeweils zum Monatsende kündigen. Für diese kleine Freiheit zahlt man dann aber ein wenig mehr.

Mobiltelefon

Handys heißen in Australien *Mobile Phone* oder kurz *Mobile*. Wer in einer Großstadt lebt und diese nur selten verlässt, der kann sorglos nach dem günstigsten Handyanbieter schauen. Zur Auswahl stehen beispielsweise:

- **Telstra** (► *www.telstra.com.au/mobile*)
- **Optus** (► *www.optus.com.au*)
- **Vodafone** (► *www.vodafone.com.au*)
- **3** (► *www.three.com.au*)
- **Virgin Mobile** (► *www.virginmobile.com.au*)
- **Dodo** (► *www.dodo.com.au*)

Wer allerdings des Öfteren aufs Land fährt oder außerhalb der Landeshauptstädte lebt, für den empfiehlt sich das Funknetz von Telstra *3G* (850 / 2100 MHz*)*, das auch als *Next G* beworben wird. Laut Funknetz-Anbieter Optus lag die eigene 3G Netzabdeckung (nur 2100 MHz) im Jahr 2009 bei 80 Prozent der australischen Bevölkerung. Bei Telstra hingegen liegt die Abdeckung bei 99 Prozent und ist damit nach eigenen Angaben doppelt so groß wie die der Konkurrenz. Das übrig gebliebene eine Prozent ist nicht zu vernachlässigen, da sehr große Flächen ausgelassen werden, wie beispielsweise ländliche Gegenden in South Australia, Northern Territory und Western Australia. Australien ist in Sachen Handy noch lange nicht komplett abgedeckt, und daran wird sich aufgrund der dünnen Besiedelung des Landes wohl so bald auch nichts ändern.

Handyverträge für Nutzer mit eigenem Gerät sind ab etwa $20 im Monat zu haben. Falls Sie ein neues Handy brauchen, so gibt es *Prepaid* und feste Verträge zur Auswahl. Abhängig vom Modell ist ein kostenloses Handy inklusive. Die Monatsgebühren beginnen ebenfalls bei etwa $20, allerdings sind die Minutenpreise zumeist teurer im Vergleich zu den Tarifen, die Besitzer eines eigenen Handys zahlen, da auf diese Weise das Handy indirekt über die Minutenpreise abbezahlt wird.

Wer Prepaid bevorzugt, der kann sein Handy per Kreditkarte, in einem der vielen Telefonläden oder direkt an den meisten Supermarktkassen aufladen. Der Mindestbetrag ist zumeist $20, das Guthaben verfällt bei kleineren Auflade-Beträgen oft schon nach 30 Tagen.

Internet per Kabel

Internet aus dem Kupferkabel gibt es in Modem-Geschwindigkeit *(Dial Up)* oder als DSL *(Broadband Internet)*. DSL ist nicht in ganz Australien verfügbar. Wenn es Ihnen wichtig ist, schnelles Internet zu haben, sollten Sie vielleicht schon vor dem Umzug herausfinden, ob in der neuen Wohnung *Broadband* überhaupt verfügbar ist, beispielsweise auf der Webseite ►*https://my.bigpond.com/check-availability*. Die Recherche lohnt sich auch dann, wenn sich das Gebäude in einer neueren Wohngegend befindet! Sollte DSL nicht verfügbar sein, so gibt es als Alternativen die Satellitenschüssel, die aber nur im Outback staatlich subventioniert wird, sowie Internet über das UMTS-Handynetz.

Größere Anbieter in diesem Bereich sind etwa Bigpond (Telstra), Optus, Westnet, Dodo, iiNet und iPrimus. Ganz gleich, wofür Sie sich entscheiden – Sie werden leider nirgendwo eine DSL-Flatrate finden. Die gibt es in Australien für Privatkunden nämlich nicht. Internet ist im Vergleich zu Europa leider immer noch recht teuer.

Internet per UMTS

Wenn Sie viel unterwegs sind, wenn Sie keinen Festnetzanschluss haben oder wenn es in Ihrer Wohnung Probleme mit dem Internet gibt, ist mobiles Internet über das Handynetz *(Wireless Broadband)* sicher eine gute Wahl. Zur Auswahl stehen längerfristige Verträge oder *Prepaid*-Karten. Leider ist die tatsächliche Datenrate ernüchternd, die Netzabdeckung eher klein, die Zuverlässigkeit nicht immer sehr hoch und die Preise auch nicht ganz billig. Für den Anfang lohnt es sich, es erst einmal mit *Prepaid* zu versuchen. So können Sie wenigstens schon mal ohne Vertrag testen, ob Sie mit dem Empfang in Ihrer Wohngegend zufrieden sind. Zu den Anbietern von *Wireless Broadband* gehören dieselben Firmen, die auch Festnetzanschlüsse verkaufen, darunter Telstra, Optus, Vodafone und Westnet, aber auch Dodo und »3«.

Telstra Smart Communities

In vielen Neubaugebieten Australiens ab etwa Baujahr 2008 haben die Landerschließungsfirmen mit Telstra spezielle Verträge abgeschlossen, um das entsprechende Stadtviertel komplett mit Glasfaserleitungen zu versorgen.

Das klingt erst einmal wunderbar: Glasfaser bis an die Haustür, Internet bis 20.000 kbps und digitales Fernsehen direkt aus dem Kabel. Das nennt sich dann *Telstra Smart Community* – wahrscheinlich, weil derjenige, der das Ganze erdacht hat, sich für besonders *smart* hält. Da es kein Kupferkabel in dem entsprechenden Wohngebiet gibt, können Anwohner sowohl Telefon als auch Internet zurzeit leider nur bei Telstra und Bigpond anmelden. Wer die hohen Kosten meiden will, für den kommt nur noch Internet über eine UMTS-Karte infrage.

Internationale Telefonkarten

Um mit Freunden und Verwandten daheim in Europa zu sprechen, sind Internet-Telefonanbieter wie etwa *Skype* eine gute Wahl. Mit *Skype Out* kann man sogar Handys und Festnetzanschlüsse anrufen, dies ist allerdings nicht mehr kostenlos.

Wer lieber ohne Computer telefoniert oder viel unterwegs ist, der kann auch über internationale Telefonkarten *(International Phone Cards)* günstig nach Europa telefonieren. Diese Telefonkarten werden in Internetcafés und manchen Supermärkten verkauft. Karten wie *Daybreak*, *OzCall* oder *GoBananas* gibt es ab $10. Besonders praktisch an den Telefonkarten ist, dass sie an jedem Telefon funktionieren – also auch in öffentlichen Telefonzellen – und dort nur die Kosten für ein Ortsgespräch berechnet werden.

Und so funktioniert es: Man ruft eine Nummer zum Ortstarif an, tippt seine Geheimnummer über das Tastenfeld ein und dann die europäische Telefonnummer. Manchmal dauert es eine Weile, bis man den Teilnehmer am anderen Ende der Leitung hört. In der Übertragungsqualität gibt es starke Unterschiede bei den verschiedenen Anbietern. Daher lohnt es sich, mit verschiedenen Karten zu experimentieren.

Problemfall Callcenter

Viele große Firmen haben Telefonzentralen oder *Callcenter*, an die Kunden sich mit Fragen, Bestellungen und Beschwerden wenden können. Leider muss der Kunde nicht selten lange in der Warteschlange warten. Hier lohnt es sich, etwas zu Lesen direkt neben dem Telefon zu haben. Auch wenn man eine australische Nummer anruft, so landet das Gespräch nicht selten in Indien oder anderswo. Nur allzu oft spricht der Kundenberater daher in einem nicht sehr einfach verständlichen indischen Singsang, manchmal sind die Mitarbeiter aus Bangalore oder Neu Delhi auch so gut geschult, dass der Anrufer von der Umleitung nach Asien gar nichts bemerkt.

Manchmal erhält man auch Anrufe von Handy-Vermittlern und mehr oder weniger gemeinnützigen Gesellschaften, die den Angerufenen davon überzeugen wollen, dass er einen tollen Preis gewonnen hat oder dass er für die eine oder andere Sache spenden soll. Wer diese Anrufe vermeiden will, der sollte sich überlegen, ob es wirklich nötig ist, seine Telefonnummer ins Telefonbuch eintragen zu lassen. Im Grunde genügt es ja, wenn man seine Nummer den Menschen persönlich gibt, die einem wichtig sind. Außerdem gibt es auf der Webseite ►*www.donotcall.gov.au* ein Verzeichnis, in dem jeder seine Nummer für Telemarketing-Firmen sperren lassen kann.

Internet und Telefon – zusammengefasst

- DSL wird nicht überall angeboten. Es lohnt sich daher, vor dem Umzug zu prüfen, ob die neue Adresse DSL-tauglich ist.
- Bei Kombiangeboten von Internet, Telefon und Handy können Sie Geld sparen.
- Außerhalb von Großstädten ist Telstra für Handyverträge und UMTS-Internet wegen der größeren Netzabdeckung in den meisten Fällen die beste Wahl.

Internet und Telefon – zusammengefasst

- Internationale Telefonkarten erlauben günstige Anrufe nach Europa.
- Vorsicht Callcenter: Hier kann man eine Menge wertvoller Zeit verschwenden. Rufen Sie nur an, wenn es sich nicht vermeiden lässt.

Kapitel 14

Bildungssystem

Abhängig vom Bundesstaat besteht Schulpflicht ab fünf oder sechs Jahren bis etwa sechzehn oder siebzehn Jahren oder bis das zehnte Schuljahr abgeschlossen ist. Wenn der Schüler nachweisen kann, dass er eine Ausbildungsstelle hat oder dass er sich anders fortbildet, kann die Schulzeit verkürzt werden. In der Praxis sollte man die Schulpflicht nicht allzu ernst nehmen. Wenn sich die Eltern verpflichten, ihre Kinder selbst zu unterrichten und ihrer Pflicht nicht nachkommen (etwa in *Aboriginal-Communities*), erhalten die Kinder nur eine schlechte oder gar keine Schulausbildung. Der Staat kann dagegen kaum etwas unternehmen.

Die Schulkarriere beginnt ab dem Alter von vier oder fünf Jahren mit einem oder zwei Jahren *Preschool*, die je nach Bundesstaat auch als *Kindergarten* oder *Prep School* bekannt ist. Ab dem Alter von fünf bis sechs Jahren folgt die Grundschule oder *Primary School* bis zum sechsten (Victoria, New South Wales) oder siebten Schuljahr (Queensland). Danach gehen die Kinder in die *High School* bis zum zwölften Schuljahr. Ein offizielles Abschlusszeugnis bekommen die Schüler nach dem zehnten und nach dem zwölften Schuljahr. Beim Abschluss nach dem 12. Schuljahr sind viele Schulabgänger erst siebzehn Jahre alt.

Das Schuljahr

Das Schuljahr beginnt nach den Sommerferien im Januar und besteht aus vier Vierteljahren *(Terms)*, die jeweils mit einer Prüfung in jedem Fach abgeschlossen werden und auf die einige Wochen Ferien folgen. Ein typisches Schuljahr läuft in etwa so ab:

- *Term 1:* 12 Wochen ab Ende Januar bis Anfang/Mitte April
- Osterferien, ca. 1 ½ Wochen
- *Term 2:* 9 Wochen ab Ende April bis Ende Juni.
- Winterferien, ca. 2 ½ Wochen Ferien

- *Term 3:* 10 Wochen ab Ende Juli bis Ende September
- Frühlingsferien, ca. 2 ½ Wochen Ferien
- *Term 4:* 10 Wochen ab Ende Mitte Oktober bis Ende Dezember.
- Weihnachtsferien: ca. 6 ½ Wochen

Dieses Beispiel gilt für Queensland 2011. Insgesamt hat ein Schuljahr nie mehr als 41 oder 42 Wochen. Die Länge der *Terms* und die Ferienzeiten werden nach Staaten gestaffelt, damit nicht alle Australier gleichzeitig in den Urlaub fahren. Ferien werden für jedes Jahr neu festgelegt. Privatschulen halten sich nicht immer an die Ferienzeiten der staatlichen Schulen. Ende Juni und Ende Dezember werden Zeugnisse *(Report Cards)* ausgestellt, die direkt an die Eltern gesendet werden. Sind die Kinder in Privatschulen, erhalten die Eltern die Zeugnisse erst, wenn alle Schulgebühren bezahlt sind.

Die Schulwoche

Die Schulwoche geht von Montag bis Freitag. Ein typischer Schultag dauert von etwa 9 Uhr bis 15 Uhr, in Privatschulen beginnt der Unterricht manchmal früher und hört oft auch früher auf. Nach der Schule müssen noch Hausaufgaben gemacht werden. Es gibt eine Mittagspause, in der jeder seine mitgebrachten Pausenpakete isst oder sich von einer Art Kiosk *(Tuckshop)* verpflegen lässt, hier gibt es beispielsweise Burger, Salate, belegte Brote und verschiedene Getränke.

Staatliche und private Schulen

Eltern können ihre Kinder in eine staatliche, mehr oder weniger kostenlose Schule schicken oder alternativ in eine Privatschule, die zumeist von einer religiös motivierten Vereinigung getragen wird. Staatliche Schulen müssen alle Kinder aufnehmen, die in ihrem Einzugsbereich wohnen. Manche Schulen nehmen auch Schüler an, die in weiter entfernten Wohngebieten leben, wenn sie noch Plätze frei haben. Das kann interessant sein für Kinder, die in einer Wohngegend wohnen, in der die Schule einen nicht so guten Ruf hat.

Privatschulen haben insgesamt einen besseren Ruf als staatliche Schulen. Das liegt auch daran, dass sich nicht jeder das Schulgeld leisten kann. Letztendlich ist eine Schule nur so gut wie sein Lehrpersonal, daher ist nicht jede teure Schule zwangsläufig auch eine gute Schule. Bevor Sie sich dafür entscheiden, Ihre Kinder auf eine Privatschule zu schicken, ist es sinnvoll, Erkundigungen über diese Schule einzuholen und sich selbst auf dem Gelände umzuschauen.

Eltern als Lehrer

In entlegenen Gegenden, wie etwa auf Farmen oder in kleineren Siedlungen im Outback, werden viele Kinder daheim unterrichtet, unter anderem auch mit Unterstützung der *School of the Air*, deren Unterricht heute passenderweise zum Teil im Internet stattfindet. Unterricht daheim macht eine Menge Arbeit und verlangt Disziplin von den Eltern, die sich selbstverständlich an die Lehrpläne halten müssen. Es ist auch möglich, das Kind teilweise in eine staatliche Schule einzuschreiben, sodass der Schüler einen Teil der Woche von den Eltern unterrichtet wird und einen anderen Teil die nächstgelegene staatliche Schule besucht.

Das Anmeldeverfahren für den Heimunterricht ist in jedem Bundesstaat anderes geregelt. Mehr Informationen zum Thema erhalten Sie etwa bei der *Home Education Association* (► *www.hea.asn.au*) oder bei ► *www.homeschoolaustralia.com.*

Grundschule

Die Grundschule beginnt mit der *Preschool*, bevor der Unterricht offiziell in der *Primary School* fortgesetzt wird. In ländlichen Gegenden können Grundschulen sehr klein sein. Manche haben weniger als 20 Schüler, die alle gemeinsam in einer Klasse von einem Lehrer betreut werden.

Generell bleiben die Kinder in der Grundschule fast immer im selben Klassenraum und haben nur einen Lehrer, der alle Fächer unterrichtet. Typische Fächer sind: Englisch, Gesundheit und Sport *(Health and Physical Education)*, eine Fremdsprache, Mathematik, Sachkunde

(Science), Sozialwissenschaften *(Society and Environment)*, Technik *(Technology)* und Kunst *(The Arts)*.

Die Fremdsprachen sind abhängig vom kulturellen Hintergrund der Gegend, in der die Kinder zur Schule gehen: In Melbourne und Victoria werden Sprachen wie etwa Indonesisch, Französisch oder Japanisch angeboten, in Nord-Queensland, wo viele italienisch-stämmige Australier wohnen und viele Japaner Urlaub machen, eher Japanisch und Italienisch. Auch Deutsch wird in vielen Schulen angeboten, was vor allem für jüngere deutsche Kinder empfehlenswert ist, die die Rechtschreibung ihrer Muttersprache noch nicht beherrschen.

High School – eine Oberschule für alle Kinder

Die High School in Queensland ist unterteilt in die *Junior*-Klassen vom achten bis zehnten Schuljahr. Danach folgen die *Senior*-Klassen bis zum zwölften Schuljahr. Die Junior-Klassen beschäftigen sich mehr mit Allgemeinbildung und sollen den Schülern helfen, über einige Wahlpflicht-Fächer ihre Stärken zu finden.

In den *Senior*-Klassen können sie sich dann auf die Fächer konzentrieren, die ihnen besonders liegen, und werden dabei motiviert, schon in der Schule über ihre berufliche Zukunft nachzudenken – und nicht erst danach. Englisch und Mathematik, das in drei Schwierigkeitsgraden angeboten wird, müssen alle Schüler belegen. Bei religiös motivierten Privatschulen ist der Religionsunterricht ebenfalls ein Pflichtfach.

Die Rolle des Sportunterrichts in den Schulen

Sport wird in Australien ganz anders bewertet als in Deutschland, denn die schulische Entwicklung steht nicht auf dem Spiel, wenn das Kind sportlich keine guten Leistungen bringt. Sport wird nicht benotet, stattdessen werden die Schüler auf andere Weise motiviert, sich am Sportunterricht zu beteiligen, etwa, indem sie bestimmten permanenten Teams oder »Häusern« *(Houses)* zugeordnet werden, mit denen sie im Verlaufe des Schuljahres Punkte für das gesamte

Team sammeln*.

Auch eine eher ländlich gelegene High School hat in Sachen Sport meist eine Menge zu bieten: Tennis auf eigenem Tennisplatz, Bowling *(Ten Pin Bowling)*, Golf, Fußball, Rugby, Volleyball, Basketball und einiges mehr. Viele Schulen haben sogar eigene Freibäder.

Zu Beginn eines jeden neuen Vierteljahres *(Terms)* können sich die Schüler für eine Sportart entscheiden. Sie können beispielsweise in jedem *Term* eine andere Sportart wählen, oder auch immer nur Fußball spielen.

Einmal im Jahr gibt es einen *Sporting Carnival*, eine Art Sportfest, bei dem sich Kinder aller Schuljahre in verschiedenen Sportarten beweisen können. Dazu gehören je nach Schwerpunkt der Schule beispielsweise Cricket, Schwimmen, Leichtathletik, Football, Fußball, *Netball* (eine Art Basketball für Mädchen), *Softball* (eine Art Baseball, auch eher eine Mädchensportart) oder auch Surfen oder Golf. Die Kinder, die beim Sportfest am besten abgeschlossen haben, können später gegen Schüler der umliegenden Schulen antreten. Die Gewinner können an Regionalmeisterschaften teilnehmen, danach folgen die Landesmeisterschaften – und dann vielleicht die große Karriere.

Wer übrigens eher musikalisch als sportlich veranlagt ist, der muss nicht verzweifeln: In vielen Schulen können Kinder außerdem in einer Theatergruppe mitarbeiten oder Musikunterricht für ein klassisches Instrument erhalten, um dann im Schulorchester oder bei anderen Gelegenheiten ihre Fähigkeiten beweisen zu können.

Die Schuluniform

Es besteht Uniform-Pflicht in vielen, aber nicht in allen Schulen. Abhängig von den Schulfarben müssen für den Schulunterricht zum Teil sehr farbenfrohe Uniformen gekauft werden. Es gibt eine Winter-, eine Sommer- und eine Sport-Uniform, und auch Sonnenhüte und zwei Paar Schuhe müssen passend dazu gekauft werden. Mädchen können sich aussuchen, ob sie Hosen oder Röcke tragen möchten. Eine kom-

---

* In den *Harry Potter*-Büchern werden das Punkte-System und die »Häuser« übrigens sehr gut beschrieben.

plette Ausstattung für einen Schüler kostet im Jahr um die $300 bis $400. Daher sind auch staatliche Schulen aus diesem Blickwinkel gesehen nicht kostenlos. Manche Schulen (vor allem Privatschulen) haben zusätzlich Restriktionen mit Blick auf die erlaubte Haartracht. Wer also einen Irokesenschnitt bevorzugt, der kann hier möglicherweise Probleme bekommen.

Bestrafung in der Schule

Interessanterweise wurde die Bestrafung von Schülern mit dem Stock *(Cane)* in Queensland erst 1995 abgeschafft. Heute werden Kinder meist mit Nachsitzen *(Detention)* bestraft. Hier leidet nicht nur der Schüler, sondern auch der Lehrer, der damit weniger Freizeit hat.

Einschätzung von ausländischen Schülern

Schüler, die aus dem Ausland kommen, werden oft nicht in die Klasse eingeschult, die sie in ihrem Heimatland belegt haben, sondern in die Klasse, die zu ihrer Altersgruppe passt. Das kann dazu führen, dass so mancher Schüler plötzlich eine oder zwei Klassen übersprungen hat. Da das Bildungsniveau australischer Schulen nicht immer auf europäischem Niveau ist, fällt den meisten Schülern die Umstellung weniger schwer als zu erwarten wäre. Schwieriger als der Unterricht wird von älteren Schülern die fremde Sprache empfunden, während jüngere Schüler flexibler sind und die neue Sprache bald akzentfrei sprechen werden.

Eltern als ehrenamtliche Mitarbeiter

Die ehrenamtliche Mitarbeit der Eltern in den Schulen spielt eine viel größere Rolle als in Europa. Die Eltern haben ein Mitspracherecht, etwa bei Schuluniformen und Schulfesten, und viele helfen im Rahmen von *Working Bees*-Aktionen (»Arbeitsbienen«), bei denen am Wochenende Schule, Schulgarten und Spielgeräte auf Vordermann gebracht werden.

Viele Eltern helfen auch mit in der *After School Care*, wo Kinder außerhalb der Schulzeiten von einem Betreuer beaufsichtigt werden. Und nicht zuletzt gibt es die *Parents & Friends Association* oder auch die *Parents & Citizen Association* (kurz *P&F* bzw. *P&C*). Diese kümmern sich darum, dass die Schule über verschiedenste Aktionen zusätzliche Gelder erhält *(Fundraising)*, wie etwa bei Verlosungen oder durch Würstchenverkäufe *(Sausage Sizzles)* auf öffentlichen Veranstaltungen.

Die *P&F*-Gesellschaft und die ehrenamtliche Mitarbeit in der Schule sind übrigens eine hervorragende Möglichkeit, um schnell neue Bekanntschaften zu schließen. Guter Nebeneffekt: Sie lernen gleich die Eltern der Schulfreunde Ihrer Kinder kennen.

Schoolies – Abschlussfeier mal anders

Da viele australische Kinder schon mit 5 Jahren eingeschult werden und maximal 12 Jahre in die Schule gehen, heißt das, dass Schulabgänger zumeist gerade erst 17 Jahre alt sind. Sie sind noch nicht alt genug, um Alkohol zu trinken oder zu rauchen, aber sie sind alt genug für die *Schoolies*.

Direkt nach den Abschlussprüfungen Ende November findet die *Schoolies Week* (oder *Leaver's Week* in Western Australia) statt, in der die ehemaligen Schüler in beliebten Ferienzielen die neue Freiheit feiern. Dabei handelt es sich zumeist um Konzerte und Partys ohne Erwachsene, bei denen Alkohol offiziell verboten ist.

In Victoria finden die *Schoolies* etwa in Lorne und Torquay an der Great Ocean Road statt, in New South Wales in Byron Bay, Coffs Harbor und Port Macquarie. Die größten Veranstaltungen zur *Schoolies Week* mit mehreren zehntausend Feiernden finden in Surfers Paradise an der Gold Coast in Queensland statt. *Schoolies* in Surfers Paradise ist in etwa die berüchtigtste Veranstaltung für junge Leute überhaupt, da es nicht schwer ist, Alkohol zu organisieren, und es relativ einfach zu sein scheint, für wenig Geld gefälschte Erwachsenen-Ausweise zu bekommen. Gefeiert wird in Surfers Paradise nicht nur auf den offiziellen Partys, sondern auch auf der Straße, in Hotelzimmern sowie zum Leidwesen der Anwohner auch in den Aufzügen und Gängen der lokalen Apartmenttürme. Nicht zuletzt kommt es gerade an der Gold Coast des Öfteren vor, dass *Toolies* (= *too old for Schoolies*, d. h. erwachsene

Männer) feiernden Schülerinnen hochprozentigen Alkohol oder einen kostenlosen Platz zum Schlafen versprechen, wenn sie nur mit in ihre Wohnungen kommen.

Bildungssystem – zusammengefasst

- Es gibt Schulpflicht in Australien, die aber nicht so rigoros kontrolliert wird wie in Europa.
- Australische Kinder gehen zuerst in die Vorschule *(Preschool)*, dann in die Grundschule *(Primary School)* und schließlich in die Oberschule *(High School)*.
- Private Schulen können besser sein als staatliche Schulen, es gibt aber auch sehr gute staatliche Schulen.
- Die ehrenamtliche Mitarbeit von Eltern ist ein wichtiger Bestandteil des Schulalltags.
- Eine Schuluniform ist in fast allen australischen Schulen Pflicht.
- Viele Schulabgänger feiern ihren Abschluss bei *Schoolies*-Partys in verschiedenen Ferienorten Australiens.

Kapitel 15

Arbeiten

Australier leben nicht, um zu arbeiten – ganz im Gegenteil! Die Mehrheit der Arbeitnehmer versucht, mit möglichst wenig Arbeit möglichst viel Leben zu bekommen. Ein Job ist daher ein Mittel zum Zweck und sicher nichts, worüber man sich um 17:05 Uhr noch Gedanken macht. Dann sitzt man nämlich schon im Wagen und kämpft sich durch den Stau der Großstädte in den wohlverdienten Feierabend.

Arbeitssuche von Deutschland aus

Selbst wenn Sie bereits ein Arbeitsvisum besitzen, ist es nicht einfach, von Europa aus einen Arbeitsplatz zu finden. Das klappt normalerweise nur, wenn Sie sich von einer international tätigen Firma ins Ausland versetzen lassen, wenn Sie Freunde und Bekannte im Lande haben, die Sie tatkräftig unterstützen, oder schließlich, wenn eine Firma schon lange verzweifelt nach einer speziellen Fachkraft gesucht hat und Sie genau der richtige für den Job sind. Insgesamt stehen die Chancen aber eher schlecht, aus der Ferne ein Jobangebot zu bekommen.

Die Internet-Recherche kann ein gutes Werkzeug sein, um herauszufinden, ob Ihr Beruf in Ihrem Wunsch-Wohnort gesucht wird oder ob Sie sich eventuell auf eine Karriere in einem anderen Berufszweig einstellen sollten. Online kann man sich auch nach den zu erwartenden Gehältern erkundigen. Hier ein Beispiel: Der Suchbegriff »Web Designer« hat im Dezember 2009 Australienweit bei ►*www.mycareer.com.au* 76 Angebote hervorgebracht, bei ►*www.careerone.com.au* 33 und bei ►*www.seek.com.au* 335 Jobs. Gehaltsangebote lagen bei etwa $40.000 bis $100.000 im Jahr. Gesucht wurden Webdesigner vor allem in Sydney und Melbourne, seltener in Brisbane und Perth.

Ähnliches gilt auch bei Jobangeboten für Ingenieure und andere hoch spezialisierte Arbeitskräfte, die außerhalb der Landeshauptstädte weniger gute Chancen auf einen Arbeitsplatz haben. In ländlichen Regionen werden vorwiegend Jobs im Einzelhandel, Handwerk sowie im Bereich Wohnungsbau und -einrichtung angeboten.

Arbeitssuche über Jobagenturen

Jobagenturen oder *Recruitment Agencies* sind weit verbreitet. Viele Agenturen spezialisieren sich auf einzelne Branchen, wie etwa auf IT oder Hotel- und Gastgewerbe *(Hospitality)*. Um eine passende Agentur zu finden, lohnt sich der Blick in die Gelben Seiten unter *Employment*. Danach empfiehlt es sich, verschiedene Agenturen anzurufen, um herauszufinden, wer zu Ihnen passt. Erstkontakt per eMail ist eher weniger empfehlenswert, da fast alle Australier lieber telefonieren, als eMails zu schreiben.

Arbeitssuche vor Ort

Die lokale Tageszeitung veröffentlicht Stellenangebote zumeist am Mittwoch und am Samstag. Diese Anzeigen sind im Gegensatz zu denen aus dem Internet immer aktuell. Wenn es um Berufe in der Gastronomie und im Handel oder auch um kleinere Aushilfsjobs geht, lohnt es sich, mit einem Lebenslauf in der Hand persönlich einige Betriebe zu besuchen. Wenn der Bewerber einen netten, sauberen und verständigen Eindruck macht, hat er sofort einen Vorsprung gegenüber Mitbewerbern, die sich nicht persönlich vorstellen. Entscheidungen für oder gegen einen Bewerber werden nicht selten abhängig vom optischen Eindruck und dem Bauchgefühl getroffen. Der Lebenslauf ist zwar auch wichtig, aber kein alleiniges Einstellungskriterium.

Die australische Bewerbung

Es ist wenig sinnvoll, eine generische Bewerbung *(Job Application)* für alle Lebenslagen zu erstellen. Aber es lohnt sich, für den Anfang einen Standard-Lebenslauf zusammenzustellen und diesen passend zum Stellenangebot umzuschreiben.

Eine Bewerbung besteht typischerweise aus drei Teilen:

- Anschreiben *(Cover Letter)*
- *Selection Criteria Matching Statement:* Bezugnahme auf die Einstellungskriterien in der Stellenanzeige.
- Lebenslauf *(Resume, CV)*

Das Anschreiben sollte sich der Bewerber für den Schluss aufbewahren, wenn er weiß, was er in den beiden anderen Teilen geschrieben hat. Das *Selection Matching Statement* geht auf die Anforderungen ein, die in der Stellenanzeige aufgezählt werden. An dieser Stelle lohnt es sich, die betreffende Zeile aus der Anzeige als Überschrift zu wiederholen und darunter in einem Absatz zu beschreiben, warum man dieses Kriterium erfüllt. Stellenanzeigen beschreiben oft den Idealbewerber, der nur in den Wunschträumen eines Arbeitgebers existiert. Wenn Sie wenigstens die ersten drei oder vier Kriterien aus der Stellenanzeige erfüllen, lohnt es sich daher trotzdem, Ihr Glück versuchen.

Im Hinterkopf behalten sollte man dabei, dass es kein standardisiertes Berufsausbildungssystem wie in Europa gibt und somit Arbeitnehmer die unterschiedlichsten Qualifikationen haben können. Daher sind im *Selection Matching Statement* wie auch im Lebenslauf Details zum bisherigen Arbeitsleben sehr wichtig. Der Lebenslauf sollte kein Foto haben, keine Details zu Alter, Geschlecht, Familienstand oder Religion enthalten, da in Australien niemand für diese Eigenschaften diskriminiert werden darf. Zudem sollte der Lebenslauf nach Möglichkeit nicht länger als drei Seiten sein. Falls Sie schon viele Jahre Berufserfahrung haben, versuchen Sie, die letzten fünf Jahre genauer und alles Weitere nur kurz in Einzeilern zu beschreiben.

Australier lesen übrigens am liebsten kurze und klar verständliche Sätze. Außerdem mögen sie keine Superlative, wie man es etwa aus den USA kennt. Sinnvoll ist es zudem, wenn auf jeder Seite Ihrer Bewerbung in der Kopfzeile Ihr Name, Ihre eMailadresse und Ihre Telefonnummer stehen. Außerdem ist eine Nummerierung der Seiten eine gute Idee. Nicht selten liegen nämlich in der Personalabteilung gleich mehrere Bewerbungen auf dem Tisch, die von mehreren Leuten gleichzeitig gelesen werden – da kann es leicht passieren, dass die Blätter nicht beisammen bleiben. Wenn in so einer Situation der Bewerber den einzelnen Blättern nicht mehr zugeordnet werden kann, hat er schnell verloren.

Rufen Sie am besten ein paar Tage, nachdem Sie die Bewerbung zur Post gebracht haben, bei der betreffenden Firma an und erkundigen Sie sich, ob die Bewerbung schon eingegangen ist und ob Sie eventuell sonst noch etwas tun können. Es lohnt sich immer, Interesse an einem Job zu zeigen und sich in Erinnerung zu bringen.

Professionelle Bewerbungsschreiber

Auch wenn Sie schon viel Erfahrung mit Bewerbungen in Europa haben, so ist es trotzdem eine gute Idee, sich beim Aufsetzen einer Bewerbung helfen zu lassen. Für Berufe, für die spezielles Vorwissen oder eine gute Ausbildung Vorbedingung sind, kann ein professioneller Bewerbungsschreiber *(Resume Writing Service)* sehr hilfreich sein. Professionelle Hilfe ist auf jeden Fall empfehlenswert, wenn Sie einen Arbeitsplatz suchen, der im weitesten Sinne mit der Regierung zu tun hat – die sind nämlich immer besonders penibel – sowie für Jobs, die hoch bezahlt werden.

In der Praxis zeigt sich aber, dass man auch einem Profi nicht alles überlassen sollte: Selbst wenn die entsprechende Person stilistisch ein wahrer Könner ist, ist es möglich, dass sie doch nicht weiß, wie die Rechtschreibprüfung ihrer Textverarbeitungssoftware funktioniert. Schauen Sie also lieber selbst noch einmal in die Bewerbung, um Tippfehler und andere Kleinigkeiten auszubessern. Die letztendliche Verantwortung tragen ja in jedem Fall Sie selbst.

Der gute Name

Haben Sie bei Ihren Bewerbungen nicht viel Glück, obwohl Sie der Ansicht sind, alles richtig gemacht zu haben, könnte es möglicherweise an Ihrem Namen liegen. Trotz aller Toleranz gibt es nämlich eine (unbewusste) Tendenz, Bewerber mit britischen und – mit weiterem Abstand – italienisch klingenden Namen zu bevorzugen, da Australien kulturell von britischen und italienischen Auswanderern dominiert wird. Es lohnt daher die Überlegung, ob man sich von Mohammed Özerek lieber in Michael Ozek umtaufen möchte. Auch Hildegard Müller ist weniger einfach »verkaufbar« als etwa Hilde Muller, da Vornamen mit mehr als zwei Silben vielen Australiern einfach zu lang und Umlaute nicht bekannt sind. Wenn Ihre Personalakte später angelegt werden sollte, können Sie immer noch angeben, dass Sie Ihren Namen geändert haben, weil Sie in Australien ein neues Leben anfangen wollen und dazu einen passenden *Aussie*-Namen gewählt haben. Das wird allgemein akzeptiert.

Besonders intolerant mit Hinsicht auf ausländischen Namen in Bewerbungen sollen laut einem Test der TV-Sendung *Today Tonight* Arbeitgeber in Sydney sein, toleranter hingegen die Bosse in Melbourne, während Arbeitgeber in Brisbane im TV-Test insgesamt am besten abgeschnitten haben. Vor allem Bewerber mit Namen, die auf Abstammung aus dem Nahen Osten oder aus asiatischen Ländern hindeuten, haben im TV-Test schlecht abgeschnitten.

Steuersätze in Australien

Einkommen von 1 bis $6.000: Steuerfrei

Einkommen ab $6.001 bis $35.000: 15 Prozent für jeden Dollar über $6.000

Einkommen ab $35.001 bis $80.000: 30 Prozent für jeden Dollar über $35.000

Einkommen ab $80.001 bis $180.000: 38 Prozent für jeden Dollar über $80.000

Einkommen ab $180.001: 45 Prozent für jeden Dollar über $180.000

Zusätzlich wird für die staatliche Krankenversicherung *Medicare* 1,5 % berechnet, sowie weitere 1 %, falls man über $70.000 verdient und keine private Krankenversicherung abgeschlossen hat.

(Zahlen gültig für das Steuerjahr 2009/2010)

Gehälter und Zusatzleistungen

Löhne in Australien sind ein schwieriges Thema, das ganze Bücher füllen kann. Das liegt daran, dass abhängig vom Berufszweig sogenannte *Awards* oder auch *Australian Workplace Agreements* mit Löhnen und Arbeitsbedingungen festgelegt worden sind. Der Mindestlohn *(Federal Minimum Wage)* für Erwachsene über 21 beträgt dabei $14,31 pro Stunde oder $543,78 pro Woche (2009/2010). Ein Zahnpflege-Assistent *(Dental Assistant)* in Queensland verdient laut Tarif $20,30 Grund-Stundenlohn, ein Elektriker *(Electric Fitter)* in New South Wales $16,09.

Eine gute Übersicht über mehr als 400 Berufe finden Sie unter ►*www.fairwork.gov.au*. Viele Arbeitnehmer werden übertariflich bezahlt, vor allem in Branchen, in denen Arbeitskräftemangel herrscht. Für Überstunden werden außerdem Zuschläge berechnet *(Penalty Rates)*, falls nicht im Arbeitsvertrag eine Pauschale für Überstunden festgelegt wurde.

Arbeitnehmer können in Vollzeit *(Full Time)* oder Teilzeit *(Part Time)* beschäftigt werden. Gehälter werden in den meisten Fällen jeweils nach Ablauf von zwei Wochen auf das Bankkonto des Arbeitnehmers überwiesen. So erübrigt sich die Frage nach dem Weihnachtsgeld oder dem »13. Monatsgehalt«, da man für jede Woche voll bezahlt wird. Sollten Sie nach Stunden bezahlt werden, ist es eine gute Idee, regelmäßig zu prüfen, ob alle Stunden und Überstunden abgerechnet werden. Das gilt übrigens auch bei staatlichen Arbeitgebern. Zusätzlich muss der Arbeitgeber einen Aufschlag von mindestens 9 Prozent in die zumeist private Rentenversicherung *(Superannuation Fund)* des Arbeitnehmers zahlen, solange dieser über $450 brutto pro Kalendermonat verdient.

Jugend-Löhne und freie Mitarbeit

Wer als freier Mitarbeiter auf Abruf *(Casual)* eingestellt wird, der bekommt zwar im Vergleich zum Festangestellten zumeist einen höheren Stundenlohn, hat aber keinen Anspruch auf Urlaub oder sonstige bezahlte freie Tage. 9 Prozent Rentenversicherungsbeiträge steht *Casuals* ebenfalls zu, wenn sie die Mindestgrenze von $450 erreichen, aber das wird nicht selten (illegalerweise) ignoriert. Eine Sonderform von *Casual* ist der *Sub Contractor*, der wie ein Scheinselbstständiger ausschließlich für eine Firma arbeitet. Scheinselbstständigkeit wird auch vom australischen Finanzamt nicht gerne gesehen, da dort vermutet wird, dass sich der Arbeitgeber vor den Kosten für die Sozialleistungen drückt.

Für junge Leute unter 21 gibt es *Junior Wages*, die etwa bei der Arbeit in Supermärkten bei unter $10 die Stunde liegen können. Das ist nicht zuletzt der Grund, warum man viele Schüler als *Casuals* in Supermärkten arbeiten sieht. Insgesamt gelten *Junior Rates* auch für festangestellte Arbeitnehmer unter 21 Jahren. Abhängig von der Branche handelt es sich um einen gewissen Prozentsatz vom »Erwachsenen-Lohn«. Hier ein paar Beispiele: Ein 21jähriger Bäcker in Perth verdient als Grundlohn laut Tarif $16,54 pro Stunde, ein 18jähriger Mitarbeiter im selben Job nur 80 Prozent des Erwachsenen-Lohns, also etwa $13,32 pro Stunde.

Arbeitsverträge und KPIs

Neben dem Arbeitsvertrag erhält der Arbeitnehmer manchmal auch auf seinen Posten zugeschnittene *KPIs* oder *Key Performance Indicators*. Im Grunde ist das eine Liste von Zielen, die der Arbeitnehmer erreicht haben sollte, wenn ein bestimmter Zeitraum (etwa ein Jahr) vergangen ist. Abhängig vom Beruf können das ganz unterschiedliche Dinge sein, etwa vierzig neue Kunden für die Firma zu gewinnen, drei neue Produkte zu entwickeln oder auch das Image der Firma zu verbessern. Manche KPIs kann man genau nachmessen – wie die vierzig neuen Kunden – andere hingegen sind nicht so einfach messbar. Ab und zu sollte der Arbeitnehmer auf seine KPIs schauen, um zu prüfen, ob er schon alles erledigt hat und der Zielvereinbarung nahe kommt.

Im Idealfall trifft man sich nach Ablauf der festgelegten Zeit zum Mitarbeitergespräch und unterhält sich darüber, ob und wie gut der Mitarbeiter die Ziele erreicht hat oder was getan werden muss, damit die Ziele erreichbar werden.

Arbeitsuniformen

Australier lieben Arbeitsuniformen. Hierbei kann es sich abhängig vom Umfeld um ein besticktes Poloshirt und kurze Hosen handeln, oder auch um Hemd und feine Wollhosen. Arbeitsuniformen sehen aber nicht nur gut aus, sie lassen sich auch problemlos von der Steuer absetzen, wenn sich ein Firmenlogo auf der Bekleidung befindet. Manchmal werden die Arbeitsuniformen von der Firma gestellt, manchmal muss der Arbeitnehmer die Uniform selbst bezahlen.

In vielen Büro-Jobs trägt man von Montag bis Donnerstag lange Anzughosen und ein Hemd (oder Bluse) mit oftmals auch kurzen Ärmeln, während am Freitag nicht selten Jeans und T-Shirt in Ordnung sind. Das ist dann der »legere Freitag« oder *Casual Friday.*

Urlaubs- und Krankentage

Vollzeitarbeitnehmer erhalten mindestens 20 Tage Urlaub *(Annual Leave).* Die Urlaubstage stehen nicht sofort bei Einstellung zur Verfügung, sondern summieren sich auf dem Arbeitskonto langsam auf. Zusätzlich zum Urlaub gibt es noch einige bezahlte Krankentage *(Sick Leave, Sickies).* Hierbei geht man davon aus, dass der Arbeitnehmer einmal im Jahr für ein paar Tage krank wird. Wer nicht krank geworden ist, der kann in vielen Fällen in Absprache mit dem Chef seine *Sickie*-Tage abfeiern. Und schließlich gibt es noch einen oder zwei freie Tage *Compassionate Leave* für besondere Fälle wie etwa Beerdigungen.

Nicht gern gesehen sind übrigens Mitarbeiter, die am Freitag früher gehen oder am Montag blaumachen. Ganz gleich, ob der Kollege wirklich krank ist oder ob er schon zu viele Stunden in der letzten Woche gearbeitet hat – wenn der Kollege das Wochenende auf Kosten seiner *Mates* verlängern will, macht es einen sehr schlechten Eindruck.

Arbeitslosen- und Kindergeld

Beiträge zur Arbeitslosenversicherung, die automatisch vom Lohn abgezogen werden, sind in Australien unbekannt, allerdings kann man freiwillig eine private Versicherung abschließen. Arbeitslose können Beihilfen vom *Centrelink* (eine Art Sozialamt) beantragen. *Centrelink* ist sehr genau, wenn es um das Auszahlen von Arbeitslosengeldern geht, und droht allen, die unrechtmäßig Gelder beantragen, mit Geld- und Gefängnisstrafen.

Arbeitslosengeld können *Permanent Residents* erst beantragen, wenn sie zwei Jahre im Lande gelebt haben. Das soll laut Volksmund daran liegen, dass vor einigen Jahren eine nicht unerheblich Anzahl von Neuseeländern zum Schein nach Australien gezogen ist, um sofort Arbeitslosengeld zu kassieren. Das wurde der Regierung irgendwann zu teuer. Kindergeld zahlt *Centrelink* übrigens ebenfalls aus. Dieses können *Permanent Residents* sofort nach Einreise beantragen.

Zinserträge – auch ein Einkommen

Wer sein Erspartes auf die Bank bringt, damit es gewinnbringend verzinst wird, bekommt keinen Freibetrag vom Finanzamt. Zinsen sieht die Regierung als ein Einkommen, das zusammen mit dem Gehalt und zum gleichen Zinssatz versteuert werden muss. Die Banken melden alle Zinserträge automatisch ans Finanzamt. Bei der Steuererklärung mit der kostenlosen *e-tax* Software kann man die verdienten Zinsen automatisch aus dem Internet herunterladen. Dem Finanzamt entgeht also nichts.

Steuererklärung

Das Finanzjahr beginnt am 1. Juli und endet am 30. Juni des nächsten Jahres. Für Selbstständige ist eine Steuererklärung Pflicht, für alle anderen ist sie lohnenswert, da zumeist eine Steuerrückzahlung zu erwarten ist*. Die Steuererklärung wird zum 31. Oktober eines Jahres fällig. Geht man zum Steuerberater *(Tax Agent* oder *Accountant)*, kann die Frist verlängert werden.

Um eine Steuererklärung auszufüllen zu können, ist es wichtig, dass Sie eine Steuernummer *(Tax File Number, TFN)* haben, damit Ihre Person zugeordnet werden kann. Außerdem sollten Sie Ihre Lohnabrechnung zur Hand haben sowie Quittungen für alle beruflichen Ausgaben, für Arztkosten und eventuell für Ausgaben, die Sie für Ihre Kinder gemacht haben.

* Auch in Australien kann man die unterschiedlichsten beruflichen Ausgaben von der Steuer absetzen, ebenso wie Arztkosten oder Fortbildungskosten, wenn sie einen bestimmten Grundbetrag überschreiten. Mehr Informationen dazu erhalten Sie von Ihrem Steuerberater.

Die Steuererklärung können Sie selbst in die Papierformulare eintragen, die Sie kostenlos in den Zeitungsläden *(Newsagents)* erhalten. Einfacher und praktischer ist die Steuererklärung hingegen per Software. Auf der Webseite des Finanzamts (▶ *www.ato.gov.au*) können Sie die kostenlose Software *e-tax* herunterladen, die Sie durch alle Schritte der Steuererklärung führt. Wenn Ihnen das zu umständlich ist, können Sie die Arbeit auch einem Steuerberater übergeben, der für die Steuererklärung eines Arbeitnehmers zumeist unter $100 berechnet. Selbstständige zahlen da schon etwas mehr. Zwischen Juli und Oktober sind *Tax Agents* übrigens sehr einfach zu finden: Entweder sie werben mit großen Schildern direkt an ihren Büros oder sie setzen gleich ihren Schreibtisch mitten in die Gänge eines Einkaufszentrums.

Wie man sich die Freundschaft der Kollegen erhält

Arbeiten in Australien ist in den meisten Branchen eher entspannt. Man macht, was man machen muss, kommt ja nicht auf die Idee, seine Kollegen zu überflügeln und freut sich auf den Feierabend. Wenn Sie neu in einem Job sind, schauen Sie sich am besten einmal an, was Ihre Kollegen an einem Arbeitstag so schaffen und passen Sie sich an die Geschwindigkeit an. Oft kommt es vor, dass man Arbeitsvorgänge vielleicht als völlig altmodisch oder sinnlos empfindet, weil das in Deutschland, Österreich oder der Schweiz schon viel besser gelöst wurde. Selbst wenn diese Verbesserung den Kollegen Arbeit ersparen sollte – sagen Sie lieber erst einmal nichts, bis Ihre *Mates* Sie besser kennengelernt haben.

Vielen Leuten ist es nämlich nicht sehr wichtig, was effektiv auf der Arbeit passiert, sie arbeiten eher nur mit halber Kraft und sind nicht allzu konzentriert. Sehr fleißige Mitarbeiter, die ein Vorbild für ihre Kollegen sind, die ständig neue Ideen haben und vielleicht noch die Arbeitsabläufe in der Firma erheblich verbessern, werden möglicherweise vom Chef gerne gesehen, aber nicht immer von den Kollegen. Und mit denen muss man sich zu arrangieren wissen.

Eine gute Idee ist daher, manchmal einfach nur »Dienst nach Vorschrift« zu machen. Sollte es wirklich schlimm werden, kann man sich immer noch einen anderen Job suchen – das machen Australier in so einem Fall nämlich auch.

Bei der Farmarbeit kann die Situation ganz anders aussehen: Hier hat der Farmer ein persönliches Interesse daran, dass die Arbeit fertig wird, was sich in einer wesentlichen Steigerung des Arbeitstempos und Engagements im Vergleich zu einem typischen Büroangestellten niederschlägt.

Geschichten aus dem Arbeitsleben: Der Geburtstagskuchen

In Georgs Firma ist es üblich (aber kein Muss), dass jeder an seinem Geburtstag einen Kuchen für sich und die Kollegen mitbringt. Weil er vorher schon an anderen Geburtstagspartys in der Firma teilgenommen hat, will Georg das nun ebenso machen. Anstatt wie die Kollegen vor ihm einen Fünf-Dollar-Kuchen von *Woolworths* mitzubringen, hat Georg eine leckere Schokotorte extra vom Bäcker bestellt, weil er seinen Kollegen eine Freude machen will. »Die Torte von *Woolies* ist ja einfach nur geschmacklos«, sagt er, als er für die Kollegen seine Torte anschneidet.

In der Tat sind die Kollegen gar nicht begeistert. Sie finden den Kuchen zwar lecker, befürchten aber, dass Georg die Messlatte zu hoch gehängt hat und nun jeder einen teuren Kuchen kaufen muss. Und dass er die Torte von *Woolies*, für die alle bisher ihr Geld ausgegeben haben, beleidigt hat, finden sie auch nicht gut. Insgesamt ist die Stimmung an Georgs Geburtstag trotz des leckeren Kuchens eher gedrückt.

Beim nächsten Mal nimmt sich Georg daher vor, kauft er doch lieber wieder den Fünf-Dollar-Kuchen. Auch wenn er eigentlich keinem schmeckt.

Spitznamen unter Freunden und Kollegen

Es ist nicht ungewöhnlich, dass man auf dem Arbeitsplatz oder im Freundeskreis zusätzliche Spitznamen erhält, die abhängig von der Situation und dem Geschlecht der Person sind. So kann Robert bei männlichen Arbeitskollegen je nach Situation *Robbo* oder *Aussie Bob* heißen, bei den Kolleginnen aber *Robby*, und bei den Freunden daheim *Bob the Builder*. Das Beste an der Sache ist aber, dass man »dazugehört«, sobald man einen Spitznamen bekommen hat. Das ist also kein Grund zum Aufregen, sondern zur Freude!

Checkliste: 6 Tipps für Bewerbung und Arbeitsleben

1. Arbeitssuche aus dem Ausland hat nur dann Sinn, wenn Sie auf australische Familie oder Freunde zählen können, die Empfehlungen für Sie aussprechen können (»Vitamin B«).
2. Überlegen Sie, ob es in Ihrem Beruf sinnvoll sein könnte, eine professionelle Jobagentur oder einen Bewerbungsschreiber *(Resume Writing Service)* einzuschalten.
3. In Gastronomie und Handel oder bei Nebenjobs lohnt es sich möglicherweise, die infrage kommende Firma direkt mit dem Lebenslauf in der Hand zu besuchen.
4. Manchmal ist es hilfreich, den eigenen Namen für die Bewerbung an den australischen Sprachgebrauch anzupassen.
5. Versuchen Sie nach Möglichkeit nicht, die Kollegen zu überflügeln oder Arbeitsvorgänge zu optimieren. Lassen Sie es ruhig angehen und gewöhnen Sie sich erst einmal an den *Aussie Lifestyle*.
6. Wenn Sie einen Spitznamen von den Kollegen erhalten, ist dies ein Grund zur Freude: Sie werden akzeptiert und gehören dazu!

Kapitel 16

Freiberuflichkeit und Firmengründung

In Australien ist es einfach, sich selbstständig zu machen: Der Firmengründer geht in die örtliche Registrierungsstelle und beantragt eine kostenlose *ABN (Australian Business Number)* – schon hat er in seinem eigenen Namen einen Gewerbebetrieb eröffnet. Der Teufel steckt aber – wie so oft – im Detail. Viele Berufe, für die in Deutschland eine lange Ausbildung verlangt wird, sind in Australien frei zugänglich, während andere, scheinbar »unkomplizierte« Berufe für Europäer nur mit vielen Behördengängen oder nur nach einer erneuten Ausbildung zu erreichen sind.

Aktuelle Infos für Firmengründer direkt von der Regierung gibt es auf der Webseite ►*www.business.gov.au*. Hier erfahren Sie auch mehr zu den Berufen, die eine Registrierung oder andere Formalitäten verlangen.

Das Finanzamt *(Australian Taxation Office, ATO)* unterscheidet nicht zwischen Freiberuflern oder Selbstständigen. Entweder man ist Arbeitnehmer oder man arbeitet für sich selbst und ist damit *self-employed* oder ein *Small Business Owner*. Eine Pflicht, der selbstständigen Tätigkeit tatsächlich nachzugehen, gibt es nicht. Allerdings verpflichtet sich der Besitzer einer ABN, jährlich eine Steuererklärung einzureichen.

Gerade in kleineren und mittelständischen Betrieben *(Small Businesses)* sind Frauen häufiger in der Geschäftsleitung vertreten als aus Europa gewohnt. Frauen können gut organisieren und gut den Überblick behalten, wenn viele Dinge auf einmal beaufsichtigt werden müssen, daher ist es nicht ungewöhnlich, wenn es sich bei dem *General Manager* oder *Director* einer mittelständischen Firma um eine Frau handelt. Es herrscht ein gutes Klima für Firmengründerinnen in Australien.

Die Regierung unterstützt Firmengründer mit Seminaren zum Selbstkostenpreis sowie mit *Networking*-Veranstaltungen, die Selbstständigen auf die Beine helfen sollen. Weitere Informationen zu diesen Seminaren erhalten Sie bei der Anmeldung Ihrer *ABN* im Regierungsbüro. Auch wenn Sie vielleicht $35 für eine Veranstaltung bezahlen müssen – die

Seminare sind sehr lehrreich und helfen zudem, andere Menschen, die gerade in derselben Situation wie Sie sind, kennenzulernen.

Anmeldung von *ABN* und Firmenname

Eine *Australian Business Number* oder *ABN* kann jeder beantragen, der über 18 Jahre alt ist und als *Permanent Resident* in Australien lebt. Die Anmeldung findet im örtlichen Regierungsbüro statt, das nach jeder Landtagswahl umbenannt wird. In Queensland heißt das Büro etwa seit 2008 *Department of Employment, Economic Development and Innovation*, oder kurz *DEEDI* (vormals *DTRDI*). Bei Bedarf lohnt es sich, bei der Stadtverwaltung *(City Council)* anzurufen und zu fragen, welches Büro für die Registrierung einer *ABN* zuständig ist, oder auf der Webseite ► *www.business.gov.au* nachzuschauen.

Ein zusätzlicher Firmenname muss nur dann angemeldet werden *(Business Name Registration)*, wenn man nicht unter eigenem Namen arbeitet oder wenn man einen Zusatz zum eigenen Namen hinzufügen möchte, wie etwa bei »Erich Mueller Electrical«. Im Gegensatz zu Deutschland kann auch ein Einzelunternehmer *(Sole Trader)* einen beeindruckenden Firmennamen wie »Universal Enterprises« für sich beanspruchen, soweit der Name nicht vorher schon von der Konkurrenz weggeschnappt wurde. Die Registrierung eines Firmennamens kostet etwa $250 für drei Jahre. Sie ist nicht gleichbedeutend mit einer Markeneintragung *(Trade Mark)*, welche den Namen ähnlich wie ein Patent für Sie schützt.

Nur der Besitzer eines registrierten Firmennamens kann für seine Webseite zusätzlich eine ähnlich lautende australische Domainadresse wie ► *www.meinname.com.au* beantragen*.

Company – die australische Variante zur GmbH

Die *Company* ist mit der deutschen GmbH zu vergleichen und wird nicht nur aufgrund der Haftungsbeschränkung auf das Einlagekapital,

* Domains nur mit der Endung ».au« gibt es nicht, außerdem können Privatleute keine ».com.au« Domain anmelden. Selbstverständlich kann in Australien aber jeder eine Domain registrieren, die z. B. auf ».com« endet.

sondern auch wegen der Steuererleichterungen geschätzt. Eine *Company* erhält eine eigene Steuernummer *(Australian Company Number, ACN)*, der Firmenname muss registriert werden und endet bei einer Company auf Pty Ltd *(Proprietary Limited)*.

Eine *Company* zahlt unabhängig von den Einnahmen grundsätzlich 30 Prozent Steuern. Die Gehälter aller Angestellten – und dazu gehört auch der Firmengründer *(Director)* – werden zu den üblichen Sätzen versteuert. Es ist möglich, als Einzelperson eine Company zu gründen, alleiniger Besitzer aller Anteile sowie alleiniger Arbeitnehmer zu sein. In diesem Fall müssen zum Ende des Finanzjahres trotzdem zwei Steuererklärungen erstellt werden: eine für die *Company* und eine für den einzigen Angestellten. Um eine *Company* zu gründen, sollten Sie zu einem Steuerberater gehen, der Ihnen für die notwendigen Papiere etwa $900 bis $1.500 berechnen wird.

Anerkennung von Ausbildungen aus dem Ausland

Bevor ein Einwanderungsvisum ausgestellt wird, muss der Antragsteller nachweisen, dass er einen Beruf erlernt hat, der in Australien gebraucht wird. Damit bekommt er aber nicht gleichzeitig die Erlaubnis, diesen Beruf auch als auszuüben (!). Elektriker hingegen müssen z. B. fast immer Seminare in einem TAFE-College belegen und den Beruf »auf Australisch« neu erlernen. Wer sich als Ingenieur selbstständig machen will, muss sich möglicherweise (beispielsweise in Queensland) erst einmal registrieren lassen, bevor er australischen Firmen seine Dienste anbieten kann.

Eine gute Idee ist es daher, schon frühzeitig im Internet zu recherchieren, ob sich die Anerkennung Ihrer Vorkenntnisse vor Ort als problematisch herausstellen könnte (Links zu den zuständigen Behörden finden Sie im Anhang). Falls ja, sollten Sie nach Möglichkeit direkt nach der Einreise die ersten Schritte für die Anerkennung Ihres Berufs oder für entsprechende Fortbildungen einleiten, um übermäßig lange Wartezeiten und eventuell eine längere Arbeitslosigkeit zu vermeiden.

Abhängig vom gewählten Beruf ist es Pflicht, einer Berufsvereinigung beizutreten. Das gilt etwa für Ingenieure und Ärzte. Zusätzlich ist in manchen Berufen eine Haftpflicht-Versicherung – die *Public Liability Insurance* – zwingend notwendig. Die Beiträge können sich, abhängig vom angenommenen Risiko, auf $1.200 pro Jahr beschränken, bei Elektrikern hingegen liegen sie bei $4.000 und mehr pro Jahr.

An dieser Stelle lohnt sich vielleicht die Überlegung, in eine andere Fachrichtung mit weniger Restriktionen zu wechseln.

Umsatzsteuer und Einkommenssteuer

Das Steuerjahr beginnt am 1. Juli und endet am 30. Juni. Die Steuererklärung muss zum 31. Oktober eingereicht werden, falls man die Papiere nicht zu einem Steuerberater gibt. Die Anmeldung für die Umsatzsteuer *GST (General Sales Tax)* ist freiwillig, solange der Umsatz unter $75.000 bleibt. Trotzdem lohnt sich auch für Kleinstbetriebe *(Micro Businesses)* die GST-Anmeldung, um die Glaubwürdigkeit des Betriebs zu steigern und um die Mehrwertsteuer für die zu Anfang zu erwartenden Ausgaben erstattet zu bekommen.

Abhängig vom zu erwartenden Umsatz zahlen kleine Betriebe zu Anfang nur Einkommensteuer mit der Steuererklärung zum Ende des Geschäftsjahres. Zumeist werden allerdings schon nach dem ersten Jahr vierteljährliche Steuervorauszahlungen *(Pay as You Go, PAYG)* erwartet.

Vorsicht bei Pyramiden-Geschäften

In Australien gibt es diverse private »Fortbildungs-Vereine« für Leute, die sich selbstständig machen möchten. Da die Meinungen über diese Vereine geteilt sind, lohnt es sich, ein wenig mehr darüber zu wissen. Denn irgendwann werden Sie sicher einmal darauf angesprochen, ob Sie Interesse an einem interessanten neuen Business haben – vielleicht sogar von guten Freunden.

So mancher Verein bietet Seminare an, die Selbstständigen helfen sollen, beruflich und persönlich voranzukommen. Bei der Gelegenheit wird dann meist ein tolles System vorgestellt, das beweisen soll, dass es für den Endkunden am besten und am günstigsten ist, wenn dieser direkt vom Erzeuger seine Waren kauft – ohne lange Umwege über Zwischenhändler. In der Praxis kommen die angebotenen Produkte aber doch nicht direkt vom Erzeuger, sondern von einem Großhändler, der seine Produkte selbst anderswo einkauft. Die Mitglieder diesen Vereinigungen können Produkte ihrer Wahl aus dem Gesamtprogramm verkaufen und sollen andere Mitglieder anwerben. Als Belohnung verdienen sie über ein Pyramidenschema an den Verkäufen der Angeworbenen mit. Kein Wunder also, wenn viele der Produkte *nicht* billig sind.

Letztendlich gibt es auch einfach nur Leute, die die Seminare besuchen, weil diese unterhaltsam und lehrreich sind und mit oft bekannten Sprechern zu Punkten versuchen. Zudem können Firmengründer auf den Seminaren andere Leute kennenlernen, die auf einem ähnlichen Weg in die Selbstständigkeit sind wie sie selbst. Was man jedoch immer im Hinterkopf behalten sollte, ist, dass man trotz aller Beteuerungen dieser Firmen mit diesem System einfach nicht reich werden kann. Die Einzigen, die daran bestens verdienen, sind die Veranstalter selbst.

Freiberuflichkeit und Firmengründung – zusammengefasst

- Wer sich selbstständig machen möchte, benötigt eine kostenlose *ABN (Australian Business Number).*
- Es gibt keinen Unterschied zwischen Freiberuflern und Selbstständigen – alles läuft unter dem Stichwort *Small Business.*
- Ein Selbstständiger verpflichtet sich, jährlich eine Steuererklärung abzugeben.
- Eine Anmeldung für die Umsatzsteuer *(GST)* ist zwingend notwendig ab $75.000 Jahresumsatz.
- Einkommenssteuern *(PAYG)* werden zumeist vierteljährlich im Voraus bezahlt.
- Auch Einzelunternehmer haben freie Wahl beim Namen ihres Betriebes *(Business Name)*, solange der Name nicht geschützt oder schon anderweitig vergeben ist.
- Die australische Variante zur GmbH ist die *Company*. Diese kann von einer einzelnen Person gegründet werden.
- Einige Berufe werden ohne zusätzliche australische Aus- oder Fortbildung nicht anerkannt.
- Für manche Berufe ist die Mitgliedschaft in einer Berufsvereinigung sowie eine Berufshaftpflichtversicherung zwingend notwendig.

Kapitel 17

Studieren

Ein typisches Studium an einer australischen Universität dauert drei oder vier Jahre und endet mit einem *Bachelor* Abschluss. Studenten mit guten Noten können hier noch ein Jahr drauflegen und bei einer speziellen Abschlussarbeit den *Bachelor with Honours* erreichen, oder alternativ einen MBA (*Master of Business Administration*) anschließen.

Die Studiengebühren richten sich nach den gewählten Studienfächern und liegen zumeist zwischen $15.000 bis $22.000 pro Jahr. Ein Englischkurs an einer Uni oder einem TAFE-College kann für $250 bis $350 pro Woche belegt werden. Stipendien für Ausländer oder Preisnachlässe bei Studiengebühren werden nicht angeboten – es sei denn, der Student ist Australier oder mindestens *Permanent Resident**. Prinzipiell ist es nicht vorgesehen, dass ausländische Studenten Preisnachlässe erhalten, allerdings ist es nicht verboten, sein Glück beim Feilschen zu versuchen.

Auslandsstudium – sieben Alternativen für Studenten mit und ohne Abitur

Wer ein Jahr für ein Auslandsstudium zur Verfügung hat, der hat folgende Möglichkeiten zur Auswahl:

- **Für Schulabgänger:** Englischkurse an einer akkreditierten Sprachschule.
- **Für Schulabgänger ab Klasse 10 oder 12:** Berufsausbildung oder Englischkurs an einem TAFE College. Je nach Studiengang können Seminare für ein späteres Universitätsstudium angerechnet werden. Auch Kurse unter einem Jahr möglich.
- **Für Abiturienten und Studienanfänger:** einjähriges Studium mit *Diploma*-Abschluss.

* Ausländer müssen mehr bezahlen, weil ihr Studienplatz nicht von der australischen Regierung subventioniert wird.

- **Für Abiturienten und Studienanfänger:** An einer Uni können Studenten studienvorbereitende Englischkurse belegen, etwa im Rahmen des ELICOS-Programms *(English Language Intensive Courses for Overseas Students)*.
- **Für fortgeschrittene Studenten:** Studium im gewählten Fachbereich als *Undergraduate* (Student im Grundstudium bzw. noch ohne Bachelor Abschluss), zumeist ohne Abschluss. Falls ein *Bachelor*-Abschluss gewünscht wird, müssen entsprechende Vorkenntnisse nachgewiesen werden.
- **Für Studenten mit abgeschlossenem Hauptstudium oder *Bachelor* Abschluss:** Zusatzstudium zum *MBA (Master of Business Administration)*. Schwerpunkt ist Betriebswirtschaftslehre.
- **Für Studenten mit abgeschlossenem Hauptstudium oder *Bachelor* Abschluss:** *Master Degree* oder andere postgraduierten Kurse *(Postgraduate Courses)*. Die Einstiegskriterien sind recht unterschiedlich und abhängig vom Studienbereich und der gewählten Universität, es lohnt daher der Vergleich. Die Kosten sind wesentlich höher als im *Undergraduate* Bereich und belaufen sich auf $2.000 bis $2.500 pro Kurs.

Zusätzlich ist es selbstverständlich kein Problem, einfach nur ein Semester ohne einen bestimmten Abschluss an einer australischen Uni zu verbringen.

Studienjahr und Bewerbungsfristen

Das Studienjahr an einer Universität läuft jeweils von Mitte Februar bis Ende November, Bewerbungen werden zumeist zwischen Anfang Juli und Ende September angenommen. Manche Kurse können auch zu Beginn des Wintersemesters ab Ende Juli / Anfang August belegt werden. Hier läuft die Bewerbungsphase etwa von März bis Mai. Je nach Studienbereich können Bewerbungen auch kurzfristig bearbeitet werden.

An einem *TAFE College* läuft das Studienjahr von Februar bis Dezember, Bewerbungen sind oft noch kurzfristig möglich.

Vollzeitstudium an einer Universität

Um als *Fulltime Student* klassifiziert zu werden, muss man mindestens drei Kurse pro Semester belegen. Internationale Studenten müssen mindestens vier Kurse pro Semester oder acht Kurse im Jahr erfolgreich absolvieren – das Nichtbestehen eines Kurses hat den Entzug des Studentenvisums zur Folge.

Die typische Kursstruktur an den Universitäten besteht aus zwei Stunden Vorlesung *(Lecture)* pro Woche und eine Stunde *Tutorial* (Seminar mit aktiver Beteiligung des Studenten) in kleineren Klassen. Abhängig vom Studiengang kommen hier noch zusätzliche Praktika-Stunden hinzu, welche etwa im Sprachlabor, Computerraum, im Labor oder auch im normalen Klassenzimmer abgehalten werden. Für internationale Studenten ist die Teilnahme verbindlich, versäumte Stunden müssen mit Zustimmung der Kursleiter nachgearbeitet werden. Zusätzlich gibt es Gruppenarbeiten, Studium von zu Hause, Nachbearbeitung und Vorbereitung des Unterrichtsmaterials. Insgesamt sollte der Student mit 40 Stunden Arbeitsaufwand pro Woche rechnen.

Die Bewertung eines Kurses stellt sich meistens aus verschiedenen Elementen zusammen. Die Abschluss-Klausur fließt etwa zu 40-60 Prozent in die Gesamtnote ein. Hinzu kommen Essays, Gruppenarbeiten, Tests, Zwischenexamen oder auch die eigene Erarbeitung eines *Projects*. In einigen wenigen Kursen reicht auch die reine Anwesenheit aus, um den Kurs zu bestehen.

Welche Uni passt zu mir?

Ein Auslandsstudium bietet sich vor allem für Studenten nach dem zweiten Studienjahr oder nach der Zwischenprüfung an. So muss man sich nicht mehr mit Anfängerkursen herumschlagen und kann gleich die interessanten Fächer belegen. Haben Sie sich entschieden, was Sie in Australien machen möchten, geht es weiter an die Auswahl der Universität. Hier sollten Sie die Lage (dazu gehört auch der »Urlaubswert«), den Ruf der Institution sowie die Kosten gegeneinander abwiegen. Dabei lohnt es sich, schon früh Erkundigungen zum Thema

Auslands-BAföG einzuholen, selbst wenn Sie in Deutschland keines erhalten sollten*.

Bei der Wahl der passenden Uni sollten Sie bedenken, dass Großstadt-Unis, wie etwa in Sydney und Melbourne, ein interessanteres Umfeld mit Hinsicht auf Kultur, Restaurants und Shopping bieten, dafür gehören die Lebenshaltungskosten zu den höchsten im Lande. Universitäten im ländlichen Raum oder im Norden des Kontinents hingegen bieten zwar vergleichsweise wenig Kultur, dafür aber oft mehr Natur, angenehmere Temperaturen im Winter (Juni bis September) sowie günstigere Miet- und Lebenshaltungskosten.

Bewerbung direkt bei der gewünschten Universität

Nachdem Sie sich für eine oder mehrere Unis entschieden haben, muss sich die Universität auch für Sie entscheiden. Zu einer Bewerbung gehören neben der Bewerbungsgebühr unter anderem auch Übersetzungen von allen bisherigen Uni-Zeugnissen sowie fast immer ein IELTS Englisch-Test, der nachweist, dass man dem Unterricht folgen kann. Abhängig von der Universität und dem gewünschten Fach sind die Ansprüche unterschiedlich hoch. Manchmal genügt schon ein Englisch-Leistungskurs mit guten Noten im Abitur.

Wollen Sie an einem ELICOS-Englischkurs teilnehmen, ist die Bewerbung einfacher, da es hier direkt um das Englischlernen geht und daher auch Studenten mit schwachen Englischkenntnissen angenommen werden.

Die meisten Universitäten sind sehr an internationalen Studenten interessiert und bieten Bewerbern oftmals ein separates Studentenzentrum mit Personal, welches auf die Bedürfnisse der Auslandsstudenten eingeht und Hilfestellung zu vielen typischen Fragen bietet. Auslandsstudenten erbringen ein nicht unwesentliches zusätzliches Einkommen und bilden das Prestige der Universität im internationalen Bildungsmarkt. Die Chancen stehen also gut, einen Studienplatz zu bekom-

* Zuständig für Auslands-Bafög Australien ist das Studentenwerk in Marburg. Die Internetadresse ist:
www.studentenwerk-marburg.de/de/finanzierung/auslandsfoerderung

men, wenn Sie nachweisen können, dass Sie die benötigten Vorkenntnisse haben und die Studiengebühren bezahlen können.

Bewerbung für das Studenten-Visum

Sein Visum kann der zukünftige Student erst dann beantragen, wenn er einen Einladungsbrief *(Letter of Offer)* von einer Universität, TAFE oder einer akkreditierten Sprachschule vorweisen kann. Falls noch das eine oder andere nachgereicht werden muss – wie etwa das Ergebnis des Englischtests –, bekommt man vorerst einen *Letter of Conditional Offer.*

Für das Studentenvisum ist es notwendig, als Vollzeit-Student *(Full-time Student)* eingeschrieben zu sein. Zudem müssen Sie die Studiengebühren möglicherweise für ein Semester im Voraus bezahlen, bevor Sie das Visum beantragen können. Die Beantragung verläuft unkompliziert und schnell über die Webseite der Einwanderungsbehörde. Dazu benötigt man die Kennnummer seines *Letter of Offer* sowie seine Reisepass-Nummer und eine Kreditkarte für die Visagebühr. Das Studentenvisum wird meistens innerhalb von einem Werktag per eMail verschickt.

Studium als »Eintrittskarte« für Australien?

Glaubt man den Gerüchten, so bekommen Studenten mit einem abgeschlossenen Studium in Australien im Handumdrehen ein Einwanderungsvisum und können als *Permanent Resident* direkt im Land bleiben und sich für einen Job bewerben.

Dies ist allerdings so nicht richtig. Abhängig vom Studiengang, der Länge des Studiums und des dabei erworbenen Abschlusses kann die Bewerbung für ein Einwanderungsvisum in der Tat für manche Studenten einfacher sein als für andere. Allerdings gilt es hier viele Ausnahmen und Sonderregelungen zu beachten, die sich möglicherweise auch noch während des Studiums zu Ungunsten des Studenten entwickeln können.

Falls es Ihnen wichtig ist, sich nach dem Studium direkt für ein Arbeitsvisum zu bewerben, ist es daher eine gute Idee, sich schon frühzeitig bei einem professionellen Einwanderberater *(Migration Agent)* eingehend zu informieren oder nach einer Arbeitsstelle mit *Sponsorship*-Angebot zu schauen.

Ankunft in Australien und Start des Studiums

Manche Universitäten bieten gegen Aufpreis einen Abholdienst vom Flughafen an. Wenn Sie selbstständig veranlagt sind, genügt es in den meisten Fällen, einfach ein Taxi zu bestellen oder in den Shuttlebus zu steigen. Wenn Sie nicht ins Studentenwohnheim ziehen wollen, bietet es sich an, zu Beginn ein *Hostel* oder Hotel zu buchen, bis Sie eine Bleibe gefunden haben.

Die *Orientation Week* oder das *Orientation Programme* beginnt eine Woche vor Semesterbeginn. Hier erfahren neue Studenten, wie sie sich auf dem Campus und in der Bücherei zurechtfinden, wie sie eine Wohnung oder ein Zimmer finden und was sonst noch wichtig ist für ihr neues Leben als Student in Australien. Auch erste hilfreiche Kontakte zu Lehrern und Mitstudenten können geknüpft werden. Einige Universitäten bieten den Studienanfängern in der Orientierungswoche die Wahl eines Mentors an. Dieser Mentor ist meist ein Student aus dem zweiten Jahr des gleichen Studienganges, der per eMail erreichbar ist und Fragen beantwortet. Dies erleichtert das Einleben ins Studentenleben und hilft, Hemmschwellen für so manche »dumme Frage« zu überwinden, die sicher hier und da einmal auftauchen wird.

TAFE Colleges, die Alternative zur Universität

Das Kürzel TAFE steht für *Technical And Further Education* und bezeichnet ein Schulsystem für Erwachsene, das abhängig vom gewählten Kurs einer Volkshochschule, einer Berufsschule oder auch einer Fachhochschule nahe kommt. TAFE Colleges finden sich nicht nur in den Hauptstädten, sondern auch in vielen ländlichen Regionen des Kontinents.

Die TAFE Queensland unterrichtet beispielsweise jährlich etwa 7.500 ausländische Studenten an 80 Colleges. Die größten TAFE-Campusse in Queensland befinden sich in Brisbane, Toowoomba, Hervey Bay, Townsville und Cairns. In New South Wales gibt es mehrere TAFE-Colleges in Sydney sowie entlang der Küste, wie etwa Coffs Harbour, Port Macquarie und in der Weinregion Hunter Valley.

Kurse und Abschlüsse am TAFE College

Ein wichtiger Vorteil der *TAFE Colleges* (kurz *TAFE)* ist, dass Seminare wie traditioneller Schulunterricht ablaufen, was vor allen denjenigen hilft, die wissen, dass sie ein wenig Lerndisziplin brauchen. Noch besser ist allerdings, dass Ausbildungen an der *TAFE* zumeist günstiger sind als an einer Universität und dass erworbene Kenntnisse und Fähigkeiten sofort im Beruf angewendet werden können. Auf diese Weise kann man mit wenig Aufwand an eine Ausbildung kommen, die bei australischen Arbeitgebern anerkannt ist. Der praxisbezogene Studienablauf unterstützt zudem nicht selten die Kontaktbildung zu zukünftigen Arbeitgebern bzw. Visa-Sponsoren.

Abhängig von der Spezialisierung dauern Studiengänge von einem Semester bis zu zwei Jahren. Das Studienjahr beginnt Anfang Februar, manche Studiengänge können auch ab Juli belegt werden. Einige Studiengänge erlauben es, an einer *TAFE* das Studium zu beginnen und bis zum *Diploma* zu studieren. An der Universität können die für das *Diploma* belegten Kurse für das weitere Studium angerechnet werden. Das *Diploma* ist übrigens nicht vergleichbar mit dem deutschen Diplom, sondern eher mit einem abgeschlossenen Grundstudium.

Zu den an der *TAFE* angebotenen Berufsausbildungen gehören etwa Altenpflege *(Aged Care)*, Betriebswirtschaft *(Business Administration)*, kommerzielles Kochen *(Commercial Cookery)* oder Krankenpfleger *(Diploma of Nursing)*. Abhängig von der Länge der Ausbildung liegen die Preise für internationale Studenten zwischen etwa \$4.000 bis \$17.000 für die gesamte Ausbildung.

Wer seine Englischkenntnisse verbessern möchte, der kann Kurse in *General English* oder *English for Academic Purposes* belegen. Ein zwölfwöchiger Kurs kostet etwa \$3.600.

Der Wert von *Certificates* und *Diplomas*

Die *Certificates* bezeichnen die verschiedenen Ebenen der Erwachsenenbildung in Australien. *Certificate I* und *II* behandeln zumeist nur die Grundlagen eines Berufes, während *Certificate III* und *IV* vergleichbar sind mit einer vollständigen Berufsausbildung, die auch ohne praktische Arbeit in einer Firma anerkannt wird.

Wer ein Fach bis zum *Diploma* belegt, der hat schon ein »kleines Studium« absolviert, das aber im Wert noch unter einem *Bachelor* liegt. Studenten, die ein *Certificate IV* besitzen, können bei einem Universitätsstudium je nach Fachrichtung die ersten 6-12 Monate überspringen, Studenten mit *Diploma* oft sogar ein bis zwei Jahre.

Voraussetzungen für TAFE-Bewerber

Voraussetzung für ein Studium an einer *TAFE* ist ein Schulabschluss Klasse 10 für Studiengänge mit den Abschlüssen *Certificate I, II und III*. Wer auf ein *Certificate IV* oder ein *Diploma* studiert, der muss 12 Jahre Schule nachweisen können.

Benötigen Sie ein Studentenvisum, müssen Sie für die meisten Studiengänge im IELTS-Englischtest 5.5 Punkte vorweisen können und kein Teilergebnis darf unter 5.0 liegen – das ist weniger als bei den meisten Universitäten. Für manche Fächer, wie etwa Krankenpflege *(Nursing)* müssen 6.0 Punkte, manchmal sogar 6.5 Punkte erreicht werden. Außerdem müssen Studenten mindestens 20 Stunden Unterricht pro Woche belegen.

Gebührenerlass für *Permanent Residents*

Wenn Sie bereits ein Einwanderer-Visum haben und als *Permanent Resident* eingestuft sind, wird normalerweise nicht mehr nach einem Englischtest gefragt. Sie müssen dann weder an der Universität noch am *TAFE College* die Kosten zahlen, die für ausländische Studenten anfallen, sondern kommen in den Genuss der Preise für Einheimische. Eine Ausbildung zum Krankenpfleger an einem *TAFE College* kostet für *Permanent Resident* beispielsweise $3.700 statt $17.000.

Außerdem müssen *Permanent Residents* eventuell bei der Bewerbung an einer Universität anders vorgehen und sich bei einer zentralen Studienvermittlungsstelle (wie etwa *QTAC* in Queensland) anmelden. An einem *TAFE College* hingegen können sich alle Studenten direkt anmelden.

Wenn seit Ihrer ersten Einreise als *Permanent Resident* mehr als zwei Jahre verstrichen sind, besteht in finanziellen Notfällen die Möglichkeit, *Youth Allowance* für Studenten unter 25 oder *Austudy* (eine Art Sozialhilfe speziell für Studierende) für Studenten über 25 Jahren zu beantragen.

Falls Sie während des Studiums vom Studenten- auf ein *Permanent Resident*-Visa umsteigen, oder einen australischen Pass bekommen, sollten Sie sofort die Universität informieren, da sich hier Ihre Konditionen erheblich verbessern können.

Präsenz- und Fernstudium

Manche Universitäten oder *TAFE Colleges* bieten Teile ihrer Kurse als Fernstudium an, in Absprache mit der Lehrperson, die den Kurs anbietet. Es gibt aber auch die Möglichkeit, direkt von daheim aus ein Studium an einer Universität zu beginnen. Über die Webseite der *Open University Australia* (►www.open.edu.au) bietet ein Zusammenschluss aus mehreren renommierten Universitäten, wie etwa die Monash, Macquary und Griffith University, eine Reihe von Fernkursen an.

Diese Studiengänge sind vor allem für Australier und *Permanent Residents* empfehlenswert, die auf dem Land wohnen und für die Fortbildung nicht umziehen können oder das Studium neben der Arbeit absolvieren möchten. Außerdem besteht die Möglichkeit, weniger gefragte Sprachen wie etwa Hindi, Mandarin-Chinesisch und Indonesisch zu lernen.

Möchten Sie am Studentenleben teilhaben, andere Menschen kennenlernen und Ihr gesprochenes Englisch verbessern, sollten Sie sich besser für eine »normale« Präsenz-Universität entscheiden.

Wohnmöglichkeiten für Studenten

Eine gute Idee ist, sich frühzeitig mit der Universität in Verbindung zu setzen, um herauszufinden, welche Wohnmöglichkeiten Ihnen offenstehen. Angeboten wird zumeist eine Unterkunft in Studentenwohnheimen *(Student Residence)*, die Unterbringung bei Familien *(Homestay)* sowie Wohngemeinschaften *(Shared Flats)* und Jugendherbergen *(Hostels)* wie etwa *YHA (Youth Hostel Australia)*.

Wer sich für ein Studentenwohnheim entscheidet, der lernt zwar schnell andere Studenten kennen, allerdings kommt es nicht selten vor, dass das Sozialleben im Studentenwohnheim vom Studieren ablenkt und die Nächte relativ kurz sind, weil nebenan gerade wieder gefeiert wird.

Homestays lohnen vor allem für kürzere Aufenthalte, wenn es wenig Sinn hat, nach einer WG zu suchen, oder wenn man Anschluss an eine australische Familie sucht. Ein anderer Vorteil ist, dass man sich zumeist nicht um seine Mahlzeiten kümmern muss. Abhängig von der Region, in der Sie studieren, und »Ihrer« Familie, können die Preise bei etwa $110 bis $270 in der Woche liegen. Manchmal teilt man sich ein Zimmer mit einem anderen Studenten oder es sind keine Mahlzeiten im Preis inbegriffen, daher variieren die Preise relativ stark.

Die meisten Freiheiten haben Sie in einer Wohngemeinschaft mit anderen Studenten, die nach *Flatmates* suchen. Diese WGs findet man etwa über die »Schwarzen Bretter« der Uni, am Mittwoch und Samstag im Mietteil der lokalen Tageszeitung (etwa *Sydney Morning Herald* in Sydney) oder auf Webseiten wie ►*www.flatmates.com.au*. Bei einer Wohngemeinschaft mieten Sie ein Zimmer in einer möblierten Wohnung, die zumeist drei oder vier Schlafzimmer hat. Die Kosten liegen hier je nach Lage, Größe und Ausstattung des Hauses zwischen $100 und $200 pro Woche.

Insgesamt sollte man immer dann, wenn man Wohnraum mit anderen teilt, über Unordnung und eventuell nicht immer erfreuliche hygienische Umstände in Küche, WC und Bad hinwegsehen können.

Finanzierung des Studiums

Abgesehen von den Studiengebühren, die im Voraus zu bezahlen sind, sollte man noch Kosten für Wohnung, Lebensmittel und Reisen einplanen. Insgesamt müssen Studenten, die planen, in einer WG zu wohnen, mit um die $15.000 pro Jahr rechnen, zusätzlich zu Kosten für Flüge und andere Reisen innerhalb von Australien.

Um den Lebensstandard zu verbessern, dürfen Studenten 20 Stunden pro Woche arbeiten. Die Arbeitserlaubnis gilt ab dem Tag, an dem der Student das Studium angetreten hat. Manchmal ist es sehr einfach, an Studentenjobs zu kommen, manchmal gibt es – abhängig von Region und Jahreszeit – überhaupt keine freien Stellen. Eine gute Idee ist daher, mit der Universität Kontakt aufzunehmen, da diese zum einen bei der Jobsuche helfen kann und zum anderen vielleicht selbst Studentenjobs anbietet. Im Notfall sollten Sie aber auch ohne zusätzliches Einkommen über die Runden kommen können.

Krankenversicherung

Eine Auslandskrankenversicherung für Studenten, die sogenannte *Overseas Student Health Cover (OSHC)*, können Sie bei einer deutschen privaten Krankenversicherung abschließen (siehe Kapitel Krankenversicherung), alternativ direkt bei der Universität oder auch bei der privaten Krankenversicherung *Medibank*. Für 12 Monate zahlt man bei *Medibank* etwa $400.

Checkliste: 8 Schritte zum Studium in Australien

Wenn Sie an einer australischen Universität studieren möchten, empfiehlt sich folgende Vorgehensweise:

1. Ideensammlung: Welcher Studiengang passt zu mir und meiner aktuellen Situation?
2. Recherche: Welche Universität bietet »meine« Fächer an. Welche Kurse und welche Universität kann ich mir leisten? Zahlt das Auslands-BAföG? Wenn ja, wie viel?
3. Englisch-Test: *IELTS Academic* oder *TOEFL*. Abhängig von der Universität und dem Studiengang muss eine bestimmte Mindestpunktzahl erreicht werden. Manche Unis akzeptieren alternativ eine gute Note beim Leistungsfach Englisch im Abitur.
4. Bewerbung bei der Universität per Post oder online und Zahlung der Bewerbungsgebühr (meist um die $100). Die Bearbeitungszeit dauert etwa vier Wochen.
5. Nach Erhalt des Einladungsbriefes muss man das Angebot *(Firm Offer)* annehmen und eventuell die Studiengebühren bezahlen. Manchmal wird erst eine *Conditional Offer* geschickt, dann muss man noch das eine oder andere nachreichen.
6. Anmeldung für das Studenten-Visum, danach Flug buchen.
7. Abschluss einer Krankenversicherung für Studenten.
8. Flug nach Australien, Besuch der Orientierungswoche, Semesterbeginn.

Kapitel 18

Rente und Altersvorsorge

Abhängig vom Geburtsjahr und Geschlecht liegt das Rentenalter bei 60 bis 67 Jahren. Frauen und Männer, die zwischen dem 01.01.1949 bis 30.06.1952 geboren wurden, können noch mit 65 in Rente gehen. Wer nach dem 1. Januar 1957 geboren wurde, kann unabhängig vom Geschlecht erst mit 67 Jahren in Rente gehen.

Bezug von Renten aus Deutschland

Es gibt ein Rentenabkommen zwischen Australien und Deutschland. Wer in Deutschland eingezahlt hat und das in Deutschland gültige Rentenalter erreicht, der kann sich seine Rente direkt auf sein australisches Konto auszahlen lassen. Es wird nur ein geringer Anteil für Überweisungsgebühren berechnet (unter $5 pro Überweisung). Mehr Informationen erteilt die zuständige Rentenversicherung. Alternativ lohnt sich vielleicht auch der Besuch Ihrer lokalen *Centrelink*-Beratungsstelle, das die Funktionen eines »Sozialamtes« ausführt und unter anderem für Rente, Kindergeld und Arbeitslosengeld zuständig ist.

Rentenbeiträge des Arbeitgebers

Jeder Arbeitnehmer, der mehr als $450 im Kalendermonat verdient, sollte von seinem Arbeitgeber neun Prozent seines Gehalts als Zahlung in eine Rentenversicherung *(Superannuation Fund, Super Fund)* erhalten. Wichtig zu wissen ist, dass alle Beiträge fast immer in eine private Rentenversicherung gehen, es sei denn, man entscheidet sich für eine staatliche Versicherung. Abhängig vom Berufszweig gibt es verschiedene Versicherungen zur Auswahl. Ein guter Start für die Recherche ist die Webseite von ►*www.industrysuper.com*, einer Vereinigung von Versicherungen. Auch die Regierungswebseite ►*www.fido.gov.au*

bietet unter dem Stichwort *Superannuation* einige Informationen zum Thema.

Da *Super Funds* fast immer als Aktienfonds geführt werden, ist das Risiko erheblich höher als bei einer vergleichbaren deutschen Rentenversicherung. In der Wirtschaftskrise 2008/2009 hat dies dazu geführt, dass viele Australier ihren Ruhestand noch um ein paar Jahre verschieben mussten, weil die Einkünfte aus ihrer Rentenversicherung plötzlich nicht mehr ausreichten.

Freiwillige Rentenbeiträge

Da es sich bei den Rentenversicherungen im Grunde um eine einfache Geldanlage handelt, ist es auch möglich, freiwillige Beiträge zu zahlen, die zwar vor der Rente nicht abgehoben, wohl aber in einen anderen Fond verschoben werden können.

Die Regierung honorierte diese freiwilligen Zahlungen im Steuerjahr 2009/2010 mit Steuererleichterungen oder alternativ mit zusätzlichen Beiträgen bis zu $1.000, solange Arbeitnehmer weniger als $31.920 im Jahr verdienten.

Altersversorgung für Selbstständige

Wer auf eigene Rechnung arbeitet, der sollte sich selbst um seine Rentenversicherung oder eine andere Form der Altersversorgung kümmern. Auch in diesem Fall lohnt sich ein Blick auf die Webseite von ► *www.industrysuper.com* als Basis für Ihre Recherchen. Freiwillige Versicherungsbeiträge sind voll steuerlich absetzbar und werden unter den im vorherigen Abschnitt genannten Bedingungen von der Regierung finanziell unterstützt.

Eine andere Möglichkeit der Altersversorgung ist, eine Wohnung oder ein Haus zu kaufen und zu vermieten. Hier sind die gezahlten Zinsen auf die Hypothek sowie weitere Ausgaben und Abschreibungen steuerlich absetzbar.

Genauere Informationen bezüglich Ihrer Möglichkeiten erhalten Sie von Ihrem Steuerberater *(Accountant)*.

Staatliche Altersrente

Es gibt auch eine staatliche Altersrente *(Age Pension)*, die von *Centrelink* ausgezahlt wird, die aber nur das Notwendigste abdeckt. Hier müssen Sie in einem *Income and Assets Test* offenlegen, welches Einkommen Sie etwa aus privaten Rentenversicherungen, Geldanlagen oder aus Ihrer deutschen Rente erhalten und wie viel Ihr Grundbesitz wert ist. Liegt etwa das Einkommen einer alleinstehenden Person bei unter $850 pro Woche, kann sie eine Teilrente beantragen. Die »volle« Rente gibt es nur für Einkommen unter $70 die Woche. Allerdings kann sich hier der Wert des Grundbesitzes noch einmal negativ auf die ausgezahlte Rente auswirken.

Auch wenn Sie keine Ersparnisse und kein Einkommen vorzuweisen haben, können Sie trotzdem nur mit einer Minimal-Rente rechnen, die nur das Nötigste abdeckt: 2009 erhielten allein lebende Rentner maximal $671,90 alle zwei Wochen oder umgerechnet ca. $1.456 im Monat. Zusammenlebende Paare erhielten pro Person $506,50 für zwei Wochen oder umgerechnet ca. $1.098 im Monat.

Altersheime oder Pflegedienste

Auch wenn die Überalterung in Australien noch nicht so weit fortgeschritten ist wie in Europa, ist Australien trotzdem sehr schlecht auf die steigende Zahl von pflegebedürftigen Personen eingestellt. In ländlichen Gebieten belegen viele Pflegebedürftige Krankenhausbetten, die eigentlich für akute Kranke gebraucht würden. Da es aber zu wenige Plätze in Altersheimen gibt, ist das Krankenhaus in so einem Fall die einzige Alternative.

Es gibt allerdings auch Pflegedienste für die Versorgung daheim, sodass ältere Menschen oder Menschen mit Behinderungen weiter in ihrer gewohnten Umgebung leben können. Die Kosten für die Pflege können ganz oder teilweise von der Regierung übernommen werden, dazu muss aber erst eine Einschätzung *(Assessment)* unternommen werden, bei der die betreffende Person daheim besucht wird, um die entsprechenden Bedürfnisse zu ermitteln. Pflegedienstleistungen werden in Queensland beispielsweise von *Ozcare* angeboten (►*www.ozcare.org.au*). Die Regierungswebseite zum Thema finden Sie unter ►*www.agedcareaustralia.gov.au*.

Fazit: Frühzeitig vorsorgen!

Wer sich auf ein Leben als Rentner in Australien einstellt, der sollte schon in jungen Jahren vorsorgen, da die Regierung die eher schmale *Age Pension* nur dann auszahlt, wenn die betreffende Person wirklich in Not ist.

Ein abbezahltes eigenes Haus oder eine Wohnung zu besitzen, ist für die Vorsorge ein guter Start, da die Miete oft der größte Posten bei den monatlichen Ausgaben ist. Außerdem ist es sinnvoll, sich ein zusätzliches Einkommen über freiwillige zusätzliche Zahlungen in eine private Rentenversicherung, über Geldanlagen oder über den Kauf von steuerbegünstigten Investment-Immobilien zu verschaffen.

Das Finanzamt gewährt viele Steuererleichterungen für Menschen, die sich um ihre Rente selbst kümmern, da diese später dem Sozialsystem nicht mehr zur Last fallen.

Im Zweifelsfall sollten Sie mit einem Steuerberater *(Accountant)* reden, der Ihnen sicher den einen oder anderen Tipp für Ihre persönliche Situation geben kann.

Kapitel 19

Haus- und andere Tiere

Australien ist ein Inselkontinent, der sich nicht nur mit Blick auf die Landschaft, sondern auch auf die Tierwelt erheblich von anderen Teilen der Welt unterscheidet. Leider haben die Australier erst in den letzten Jahren erkannt, dass die einzigartige Tier- und Pflanzenwelt des Landes wertvoll und schützenswert ist.

Seit der ersten Besiedlung durch die Europäer sind eine Menge falscher Entscheidungen getroffen worden, die nicht mehr rückgängig gemacht werden können. So gibt es Hasen, giftige Kröten, aggressive Vogelarten wie etwa der *Mynah* (Hirtenstar), Kamele, verwilderte Hauskatzen bis hin zu Haushund-Dingo Hybriden – allesamt eingeführt von gedankenlosen Europäern.

Durch diese fremden Tierarten sind bereits viele endemische – das heißt, nur in Australien beheimatete Tierarten – ausgestorben oder vom Aussterben bedroht. Kein Wunder also, wenn hier nicht dieselben Regeln für den Besitz von Haustieren gelten wie in Europa.

Welche Haustiere erlaubt sind

Abhängig von der Gegend, in der Sie leben, sind unterschiedliche Tierarten als Haustiere erlaubt. Bevor Sie sich ein Haustier zulegen, ist es daher eine gute Idee, vorher bei Ihrer Stadtverwaltung *(City Council)* nachzufragen.

In Queensland sind etwa folgende Hausstiere verboten:

- Eichhörnchen, Hamster, Hasen*
- Dingos und Dingo-Haushund-Mischlinge
- Alle nicht-australischen Reptilien, auch Schildkröten
- Verschiedene exotische Vogelarten

* Die Haltung von Hasen ist in anderen australischen Staaten erlaubt.

Meerschweinchen, Pferde, Esel und Ziegen sind hingegen in Queensland kein Problem, ebenso wenig wie australische Reptilien und Vogelarten. Für manche Tierarten benötigt man eine schriftliche Erlaubnis. Im ländlichen Umfeld sind etwa auch Hühner, Gänse sowie Hunde in größerer Zahl erlaubt. Hunde und Katzen sind fast überall zugelassen – es sei denn, Sie leben in einer Mietwohnung, und der Vermieter erlaubt keine Haustiere. Falls Sie eine Wohnung in einem Wohnblock besitzen, kann es eventuell möglich sein, dass die Eigentümerversammlung *(Body Corporate)* sich gegen Haustiere entschieden hat.

Registrierung von Hunden und Katzen

Hunde müssen grundsätzlich registriert werden, in manchen Gegenden auch Katzen. Kastrierte *(desexed)* Katzen kosten dann zumeist unter $25 Steuern im Jahr, nicht kastrierte um die $80. Für kastrierte Hunde zahlt man um die $40 und für nicht kastrierte um die $115 Steuern. Sonderregelungen existieren für Farmhunde in ländlichen Gegenden, wo fast nichts berechnet wird. Abhängig von Ihrem Wohnort muss das Haustier eventuell auch über einen Mikrochip identifizierbar sein. Da die Bestimmungen regional sehr unterschiedlich sind, sollten Sie Ihre Stadtverwaltung *(City Council)* zu den aktuell gültigen Bestimmungen befragen.

Besonderheiten bei der Hundehaltung sind, dass Hunde bestenfalls nicht oder nur wenig bellen sollten. Abgesehen davon ist es wichtig, dass beim Gassi gehen hinter dem Hund aufgeräumt wird. In der Praxis halten sich viele Australier leider nur daran, wenn andere Spaziergänger in der Nähe sind.

Tiere aus dem Tierheim

Auch in Australien warten tausende von Hunden und Katzen, Meerschweinchen, Vögel sowie andere Kleintieren auf ein neues Zuhause. Bevor Sie ein Haustier bei einem Züchter oder in einem Tiergeschäft kaufen, besuchen Sie doch einmal das örtliche Tierheim, das Sie etwa unter Stichworten wie *Animal Shelter, Animal Welfare* oder *RSPCA* im Telefonbuch finden.

Die Adoptionsgebühr für einen Hund liegt zumeist bei um die $300, für andere Tiere zahlt man weniger. Dafür sind die Tiere bei guter Gesundheit, geimpft, kastriert und haben einen Mikrochip. Und nicht zuletzt sind die meisten adoptierten Tiere besonders dankbar, wenn sie ein neues Zuhause bekommen.

Krankenversicherung für Tiere

Haustiere kann man in manchen Gebäude- und Hausratversicherungen *(Home and Contents Insurance)* einschließen lassen. In Queensland geht das beispielsweise bei *Suncorp* oder beim Autoclub RACQ. Alternativ kann man auch bei der Tierschutzorganisation RSPCA oder einer privaten Krankenversicherung wie *Medibank* eine *Pet Insurance* für Hunde und Katzen abschließen. Letzteres kostet um die $15 im Monat.

Wenn man bedenkt, dass Tierarztrechnungen in die hunderte von Dollars gehen können, ist eine Versicherung sicher keine schlechte Idee. Vor allem dann, wenn das Tier schon etwas älter oder auch abenteuerlich veranlagt ist und öfter einmal die nicht ganz ungefährliche australische Natur im Alleingang erkundet.

Kängurus und Wallabys

Auf dem australischen Kontinent leben über 60 verschiedene Arten von Kängurus und Wallabys, die zumeist im Grasland, in Wäldern oder auch auf Bäumen und in felsiger Umgebung ein Heim gefunden haben. Sie sind Australiens erfolgreichste Beuteltiere, und es wird davon ausgegangen, dass es wahrscheinlich mehr Kängurus als Menschen auf dem Kontinent gibt.

Kängurus und Wallabys sieht man zumeist in ländlicher Umgebung, und zwar vor allem in Gebieten, wo große Wiesen oder Lichtungen an Wald angrenzen. Nicht selten sieht man sie daher auch auf Golfplätzen oder an manchen Stränden. Kängurus und Wallabys ruhen am Tag und sind vor allem bei Sonnenauf- und -untergang, aber auch während der Nacht aktiv. Sie verhalten sich ähnlich wie Hasen und sind sehr scheu. Leider sind sie – wenigstens im Umgang mit dem Straßenverkehr –

nicht besonders schlau, sodass es in der Dämmerung oder nachts auf Landstraßen häufig zu Unfällen mit Autos kommt.

Gefährliche Natur? Krokodile, Schlangen und anderes Getier

Australien ist bekannt dafür, die gefährlichsten Tierarten der Welt zu beherbergen: die giftigsten Schlangen und Spinnen sowie Krokodile, Haie und so einiges mehr. Jeder Unfall, der mit diesen Tieren zusammenhängt, erregt sofort weltweit Aufsehen. Und zwar nicht deshalb, weil diese Unfälle so oft, sondern gerade, weil sie so selten vorkommen!

In Australien sterben die meisten Menschen an denselben Dingen, an denen sie in anderen Industrieländern auch sterben – an den Folgen von Rauchen, Alkohol, Krebs – und nicht zuletzt an Autounfällen. Der Straßenverkehr – oder besser gesagt: Australische Autofahrer sind sicher das Gefährlichste, was man hier antreffen kann. An Autounfällen sterben in Australien pro Jahr ungefähr 1.300 Menschen. An Haiunfällen hingegen ist in den letzten fünfzig Jahren pro Jahr ein einziger Mensch gestorben. Und das, obwohl Tausende von Australiern das Meer zu ihrer zweiten Heimat gemacht haben. Eine ähnliche Statistik gilt auch für Unfälle mit Spinnen, Schlangen oder Krokodilen.

Das heißt allerdings nicht, dass man unbedacht mit der Natur umgehen sollte. Spinnen findet man in jedem Garten, und Schlangen leben vorwiegend im dichten Gebüsch, auf Bäumen oder im hohen Gras. Daher ist gerade bei der Gartenarbeit Vorsicht geboten: Feste Schuhe und Gartenhandschuhe sind hier sehr empfehlenswert.

Mit Hinsicht auf Gegenden, in denen Pythons leben, sollte man zudem beachten, dass man über Nacht keine kleineren Haustiere im Garten lässt, da Pythons bekannt dafür sind, sogar auch ausgewachsene Wallabys zu fressen.

Krokodile trifft man an Flussläufen und an einigen Stränden im tropischen Norden an. Die kleineren Süßwasserkrokodile *(Freshwater Crocodiles* oder *Freshies)* sind ungefährlich und ernähren sich nur von kleineren Tieren. Sie werden bis etwa 2,5 Meter lang und sind unter anderem erkennbar an ihrer schmalen Schnauze. Leistenkrokodile hingegen *(Estuarine Crocodiles, Salties)* werden bis zu 5 Meter lang und greifen auch Menschen an, wenn sich die Gelegenheit ergibt oder wenn sie sich bedroht fühlen. Die beste Art, sich vor diesen Tieren zu schützen, ist den Hinweisschildern an den Stränden und Flüssen Folge zu leisten und nicht zu nah ans Wasser heranzugehen.

Richtig handeln nach einem Unfall mit einem giftigen Tier

Die meisten Unfälle mit Spinnen oder Schlangen passieren, weil die Tiere überrascht werden und sich nicht rechtzeitig zurückziehen können. Manche Schlangenarten, wie etwa die *Death Adder,* stellen sich tot, wenn sie sich entdeckt sehen. Wenn man versucht, sie zur Seite zu schieben, greifen die allerdings an. Seien Sie also extrem vorsichtig, auch wenn Sie denken, die Schlange wäre tot!

Wenn man von einer Spinne oder einer Schlange gebissen wird, ist es wichtig, schnell zu handeln, aber trotzdem Ruhe zu bewahren. Die Wunde muss mit einem Druckverband fest abgebunden werden. Danach sollte der Patient sofort ins Krankenhaus gebracht werden. Zum Glück handelt es sich in den meisten Fällen um einen »Warnbiss« ohne Gift, sodass der Patient ohne große Beschwerden schnell wieder entlassen werden kann.

Umgang mit giftigen Kröten *(Cane Toads)*

Aga-Kröten oder *Cane Toads* können bis zu 22 Zentimeter groß werden und fallen daher schnell in vielen Gärten in Queensland, New South Wales und im Northern Territory auf. Ursprünglich wurden die Kröten in der Region Cairns in den 1930er Jahren ausgesetzt, um schädliche Käfer im Zuckerrohr zu fressen.

Die Kröten haben die Schädlinge leider nicht gefressen und sich stattdessen rapide vermehrt. Aufgrund der Giftdrüsen in der Haut haben sie dafür gesorgt, dass viele Vogel- und Schlangenarten, die sich unter anderem von Kröten ernähren, mittlerweile vom Aussterben bedroht sind.

Wenn Australier eine *Cane Toad* in ihrem Garten finden – und das kommt regelmäßig vor – dann handeln sie sofort. Es gibt verschiedene Methoden, um die Kröten loszuwerden. Als »humanste« gilt die Methode, die Kröte in eine Tüte einzuwickeln, diese für einen Tag oder zwei einzufrieren und dann in die Mülltonne zu werfen. Das klingt zwar gemein, kann aber viele andere Tierleben retten.

Pest Control: Problemfälle im Haushalt

Das ganzjährig warme Klima hat auch den einen oder anderen unangenehmen Effekt, z. B. dass man in Kontakt mit den verschiedensten sechsbeinigen Mitbewohnern kommt, die man in europäischen Wohnungen eher selten antrifft. Dazu gehören unter anderem grüne und schwarze Ameisen, Spinnen verschiedenster Größe (beispielsweise *Huntsmen)*, Riesen-Motten, Mücken, Sandmücken *(Sandflies)* und in feuchteren Gegenden des Landes ab und zu auch Frösche und Pythons, die sich »verlaufen« haben.

Nicht zuletzt gibt es in Australien gleich mehrere Arten Kakerlaken, darunter auch einige harmlose einheimische Arten, die sich nur im Laub oder Unterholz aufhalten. Die aus dem Ausland eingeführten Arten nisten sich nicht nur in Haushalten mit fragwürdiger Hygiene ein, sondern überall dort, wo Lebensmittel einfach erreichbar sind. Rechnen Sie also damit, dass auch im saubersten Haushalt Kakerlaken auftreten können – und werden. Das ist zwar beim ersten Anblick eher schockierend, da aber die Tiere bis auf den Ekelfaktor völlig harmlos sind, stumpft man nach einer Weile ab und gewöhnt sich daran, bei Bedarf schnell zum Insektenspray zu greifen.

Die beste Möglichkeit, sich vor Krabbeltieren zu schützen, ist, immer alle Fenster und Türen geschlossen zu halten. Da das praktisch leider unmöglich ist, haben viele Häuser und Wohnungen Insektengitter *(Security Screens)*, die je nach Bauart auch als Einbruchsschutz dienen können.

Spätestens dann, wenn der Besuch unter der Tür durch oder aus dem Abfluss in die Wohnung spaziert, wird es kritisch. Ein Gang in den Supermarkt schafft da Abhilfe: Bei *Supa IGA*, *Coles* und *Woolworths* gibt es ganze Arsenale der verschiedensten Insektengifte. Für besonders schlimme Fälle bietet sich noch der Kammerjäger an, der im Telefonbuch unter dem Stichwort *Pest Control* zu finden ist.

Eine natürliche Art der *Pest Control* übernehmen übrigens Geckos. Das sind kleine, Salamander-ähnliche Reptilien, die bevorzugt an unzugänglichen Stellen leben: an der Außenseite Ihrer Fenster, aber auch in der Wohnung an der Decke, in Lampen und sogar in Ihrem Fernseher. Geckos sind sehr territorial. Wenn sie einmal in den Fernseher eingezogen sind, dann bleiben sie auch dort. Wenn sie aufgeregt sind, rufen sie wie ein kleiner Vogel. Geckos ernähren sich von den verschiedensten Arten von kleinen Insekten. Sollten Sie also einen oder mehrere Geckos in Ihrer Wohnung finden, so jagen Sie sie nicht – Geckos sind nämlich das umweltfreundlichste Insektenvernichtungsmittel, das es gibt!

Ähnliches gilt übrigens auch für Schlangen im Garten: Solange Sie sich keine Sorgen über Ihre Haustiere machen müssen, können Sie sich darüber freuen, dass sich Schlangen um kleine Schädlinge wie etwa Ratten und Mäuse für Sie kümmern.

Fazit: Eine fremde Tierwelt

Australiens Tierwelt ist in vieler Hinsicht ganz anders als die europäische, vor allem dann, wenn es Sie in die tropischen Regionen Australiens zieht. Allerdings ist es einfach, mit entsprechenden Mitteln aus dem Supermarkt und ein bisschen Voraussicht genauso sicher zu leben wie in Europa.

Und nicht zuletzt besteht kein Grund, auf gewohnte Haustiere wie Hunde oder Katzen zu verzichten, da vor allem Hunde als Familienmitglieder noch beliebter sind als in Europa.

Kapitel 20

Handel

Australier lieben *Franchise*: Man nehme eine bekannte Marke wie *McDonald's* oder *Subway*, kaufe sich mit Eigenkapital in das »System« ein – und schon ist der Reichtum gesichert. So jedenfalls stellt sich das der australische Neuunternehmer vor. Ganz gleich ob Brot oder Schuhe, Cafés oder Heimwerkermärkte, das Franchise-Modell gibt es in allen Branchen.

Für den Konsumenten hat dies den Vorteil, dass er sich auch in einer fremden Stadt aufgrund der vielen bekannten Namen schnell zurechtfinden wird. Aber es kann auch dazu führen, dass das Einkaufserlebnis einfach nur langweilig wird, weil kaum noch Neues zu entdecken ist.

Öffnungszeiten

Banken haben Montag bis Freitag normalerweise von 9:30 Uhr bis 16:30 Uhr geöffnet, die meisten Geschäfte Montag bis Samstag von 9 Uhr bis 17 Uhr oder 17:30 Uhr. Lebensmittelläden, einige Baumärkte sowie Alkohol-Läden und Tankstellen haben abends länger geöffnet und schließen auch am Sonntag nicht. Manche Geschäfte haben einen »langen Donnerstag« mit längeren Geschäftszeiten am Abend.

Einkaufszentren

Australische Einkaufszentren sind ähnlich aufgebaut wie amerikanische *Shopping Malls:* Vor Ort gibt es mindestens ein großes Kaufhaus, wie *Myers*, *Big W* oder *Target*, sowie ein oder zwei große Supermärkte. Die Hauptfläche eines Einkaufszentrums wird von kleinen Geschäften und Boutiquen eingenommen, die fast immer bekannten Ketten angehören.

Bekleidungsgeschäfte machen ein Großteil der *Shopping Mall* aus, zudem gibt es kleine Bäckereien, die nur aus einer Verkaufstheke bestehen, Augenoptiker sowie Drogerien nach amerikanischem Vorbild. In den

Drogerien arbeitet ein Apotheker, der wochentags Rezepte annimmt. Manchmal ist an die Drogerie auch eine Arztpraxis angeschlossen.

Nicht zuletzt gibt es in australischen Einkaufszentren fast immer eher dürftig ausgestattete Buchläden wie *QBD* oder *Angus & Robertson* sowie *Golden Circle* Lotto-Agenturen, die auch Zeitungen und Zeitschriften verkaufen.

Supermärkte

Australiens Supermärkte sind fest in der Hand von zwei Supermarkt-Riesen: *Coles / BiLo* und *Woolworths / Safeway*. Diese Supermärkte gibt es in jeder größeren Stadt. Allein Marktführer *Woolworths* besitzt über 700 Supermärkte. *Coles* und *Woolworths* verkaufen Lebensmittel und Brot, Fleisch- und Wurstwaren, frisches und gefrorenes Obst und Gemüse sowie Haushaltswaren und Toilettenartikel. Auswahl der Produkte und Preisgestaltung hängen vom jeweiligen Einzugsgebiet ab. Daher ist es sinnvoll, nicht immer im selben Geschäft einzukaufen, sondern auch einmal den Supermarkt in einem anderen Stadtteil zu durchforsten.

Supermärkte der Franchise-Kette *IGA* gehören zumeist lokalen Unternehmern. Das Geld bleibt also in der Region. Damit setzt sich *IGA* auch in der Werbung von den beiden Marktführern ab. *IGA* gibt es in drei verschiedenen Größen, vom großräumigen Supermarkt *(Supa IGA)*, der *Coles* und *Woolworths* in nichts nachsteht, bis hin zum Miniladen *IGA Xpress*. Letzterer hat auch an Feiertagen und an Wochenenden lange geöffnet und kann sich so gegen die großen Supermärkte behaupten.

Außer *IGA* existieren noch einige kleinere Ketten wie beispielsweise *Five Star Supermarkets* im Norden und Osten Australiens oder die landesweite Kette *FoodWorks*. Diese Geschäfte verkaufen ihre Produkte etwas teurer als *Coles* und *Woolworths*. Günstiger sind manchmal Obst und Gemüse, wenn es von Bauern aus der Umgebung geliefert wird.

Aldi

Aldi hat Australien im Jahr 2001 erreicht. Seitdem wurden schon über 200 Filialen im Süden und Osten Australiens eröffnet, wie etwa im

Bereich Melbourne, Canberra, Sydney und Brisbane. Im Norden und Westen Australiens müssen Konsumenten leider bis auf Weiteres auf Aldi verzichten.

Bei Aldi werden vor allem diejenigen fündig, die deutsche Produkte suchen, da dort viele Waren in den Regalen liegen, die man aus der alten Heimat kennt. Aldi hat auch in Australien den Ruf, günstiger zu sein als die Konkurrenz, und macht damit Werbung, dass alle Produkte Australienweit das Gleiche kosten. Und nicht zuletzt gibt es wöchentliche Sonderaktionen mit interessanten Produkten *(Special Buys)*, wie etwa Medion PCs, Bademode, Kinderbekleidung oder Grillzubehör.

Bäckereien

Die meisten australischen Bäckereien sind spezialisiert auf Weißbrot in den verschiedensten Varianten, das aber doch immer irgendwie gleich schmeckt. Kuchen sieht man in den Verkaufstheken nur selten, beliebter sind Mini-Pizzas oder Fleischpasteten *(Meat Pies)*.

Bekannte Bäcker-Ketten sind *Brumby's* und *Bakers Delight*, aber auch die Supermärkte *Coles* und *Woolworths* verkaufen täglich frisch gebackenes Weißbrot und Baguette, das am späteren Nachmittag zum schnellen Abverkauf im Preis gesenkt wird.

Deutsche Bäcker finden sich an den ungewöhnlichsten Orten, wie etwa im *Kakadu National Park* bei Darwin (die *Jabiru Bakery)* oder in Cairns am Great Barrier Reef. In Cairns City gibt es den *Swiss Baker* und *Beethoven* gleich nebenan. In Sydney gibt es deutsches Brot etwa bei *Luneburger* im Henry Deane Plaza und im Chatswood Shopping Centre.

Für den Neuanfang in Australien lohnt es sich daher, bei neuen Bekannten oder Nachbarn nach deutschen Bäckern zu fragen, denn die haben auch bei Australiern einen guten Ruf.

»Deutsche« Lebensmittel

Einige beliebte, aus Deutschland bekannte Lebensmittel haben es bis in die australischen Supermärkte geschafft. Hierzu gehören unter anderem *Nutella* und *Lindt Schokolade* sowie in den internationalen Abteilungen der Supermärkte auch oft Rotkohl, Sauerkraut und verschiedene Schwarzbrot-Sorten. Auch holländischer Gouda und Schweizer Emmentaler sieht man in verschweißten Paketen in der Kühltheke vieler Supermärkte.

Manche Lebensmittel haben zwar neue Namen bekommen, schmecken aber fast genauso wie in der alten Heimat. Dazu gehören knackige saure Gurken nach Art *Polski Ogorki* oder auch *Veal* oder *Devon Sausage,* die bei *Coles* sogar als *Berliner Fleischwurst* verkauft werden. Wer nach geräuchertem Schinken sucht, der sollte im Kühlregal oder der Wursttheke nach *Prosciutto* oder *Pancetta* schauen.

Auf Klassiker wie Quark müssen Australier leider verzichten. Und wenn sich Quark manchmal doch im Kühlregal findet, so ist er teuer und schmeckt ganz anders als erwartet*. Warum es der »echte« Quark nicht über die Grenzen von Europa hinaus geschafft hat, wird sicher ewig ein Rätsel bleiben.

Melitta-Kaffee wird gelegentlich in australischen Supermärkten verkauft. Aber auch in der Röstvariante *German* schmeckt der Kaffee trotzdem nicht wie gewohnt. Deutsches Bier kann man in Australien übrigens auch kaufen. Fündig wird man da zumeist in größeren Alkoholgeschäften. Erhältlich sind unter anderem Bitburger, Becks, Fürstenberg, Erdinger, Schöfferhofer und DAB. Sollte das Bier nicht in Deutschland gebraut sein (wie etwa Becks), schmeckt es allerdings nicht immer so wie von daheim gewohnt. Erfahrene Biertrinker sagen, dass auch das aus Deutschland importierte Bier nicht wie gewohnt schmeckt, da es beim langen Transport nach Australien nicht »ruhen« kann und sich dabei der Geschmack verändert.

Alkohol-Läden

Bier, Wein und Hochprozentiges wird weder an der Tankstelle noch in den Supermärkten verkauft – hier findet sich höchstens alkoholfreies und Ingwerbier *(Ginger Beer).* Wer Alkohol sucht, den führt der Weg zwangsläufig in einen speziellen Alkohol-Laden *(Bottle Shop, Li-*

* Aus diesem Grunde wird etwa australischer Käsekuchen mit Philadelphia Frischkäse und nicht mit Quark gebacken.

quor Store). Diese Geschäfte haben ihren eigenen Platz in Einkaufzentren oder existieren als eigenständige Supermärkte mit Namen wie *1st Choice, Dan Murphy's, Cellarbrations* oder *BWS (Beer Wine Spirits).*

Manche Alkohol-Läden haben einen *Drive Thru*, also eine überdachte Durchfahrt. Man kann sich das Bier von einem Angestellten direkt in den Kofferraum laden lassen, ohne auch nur auszusteigen. Steigt man allerdings doch aus und geht selbst in den angeschlossenen Laden, sind die Getränke oftmals erheblich günstiger.

Australischer Wein

Australien ist der viertgrößte Wein-Exporteur der Welt, aber auch im Land selbst wird viel Wein getrunken. Der beste Wein wird zumeist in Australien selbst getrunken und schafft es überhaupt nicht bis ins Ausland. Das, was man als australischen Wein in Europa kennt, ist zumeist minderwertigere Massenproduktion und nicht vergleichbar mit dem, was in Australien verkauft wird.

Es gibt vier große Weinbaugebiete, die sich auf den Südosten und den Südwesten des Landes beschränken. Beliebte Weinregionen in South Australia sind die *Adelaide Hills, Barossa Valley* und *Clare Valley.* In New South Wales liegt das *Hunter Valley*, in Victoria das *Yarra Valley* und im Süden von Western Australia die Weinregion *Margaret River*. Da im Norden Australiens Mangobäume besser wachsen als Weinreben, werden hier eher lokale Mangoweine und Liköre von guter Qualität angeboten.

Die Erfahrung zeigt, dass man weder besonders billige noch besonders teure Weine kaufen sollte, da sich bei beiden häufig erhebliche Mängel in Geschmack oder Qualität zeigen. Viele Auszeichnungen, deren Wert sich von Laien sowieso nicht nachvollziehen lässt, machen leider auch nicht immer einen besseren Wein. Weine zwischen $10 und $20 pro Flasche sind eine gute Preislage – wobei das oberste Gebot natürlich immer sein sollte: Ein guter Wein ist ein Wein, der einem schmeckt.

Australischen Weinen wird fast immer Schwefel als Konservierungsmittel *(Preservative)* beigemischt. Leider ist es schwierig, Wein ohne Konservierungsmittel zu finden. Und wenn sie in einem Alkoholladen geführt werden, sind diese Weine schnell ausverkauft.

Weine werden nicht nur in Glasflaschen mit Korken oder Schraubverschluss verkauft, sondern auch in Pappkartons *(Wine Casks)* zu zwei Litern und mehr. Der Wein ist in einer dünnen »Blase« aus Aluminium-Folie luftdicht verschlossen, die den Wein lange haltbar macht. Diese Weine haben zwar eine eher billige Anmutung, allerdings ist die Qualität bei manchen Sorten gar nicht so schlecht. Dieser Wein wird bei Australiern als Partywein geschätzt.

Australisches Bier

Foster's ist in Europa als typisch australische Biermarke bekannt, innerhalb Australiens aber eher weniger beliebt – auch wenn viele australische Biermarken mittlerweile der Fosters Gruppe gehören. Jeder australische Staat hat sein eigenes Bier: Queensland hat *XXXX* (sprich: *»Four ex«*), Victoria hat *Carlton* und *VB. Tooheys* kommt aus New South Wales, *Coopers* aus South Australia und schließlich *Boags* und *Cascade* aus Tasmanien. Alle Biersorten sind überall in Australien erhältlich. Wer auf sein Gewicht achten will, trinkt »Diät Biere« wie *Pure Blonde* oder *Hahn Super Dry*.

Viele Biersorten sind mit Konservierungsstoffen *(Preservatives)* haltbar gemacht, manche Biere kommen sogar ohne natürlichen Hopfen aus. Das kann bei weniger geübten Biertrinkern allerdings schneller zu Kopfschmerzen führen. Sensible Menschen sollten auf Aufschriften wie *No Preservatives* achten. Insgesamt ist bei den Bierbrauern eine Trendwende zu erkennen, sodass Biere ohne Konservierungsstoffe immer häufiger in den Regalen zu finden sind.

Australisches Fleisch

Abgesehen vom Steak findet man in den Fleischtheken der Supermärkte auch Hühnchen *(Chicken)* und Lamm *(Lamb)* sowie in kleineren Mengen auch Schweine- (*Pork)* und Kalbsfleisch (*Veal).* Insgesamt schmeckt fast alles, was aus einer australischen Fleischtheke kommt, erheblich besser als in Europa, da beispielsweise Kühe und Schafe in Freilandhaltung leben. Das ist einfach billiger in einem so großen Land, als teure Ställe zu bauen. Kein Wunder also, dass bei den besseren Lebensbedingungen für die Rinder z. B. BSE nie ein Thema war.

Biofleisch findet sich gelegentlich in den Fleischtheken. Beim Rindfleisch macht es nicht sehr viel Unterschied, da die »Biorinder« oft einfach nur auf der Nachbarweide neben den »normalen« Rindern stehen und sich keine sehr großen Unterschiede in der Tierhaltung ergeben. Bei Hühnchen und Schweinefleisch hingegen hat es schon mehr Sinn, genauer aufs Paket zu schauen, weil die Massentierhaltung bei diesen Fleischsorten eher die Norm als die Ausnahme ist.

Fisch und Meerestiere

Australien ist eine Insel und der Großteil der Bevölkerung wohnt in Küstennähe. Kein Wunder also, dass Fisch und Meeresfrüchte sehr beliebt sind und frisch in der Fischtheke der Supermärkte oder auch fertig verpackt im Kühlregal angeboten werden.

In der Fischtheke findet man typischerweise gekochte und rohe Garnelen *(Prawns)* in verschiedenen Ausführungen, die oft für unter $25 das Kilo zu haben sind. Außerdem gibt es verschiedene Sorten von Fischfilets, die jedoch nicht immer aus Australien stammen. Wenn Sie die Unterwasserwelt schützen möchten, dann machen Sie besser einen Bogen um die Fischsorten *Flake* oder *Shark*, denn hier handelt es sich um Hai-Filet*.

Obst und Gemüse

In den bekannten Supermärkten oder auch bei den eher seltenen kleineren Gemüseläden kann man sich mit frischem Obst und Gemüse eindecken. An Australien gibt es in Sachen Qualität von Fertigprodukten sicher einiges zu bemängeln, aber nicht mit Hinblick auf frisches Obst und Gemüse.

* Der kommerzielle Fang sowie der Verkauf von Haifischfleisch ist in Australien leider immer noch erlaubt, obwohl sich Wissenschaftler einig sind, dass Haie einen wichtigen Beitrag zur Artenvielfalt in den Ozeanen der Welt leisten.

Da ein Teil des Landes in den Tropen liegt und ein anderer Teil Mittelmeer-Klima genießt, wachsen auch ohne Treibhaus alle Früchte und alle Obstsorten, die man aus Europa kennt, und dazu noch einiges mehr. Tropische Früchte wie Mango oder Ananas sind im Geschmacksvergleich kaum wiederzuerkennen, da sie reif und zuckersüß in die Auslagen kommen und nicht steinhart, sauer und holzig wie in Europa.

Andere beliebte Tropenfrüchte sind Papayas *(Paw paw)*, Litschis *(Lychee)*, die Litschi-ähnlichen Rambutan sowie Maracujas *(Passion fruit)*. Seltener sieht man auch die »parfümiert« schmeckenden Drachenfrüchte *(Dragonfruit)* sowie die unglaublich leckeren Mangostanfrüchte *(Mangosteen)*. Ein Klassiker sind die Bananen, nach denen die Australier genauso süchtig sind wie die Deutschen.

Bezüglich Gemüse finden sich in vielen Ladentheken außer den gewohnten Kartoffeln, Tomaten, Paprika, Zucchini und Brokkoli auch asiatische Gemüsesorten wie Senfkohl *(Bok Choi)*, Sojasprossen oder Süßkartoffeln. In der Kühltheke wird schließlich eine Auswahl an Kräutern wie Basilikum, Schnittlauch, Oregano und Koriander angeboten.

Bio-Lebensmittel

Bio-Lebensmittel *(Organic Foods)* haben bei vielen Australiern keinen besonders hohen Stellenwert. Das liegt zum Teil daran, dass auch Nicht-Bioprodukte wie Rindfleisch oder Lamm erheblich besser schmecken, als man es aus Europa kennt. Außerdem sind Australier sparsame Menschen, die sowieso schon für Lebensmittel mehr zahlen müssen als etwa in Deutschland. Daher ist die Bereitschaft, mehr Geld für ein Produkt auszugeben, das im Grunde nicht viel anders schmeckt, eher gering.

Entsprechend werden Bio-Produkte in Supermärkten nur in kleinem Umfang angeboten.

Schlussverkäufe

Ende Juni und an Weihnachten ist Schnäppchensaison. Es gibt zwei große Schlussverkäufe, und zwar den Weihnachtsverkauf, der traditionell am 26. Dezember *(Boxing Day)* beginnt, sowie den Schlussverkauf zum Ende des Finanzjahres in der letzten Juniwoche *(End of Financial Year Sale)*.

Bei diesen Schlussverkäufen finden Schnäppchenjäger nicht nur Angebote im Bereich Bekleidung und Schuhe, sondern auch bei Elektrogeräten, Software oder auch beim Neuwagen-Kauf. Die beste Zeit, um eine Klimaanlage zu kaufen, ist übrigens Ende Juni, da es um diese Zeit am kältesten ist und daher die Verkäufe für Klimaanlagen fast nicht existent sind.

Kleidungs- und Schuhgrößen

Australien macht international eher wenig Eindruck auf die Modewelt und importiert in großem Umfang Bekleidung aus anderen Ländern (vor allem aus China). Trotzdem macht man sich bei einem kleinen Markt wie Australien nur selten die Mühe, die Größenbezeichnungen an lokale Standards anzupassen. Da der Durchschnitt der hiesigen Frauen leider übergewichtig ist, ist die Standard-Kleidergröße, die frau in den Läden findet, zumeist Größe 10 (d. h. Größe 40), während Größe 6 quasi nicht existiert, wenn frau nicht gerade in der Kinderabteilung nachschaut. Wer also ursprünglich Größe 36 hat, dem bleibt nur, nach Größe 8 zu schauen und zu hoffen, dass dieses Kleidungsstück klein ausfällt.

Eine gute Idee ist, sich vor dem Umzug nach Australien und bei allen folgenden Besuchen in der alten Heimat mit neuer Bekleidung einzudecken. Nicht zuletzt schneidet die Qualität von europäischer Bekleidung im Vergleich meist erheblich besser ab.

Damengrößen							
Europa	36	38	40	42	44	46	48
Australien	6	8	10	12	14	16	18

Diese Größen gelten nicht für Unterwäsche und Badebekleidung. Hier sollte frau mindestens ein bis zwei Größen größer kaufen. Wer also Kleidergröße 8 hat, wird sich in Bikinis Größe 10 oder 12 wohlfühlen.

Männer müssen sich bei den Größen nicht umgewöhnen: In den meisten Fällen gibt es nur M, L, und XL zur Auswahl. Ansonsten sind Hemdengrößen für Herren wie aus Europa gewohnt, bei Hosen wird oft der Bauchumfang in amerikanischen Inch-Größen oder umgerechnet in Zentimetern gemessen. Bei Schuhen ist die Umrechnung weniger einfach, da in Australien sowohl Schuhe mit britischen wie auch mit amerikanischen oder kontinental-europäischen Größen verkauft werden. Hier hilft es, einmal ein paar Schuhe im Schuhladen durchzuprobieren, bis man die richtige Größe gefunden hat.

Schuhgrößen Damen							
Europa	36	37	38	39	40	41	42
Australien	6	6	7	8	9	10	10
Großbritannien	3½	4	5	5½	6½	7	8
USA	5½	6	7	7½	8½	9	10

Schuhgrößen Herren							
Europa	40	41	42	43	44	45	46
Australien / GB	6½	7	8	9	9½	10½	11
USA	7½	8	9	10	10½	11½	12

Baumärkte

Australier arbeiten gerne selbst in Haus und Garten. Nicht zuletzt deshalb, weil das Wetter in den meisten Gegenden ganzjährig sonnig und warm ist. Darum gibt es in fast jeder Stadt wenigstens einen kleinen Baumarkt. *Bunnings Warehouse* ist Marktführer mit über 170 Groß-Baumärkten und 59 kleineren Geschäften. Bei *Bunnings* versorgen sich Heimwerker wie auch Baufirmen mit fast allem, was in Haus und Garten benötigt wird, von der Zimmerpflanze bis hin zur kompletten Badezimmerausstattung. *Bunnings* bietet kostenlose Kurse für Heimwerker an zu Themen wie Anstreichen, Fliesen legen, Laminatfußböden installieren oder Parkett renovieren. *Bunnings* bietet zusätzlich separate Kurse für Frauen an, die lieber ohne Männer heimwerken wollen, und auch für Kinder werden regelmäßig Bastelkurse angeboten.

Des Weiteren gibt es andere Baumarkt-Ketten wie *Mitre Ten, Thrifty Link Hardware* oder *Home and Hardware,* die eine vergleichsweise kleinere Auswahl bieten und zumeist etwas höhere Preise haben.

Post

Briefkästen sind in Australien rot mit weißer Aufschrift; dasselbe gilt für die Filialen der *Australia Post.* Öffnungszeiten sind von Montag bis Freitag 8:30 Uhr oder 9 Uhr bis 17 Uhr oder 17:30 Uhr. Manche Filialen haben auch samstags geöffnet, dann meist bis 11 Uhr oder 12 Uhr.

Postfächer sind sehr beliebt und kosten etwa $80 pro Jahr. Mit einem Postfach schützen Australier ihre Privatsphäre, da sich die Hausadresse so nicht ermitteln lässt. Außerdem ersparen sie sich bei einem Umzug den Ärger, überall die neue Adresse durchgeben zu müssen.

Zusammengefasst: Nicht alles ist schlechter

Zu Anfang werden Sie in Australien sicher einiges vermissen, an das Sie in Europa gewöhnt waren. Viele Produkte, die man in Europa als Fertigprodukte bekommt, kann man leicht selbst machen. Nicht zuletzt gibt es die Zutaten für Semmelknödel, Rösti, Jägerschnitzel, Milchreis und andere europäische Leckereien in jedem Supermarkt. Gut essen kann man in Australien genauso wie in Europa, vor allem mit Hinblick auf die hochwertigen Frischwaren, die in den Auslagen der Supermärkte zu finden sind.

Zusammengefasst: Nicht alles ist schlechter

Allerdings werden Sie erheblich mehr für Nahrungsmittel ausgeben, als Sie es vormals aus Europa gewöhnt sind. Aber daran gewöhnt man sich letztendlich auch.

Bezogen auf australische Bekleidung fällt die Umstellung sicher einfacher, wenn Sie eine relativ große Garderobe mitbringen und dann nach und nach Erkundungen einholen, wo man in Ihrer Umgebung gut einkaufen kann.

Kapitel 21

Gastronomie und Küche

Die australische Küche ist stark beeinflusst von der britischen, vor allem, wenn es um Köstlichkeiten wie *Meat Pie* (heiße Fleischpastete), Bratwurst mit Kartoffelpüree *(Bangers and Mash)* und Kürbis in tausend Varianten geht (sogar in Lasagne!). Und nicht zuletzt haben die Briten den Australiern die Liebe zum Bier vererbt.

Eigenständiger sind hier nicht nur der Frühstückstoast mit *Vegemite* (scheußlicher Hefeaufstrich), sondern auch Steak und Garnelen mit Bergen von langsam gegarten Zwiebeln vom BBQ-Grill. Überhaupt ist Grillen mit der Familie oder guten Freunden die beliebteste Art, um Partys oder Familienfeste zu feiern.

Für Süßes können sich Australier ebenfalls begeistern. Zu den traditionellen Leckereien gehören hier die *ANZAC Biscuits* (knusprige Plätzchen mit Haferflocken und Kokosraspeln) und die in Schokolade getunkten und mit Kokosraspeln bestreuten *Lamingtons* (weiche Kuchen). Sogar eine eigene Brotsorte gibt es: den *Damper*, der eigentlich im gusseisernen Topf *(Camp Oven)* in der Asche eines Lagerfeuers gebacken werden sollte, der aber auch aus einem normalen Ofen gut schmeckt.

Australische Mahlzeiten

Auf dem Frühstückstisch sieht man oft löslichen Kaffee oder schwarzen Tee, weißes Toastbrot mit Orangen- oder Erdbeer-Marmelade oder *Vegemite* sowie alternativ Müsli. Beliebt ist auch gebratener Speck *(Bacon)* mit gebratener Tomate und Rührei – selbstverständlich mit Toast serviert.

Zum Mittagessen *(Lunch)* muss es etwas Schnelles sein, wie etwa ein Burger oder ein belegtes Brot *(Sandwich)* aus dem Café. Die größte Mahlzeit am Tage ist dann abends das *Dinner* mit der Familie.

Restaurants öffnen zumeist gegen 11:30 Uhr fürs Mittagessen und gegen 18 Uhr fürs Abendessen. Manche Restaurants geben Rabatte, wenn man vor 18 Uhr bestellt. In kleineren Städten wird die Küche schon gegen 20 bis 21 Uhr geschlossen, in größeren Städten kann man auch bis 22 Uhr noch bestellen. Fast Food bekommt man selbstverständlich zu jeder Tageszeit. An wichtigen Durchgangsstraßen haben manche Schnellimbisse sogar rund um die Uhr geöffnet.

Etikette beim Essen

Australier sind nicht pingelig. Benehmen Sie sich einfach so, wie Sie es daheim gelernt haben, dann machen Sie alles richtig. Australier empfinden es allerdings als unangenehm, wenn Deutsche in Restaurants dieses oder jenes zu bemängeln haben. Ist das Essen zu warm, zu kalt, schlecht gewürzt oder sonstwie verbesserungswürdig, versuchen viele Deutsche, dem Problem auf dem Grund zu gehen und dem Kellner Bescheid zu sagen, damit sich der nächste Gast nicht mehr darüber ärgern muss. Die typisch deutsche Art, mit einem gut gemeinten Ratschlag helfen zu wollen, fällt hier also leider nicht auf fruchtbaren Boden. Wenn es also nicht gerade Ihr Stammlokal ist, hat es nur selten Sinn, etwas zu bemängeln. Man sagt am besten nichts – und kommt einfach nicht mehr wieder.

Essen im Pub, Hotel oder Restaurant

Ein Pub oder ein *Hotel** ist in etwa das, was man sich in Deutschland als Gasthof vorstellen kann. Viele Europäer, die hier essen wollen, sind oft erst einmal verwirrt von dem merkwürdigen Service-Konzept: Im Pub oder Hotel gibt es nämlich keinen Tischservice. Wer Durst hat, der holt sich ein Bier oder eine Cola von der Bar, Essen wird an einem anderen Tresen bestellt. Damit man weiß, wann das Essen fertig ist, bekommt man ein Gerät, das ähnlich wie ein Handy piept und vibriert,

* Das was sich Europäer unter einem Hotel vorstellen, ist in Australien ein *Motel*. Für Australier ist ein *Hotel* hauptsächlich eine Kneipe oder *Pub*. Zimmer zum Übernachten gibt es im Hotel zwar auch, aber die sind meist nur notdürftige Angelegenheiten.

wenn es Zeit ist, die Teller abzuholen. Manchmal bekommt man auch eine Nummer, die auf den Tisch gestellt wird. In diesem Fall müssen Sie das Essen nicht selbst abholen. Selbstverständlich wird alles im Voraus bezahlt, und auch später kommt keine Bedienung mehr an den Tisch, um weitere Bestellungen anzunehmen.

In Gegenden, wo der Anteil der Touristen höher ist, kommt manchmal ein Kellner für die Getränke und für eine allgemeine Einweisung an den Tisch, aber auch hier muss fast immer alles im Voraus bezahlt werden.

Insgesamt kann man gerade in einem Pub oder Hotel sehr günstig und gut essen, vor allem dann, wenn sich der Pub in einer weniger touristischen Gegend befindet. Hier haben Sie zudem eine echte Chance, das eine oder andere australische Original kennenzulernen.

In allen anderen Restaurants ist der Tischservice so wie gewohnt. Finden Sie am Eingang ein Schild mit der Information *Bring your Own* oder auch nur »*BYO*«, dann bedeutet das, dass Sie Ihren Wein selbst mitbringen können und nur für die Gläser eine *Corkage Fee* bezahlen. Alkoholfreie Getränke müssen allerdings im Restaurant gekauft werden.

Nach dem Essen ist es üblich, dass alles mit einer Rechnung bezahlt wird. Kellner finden es meist sehr anstrengend, wenn Gäste separat bezahlen wollen. Auf manchen Speisekarten findet man sogar den Hinweis »*Strictly one bill per table*«. Hier hängt es dann von der Gruppe ab, ob einer für alle die Rechnung übernimmt oder ob jeder seinen Beitrag auf den Tisch legt.

Trinkgeld ist übrigens nicht üblich, vor allem nicht, wenn man auf dem Land unterwegs ist. Ist man in einem Restaurant vom Essen oder vom Service begeistert, so ist ein Trinkgeld aber eine gute Idee. Dann sind 10 bis 15 Prozent empfehlenswert, die man beim Gehen auf dem Tisch liegen lässt.

Essen zum Mitnehmen

Schnellimbisse oder Restaurants mit spezieller Speisekarte *(Take Away Menu)*, die Essen zum Mitnehmen anbieten, sind sehr beliebt. Bei einem *Takeaway* findet man all das, was man aus Europa auch kennt und so einiges mehr. Besonders verbreitet sind etwa Inder, Chinesen und Türken sowie australische Imbisse mit Burger und *Fish and Chips*.

Den in Deutschland sehr beliebten Döner findet man zwar recht häufig, allerdings sind die Zutaten und das Geschmackserlebnis völlig anders (für europäisch genormte Gaumen leider nicht unbedingt besser) – Döner mit Ananas, Pilzen und Petersilie sind hier nicht selten. Griechische Imbisse und Gyros gibt es vergleichsweise selten, und auch deutsche Imbisse mit Fokus auf »Currywurst-Pommes« oder mit holländischen Spezialitäten wären sicher noch eine tolle Geschäftsidee für zukünftige Einwanderer.

In fast allen Einkaufszentren findet man *Food Courts*, wo an kleinen Ständen die unterschiedlichsten Gerichte aus aller Welt angeboten werden. Bei *Takeaways* wie auch in den *Food Courts* zahlt man für eine Mahlzeit um die $10, bei Restaurants mit *Take Away Menu* oder bei aufwendigeren asiatischen Gerichten wird es teurer.

Kneipenbesuch mit Freunden

Wenn man mit Freunden für einen Drink ausgeht, geht traditionell eine Person zur Bar und kauft Getränke für alle. Sind die Gläser leer, ist der Nächste an der Reihe, die Runde zu bezahlen. Das führt leider viel zu oft dazu, dass etwa bei einer Gruppe von sechs Personen jeder sechs Gläser Bier trinkt, um ja nicht etwas zu verpassen. Das ist aber zum Glück nicht immer so: Oft geht auch jeder selbst zur Bar und versorgt sich mit Getränken, sodass hier kein Zwang besteht, besonders viel zu trinken.

Eine unangenehme Eigenart vieler Australier ist, dass sie auch nach einem paar Gläsern Bier immer noch denken, dass sie fahrtüchtig sind. Auf diese Weise kommt es an gerade an Freitag- und an Samstagabenden oder vor Feiertagen nicht selten zu Unfällen. Hier sind allerdings nicht nur andere Fahrzeugen betroffen, sondern auch Fahrradfahrer und Fußgänger, wenn die betrunkenen Autofahrer nicht mehr in der Lage sind, die Spur zu halten und bis auf den Bürgersteig fahren.

Rauchen in Bars und Restaurants

Wer in Australien Alkohol oder Zigaretten kaufen oder konsumieren will, der muss mindestens 18 Jahre alt sein. Rauchen ist fast überall im öffentlichen Raum verboten, jedoch gibt es in Bars und Restaurants oder auch bei öffentlichen Veranstaltungen immer eine Raucherecke. Das führt gelegentlich dazu, dass die Raucher aus der Raucherecke gar nicht mehr auftauchen, und aus einer Party plötzlich zwei werden – nämlich eine Raucher- und eine Nichtraucherparty.

Was mitbringen bei Einladungen?

Wenn Sie zu jemandem nach Hause eingeladen werden, ist das meistens zum *Barbie* oder zum *Tea.* Das *Barbie* hat nichts mit der Puppe von Mattel zu tun, und beim *Tea* gibt es auch fast nie Tee. In Australien ist eben vieles ein bisschen anders als erwartet.

Beim *Barbie* handelt es sich um eine Grillparty, die etwa bei Freunden im Garten, am Strand oder in einem öffentlichen Park stattfindet. Hierbei bringt fast immer jeder sein eigenes Fleisch (eventuell auch Teller und Besteck) und sein eigenes Bier mit, am besten in der eigenen *Esky* (Kühltasche). Da der Gastgeber für diese Partys kein Geld vorstrecken und keine Verpflegung kaufen muss, macht es ihm übrigens auch nichts aus, wenn der Gast ungefragt einen Freund oder seinen Partner mitbringt.

Beim *Tea* ist man nicht zu Kaffee und Kuchen, sondern zum Abendessen eingeladen. Wenn der Gastgeber sagt, dass man zum *Barbie* oder *Tea* nichts mitbringen muss, ist es eine gute Idee, eine Flasche Wein oder Blumen als Gastgeschenk mitzubringen.

Nicht zuletzt sollte man eine Einladung grundsätzlich ernst nehmen, auch wenn man den Gastgeber vielleicht erst gerade kennengelernt hat. Wenn der Gast nicht kommt oder auch zu spät kommt, oder sich nicht abmeldet mit einer netten Entschuldigung, dann sind die Gastgeber meist sehr enttäuscht. Sollten Sie eine schriftliche Einladung erhalten, sehen Sie vielleicht das Kürzel *RSVP (*kurz für: *répondez s'il vous plait).* Hier sollten Sie antworten und Bescheid sagen, ob Sie kommen möchten oder nicht.

Kochen daheim – mit dem *Slow Cooker*

Ein interessanter Trend für Köche daheim ist der *Slow Cooker* oder Langsam-Kochtopf. Dabei handelt sich um ein elektrisches Gerät mit einem Einsatz aus Keramik, in dem man Gerichte kochen kann, die typischerweise länger auf dem Herd oder im Backofen vor sich hin köcheln müssten. Dazu gehören etwa Bolognese, Gulasch oder *Boeuf Bourgignon*. Ein *Slow Cooker* hat zwei Einstellungen nämlich *Low* – für eine Garzeit von etwa acht Stunden – und *High* für die halbe Kochzeit. Die Idee dahinter ist, dass man vor der Arbeit die Zutaten schnell in einer Pfanne vorbrät und mit einer Soße in den Kocher gibt. Wenn man abends von der Arbeit heimkommt, ist dann das Essen sofort fertig. Es gibt mittlerweile sogar in den Supermärkten spezielle Soßenmischungen von Maggi oder Masterfoods, sodass man sich auch beim Würzen noch Zeit sparen kann.

Fazit: Mehr als nur Vegemite

Australier haben ihre Eigenarten beim Essen, auch wenn sich etwa beim Thema *Vegemite* die Geister scheiden. Manche Australier lieben es, die anderen finden es einfach furchtbar. Hier kann einzig der Selbstversuch Abhilfe schaffen – aber bitte nur hauchdünn auf den Toast aufstreichen!

Ansonsten ist das Thema Essen in Australien relativ unkompliziert, wenn man darüber Bescheid weiß, dass man sich Getränke im *Hotel* oder *Pub* eben selbst besorgen muss, und dass zumeist nur im »richtigen« Restaurant die Teller an den Tisch gebracht werden. Gemeinsame *BBQs* am Strand oder im Stadtpark mit mitgebrachten Köstlichkeiten können ebenfalls ein gesellschaftliches Highlight werden und vermeiden zudem, dass nach Ende der Party der Gastgeber alleine die Wohnung aufräumen und Berge von Tellern spülen muss.

Das Beste allerdings ist, dass passend zum *Aussie Lifestyle* Grillpartys und auch viele gemeinsame Mahlzeiten ganzjährig bei angenehmen Temperaturen in freier Natur stattfinden, was erheblich zum Reiz des Lebens in Australien beiträgt.

Kapitel 22

Öffentliche Verkehrsmittel

Australien ist ähnlich wie die USA ein Autofahrerland. Die typische australische Familie hat mindestens zwei Autos, daher sind Häuser mit Doppelgaragen kein seltener Anblick in den Vorstädten *(Suburbs)*. Busse gelten in vielen Gegenden des Landes als Verkehrsmittel für sozial Benachteiligte.

Öffentlicher Nahverkehr

In den Städten liegt die erlaubte Höchstgeschwindigkeit im Straßenverkehr bei fünfzig oder sechzig Kilometern pro Stunde. Der tatsächlich gefahrene Durchschnitt liegt in Großstädten wie Sydney, Brisbane und Melbourne rund um die Uhr eher bei 30 Kilometern pro Stunde. Zudem ist Sydney berüchtigt für seine Einbahnstraßen, und Melbourne für seine merkwürdige *Hook Turn* Abbiegetechnik, bei der man wegen der Straßenbahn beim Rechtsabbiegen aus der linken Spur abbiegen muss. Und dann gibt es noch in vielen Großstädten mautpflichtige Straßen *(Toll Roads)*, wo sich die Mautkosten für Fahrten zur Arbeit je nach Wohnort pro Tag auf $20 und mehr aufsummieren können. Da ist Autofahren nur selten ein Genuss! Großstädte bieten zumeist ein gut ausgebautes öffentliches Bus- und Nahverkehrs-Schienennetz, das je nach Wohnort eine Alternative zu den verstopften Großstadtstraßen bieten kann. In Sydney und Brisbane kann man außerdem einige Strecken gut per Fähre überbrücken.

In ländlichen Gebieten und kleineren Städten, wie etwa in Cairns oder Darwin, beschränkt sich der öffentliche Verkehr auf Busse, die die Hauptverkehrsachsen der Stadt abfahren. Abends und an Wochenenden sind die Verbindungen spärlich oder nicht existent, sodass nicht selten nur das Taxi als Ausweichlösung bleibt. Wenn Politiker auf dem Land über den Ausbau des Verkehrsnetzes sprechen, geht es dann auch selten um den öffentlichen Nahverkehr, sondern fast immer um Straßenerweiterungen.

Insgesamt nehmen australische Busfahrer ihren Arbeitsauftrag nicht immer so ernst, dass sie auch jeden Passagier mitnehmen würden. Gerade auf dem Land kann es gelegentlich vorkommen, dass der Busfahrer einfach keine Lust hat, an einer Haltestelle anzuhalten, oder dass er zwischendurch in einem Laden verschwindet, um schnell noch Einkäufe zu erledigen. Auch Verspätungen von 15 Minuten und mehr sind keine Seltenheit.

Unterwegs mit dem Fahrrad

Australier benutzen ihr Fahrrad nicht nur als Sportgerät, sondern auch als Fortbewegungsmittel. Das gilt vor allem für Großstädte, in denen Parkplätze rar sind. Da Autofahrer dazu tendieren, Fahrradfahrer zu übersehen, sollten Fahrradfahrer doppelt vorsichtig sein und den vorgeschriebenen Fahrradhelm nicht daheim vergessen. Ein Trikot in Neonfarben sowie bei Nacht blinkende Fahrradlampen helfen, sichtbar zu bleiben.

In Städten wie Melbourne, Sydney und Cairns gibt es viele Kilometer Fahrradwege, auch entlang von Parks und Stränden. In Brisbane gibt die Stadtverwaltung kostenlos den *Brisbane Bicycle Experience Guide* heraus. Die Karten für Brisbanes 760 Kilometer Fahrradwege kann man auch direkt aus dem Internet herunterladen.

Überland-Verkehr mit Flugzeug, *Greyhound* und Zug

Aufgrund der riesigen Entfernungen zwischen den Landeshauptstädten findet der private Überlandverkehr fast ausschließlich in der Luft statt. Von Brisbane nach Sydney sind es etwa 1.000 Kilometer, von Sydney nach Melbourne 900 Kilometer. Autobahnen gibt es nur in den Großstädten, zwischen den Städten existieren fast nur zweispurige Landstraßen, die nicht selten von unzähligen Lastwagen verstopft werden und zudem nur wenige Überholmöglichkeiten bieten. Nachtfahrten sind ebenfalls nicht empfehlenswert, da Kängurus und andere Wildtiere über die Straße laufen und schwere Unfälle verursachen können. So kann eine 1.000 Kilometer lange Reise auf einer schmalen Landstraße sich über zwei bis drei Tage hinziehen. Dieselbe Strecke ist per Flugzeug in knapp einer Stunde überbrückt. Australiens nationale Fluglinie *Qantas* bietet Flüge auch in Kleinstädte und entlegene Gegenden des Landes an. Billig-Anbieter wie *Jetstar* oder *Virgin Blue* unterbieten fast immer die Preise von *Qantas* auf beliebten Strecken wie Sydney – Melbourne oder Cairns – Brisbane. Sie konzentrieren sich aber nur auf einen Teil des Streckennetzes.

Größere Strecken lassen sich auch per *Greyhound*-Überlandbus oder im Zug überwinden, beispielsweise im *Tilt Train* von Brisbane nach Cairns oder im *Ghan* von Adelaide nach Darwin. Bei Australiern gelten diese Transportmöglichkeiten als interessant für Urlauber, nicht aber als ernst zu nehmender Ersatz für den Luftverkehr. Dem Busfahrer stellen sich nämlich dieselben Hindernisse wie dem Autofahrer, sodass sich auch Busfahrten endlos hinziehen können.

Auch in finanzieller Hinsicht sind Flüge unschlagbar: Eine Fahrt im *Tilt Train* von Brisbane nach Cairns dauert etwa 24 Stunden und kostet um die $300. Für dieselbe Strecke im *Greyhound*-Bus zahlt man ab etwa $292 und fährt 30 Stunden. Ein Flug hingegen ist ab $99 zu haben und dauert knapp über zwei Stunden.

Taxis

Taxifahren in Australien kann ein angenehmes oder auch frustrierendes Erlebnis sein. Vor allem in Großstädten wie Sydney oder Melbourne werden Taxifahrerposten traditionell mit Einwanderern aus Indien oder Pakistan besetzt, für die wiederum Taxifahren nur ein Notbehelf bis zum nächsten Job ist. Entsprechend weiß ein Taxifahrer oftmals nicht, wohin er seinen Gast bringen soll. Dann bleibt es dem Fahrgast überlassen, dem Fahrer die Route zu erklären. Wenn der Taxifahrer schließlich anfängt, in der Stadtkarte oder im Routenplaner herumzusuchen, empfiehlt es sich, ihm zu sagen, er solle solange das Taxameter abstellen. Immerhin ist es sein Job, zu wissen, wo es hingegen soll. Vielfach nutzen Taxifahrer es auch aus, dass sich der Fahrgast nicht auskennt, und fahren bewusst Umwege, um den Fahrpreis zu erhöhen. Wer regelmäßig Probleme mit Taxifahrern hat, der könnte eventuell gleich mit dem Straßenatlas in der Hand ins Taxi steigen und dem Fahrer das Ziel der Fahrt auf der Karte zeigen.

In kleineren Städten kann Taxifahren eine gute, wenn auch nicht ganz billige Alternative zum Bus sein, da das öffentliche Verkehrsnetz meist schlecht ausgebaut ist und es daher sowieso keine Alternative gibt, wenn man kein Auto besitzt.

Fahrgemeinschaften im Taxi werden übrigens nicht gerne gesehen. Wenn zwei Gäste sich ein Taxi teilen und der zweite Gast an einem anderen Ort aussteigt, müssen in den meisten Fällen beide Gäste mehr als den halben Fahrpreis zahlen, auch wenn der Taxifahrer die Strecke nur einmal fährt. Über die tatsächliche Summe entscheidet der Taxifahrer. Lädt der Fahrgast, der zuletzt aussteigt, allerdings den anderen Gast ein, zahlt der eine voll und der andere gar nichts.

Öffentlicher Verkehr – zusammengefasst

- Der öffentliche Nahverkehr ist nur in Großstädten gut ausgebaut, in Kleinstädten ist ein eigenes Auto fast schon ein Muss.
- Vorsicht Taxifahrer: Gerade in Großstädten wissen Taxifahrer oft nicht, wo sie hin müssen, manche Fahrer fahren außerdem mit Absicht teure Umwege.
- In Kleinstädten bleibt vor allem nach Feierabend oft nur das Taxi als Alternative zum Nahverkehrsnetz.
- Fahrräder können eine Alternative für den Weg zur Arbeit sein. In vielen Städten gibt es ein gut ausgebautes Radwegenetz.
- Bei Strecken über 400 Kilometern sind Busse und Züge keine Konkurrenz für die billigen und schnellen Flüge.

Kapitel 23

Polizei und Notfälle

Polizei in Australien

Die meisten Polizisten, die man in Australien zu sehen bekommt, sind Verkehrspolizisten oder gelegentlich Sicherheitsbeamte in Kneipenvierteln. In ländlichen Gebieten und im Outback sind Polizisten oft stilgerecht im Geländewagen unterwegs, in Städten oft auch per Pferd oder Fahrrad.

Typischerweise trifft man Polizisten, wenn man einen Strafzettel bekommt oder wenn man an einem Unfall beteiligt ist. Gelegentlich werden ganze Straßen abgesperrt, um einen anonymen Massen-Alkoholtest durchzuführen. Solange man hier nicht als Alkoholsünder auffällt, sind die Beamten immer sehr freundlich.

Falls es notwendig werden sollte, einen Unfall- oder Zeugenbericht in einer Polizeistelle abzugeben, zeigt sich die andere Seite des Polizeilebens: viel Arbeit und wenig Zeit für mehr als nur das Nötigste. Einbrüche und Verkehrsunfälle werden daher oft mit wenig Priorität behandelt, sodass sich die meisten Fälle nach einer Weile im Sande verlaufen und eingestellt werden.

Ärger mit dem Nachbarn – eine Geschichte aus Queensland

Einige junge Leute sitzen an einem heißen Sommerabend in ihrem Swimming Pool, hören Musik und feiern. Irgendwann nach 24 Uhr beschwert sich der Nachbar, allerdings nicht bei den jungen Leuten – obwohl er sie persönlich kennt –, sondern direkt bei der Polizei.

Gegen 1 Uhr kommt der Polizist von der Nachtschicht vorbei und bittet die Partygäste, die Musik etwas leiser zu machen. Sie haben nicht das Gefühl, dass die Musik zu laut ist, machen sie trotzdem leiser und entschuldigen sich beim Polizisten. Seine Meinung dazu: »Ich finde die Musik auch nicht zu laut. Wenn ich jetzt nicht im Dienst wäre, würde ich mich auch lieber zu Euch in den Pool setzen.«

Notruf

Die landesweite Notruf-Nummer ist **000** (*Triple Zero*) für alle dringenden Fälle. Anrufer werden zumeist erst nach *»Police, Fire or Ambulance?«* (Polizei, Feuerwehr oder Krankenwagen) gefragt, damit sie an die passende Stelle weitervermittelt werden können. Rufen Sie von einem Handy aus an, werden Sie wahrscheinlich gefragt, wo Sie sich gerade befinden. Wichtig ist, dass Sie nicht vor lauter Aufregung direkt wieder auflegen, sondern so lange am Telefon bleiben, bis alle Fragen beantwortet sind. Falls Sie ein Verbrechen melden möchten und es sich nicht um einen Notfall handelt, rufen Sie am besten bei Ihrer lokalen Polizeistelle an oder bei *Crime Stoppers*, Telefon 1-800 333 000. Hierbei handelt es sich um eine private Organisation, die der Polizei zur Seite steht und bei der man sich anonym melden kann, wenn man das Gefühl hat, etwas Verdächtiges beobachtet zu haben.

Reisepass und andere Papiere für in Australien lebende Deutsche

Wer in Australien lebt, der muss seinen Reisepass mit dem Visum nicht ständig bei sich tragen, wenn er alternativ einen australischen Führerschein vorweisen kann, der praktisch den Personalausweis ersetzt. Das Visum ist übrigens auf den Rechnern der Einwanderungsbehörde gespeichert, sodass bei einer Kontrolle schnell festgestellt werden kann, ob es noch gültig ist. Einen Reisepass brauchen Sie eigentlich nur, wenn Sie das Land verlassen. Falls Sie einen neuen benötigen, etwa, weil der alte Pass nicht mehr gültig ist, können Deutsche diesen nur persönlich in den Generalkonsulaten in Sydney, Canberra und Melbourne beantragen. Es lohnt sich also, einen neuen Passantrag beizeiten vorauszuplanen und den Pass gut zu verstauen, damit Sie ihn garantiert nicht verlieren.

Sperrung von Geldkarten

Deutsche Kreditkarten werden in den meisten australischen Geschäften und Supermärkten akzeptiert, mit deutschen EC-Karten können

Sie an jedem Geldautomaten Geld ziehen. *Traveller's Cheques* sind daher in Australien völlig überflüssig. Wird die Karte allerdings gestohlen oder geht verloren, so wird es nötig, schnell zu handeln.

In den meisten Fällen gelten folgende Notfall-Nummern:

- Visa: 1-800-125-440
- Mastercard: 1-800-120-113
- EC-Karte: Telefonnummer Ihrer Hausbank

Eine gute Idee ist es, die Notfall-Rufnummern direkt ins Handy einzuspeichern, damit Sie bei Bedarf nicht lange suchen müssen.

Es wird empfohlen, vor der Abreise nach Australien vorsichtshalber noch einmal mit der Bank zu sprechen, um zu prüfen, ob die Telefonnummern noch aktuell sind. Außerdem ist es eine gute Idee, Ihre Bank darüber zu informieren, dass Sie in der nächsten Zeit vielleicht auch größere Summen aus Australien abheben werden. Damit ersparen Sie sich möglicherweise, dass die Bank Ihre Karten »auf Verdacht« sperrt, weil auffällige Abhebungen aus dem Ausland gemacht wurden, die nicht in Ihr Kundenprofil passen.

Jugendarbeit der Polizei

Besonders beeindruckend ist in Australien die Jugendarbeit der Polizei. Die *Police Citizens Youth Clubs (PCYC)* bieten vorwiegend Kindern und Jugendlichen interessante und günstige Sport- und Kulturangebote an. Außerdem können Kinder nach der Schule täglich zum *PCYC* gehen, falls ihre Eltern um diese Zeit noch arbeiten. In Queensland gibt es fast 50 *PCYC*-Clubs, in New South Wales sogar fast 60 Clubs mit über 70.000 Mitgliedern. Die Jahresgebühr für Jugendliche liegt abhängig vom Club bei etwa $10 bis $40, Erwachsene zahlen etwas mehr.

Jeder Club hat unterschiedliche Schwerpunkte. Der *PCYC* in Cairns (Queensland) hat etwa einen eigenen Boxring und bietet unter anderem Kurse in Tae Kwon Do, Capoeira und Gymnastik an. Im *PCYC* in Paramatta (Sydney) können Kinder und Jugendliche Hip Hop-Tanz,

Breakdance, Bogenschießen und Karate lernen. Insgesamt ist es auf jeden Fall eine gute Idee, nach dem lokalen *PCYC* zu forschen und zu schauen, was vor Ort angeboten wird.

Polizei und Notfälle – zusammengefasst

- Wer mit der Polizei zu tun bekommt (etwa bei einem Alkoholtest oder Strafzettel), der kann damit rechnen, dass er von der Polizei fair behandelt wird, solange er sich selbst ebenso benimmt.
- Die Notrufnummer ist 000 (»Triple Zero«)
- Wenn Sie einen australischen Führerschein haben, benötigen Sie den Reisepass nur für die Ein- und Ausreise.
- Informieren Sie sich frühzeitig über Notruf-Nummern im Falle von Problemen mit Ihren Geldkarten.
- *PCYCs* sind von der Polizei geleitete Jugendclubs, die interessante Kultur- und Sportangebote für wenig Geld anbieten.

Kapitel 24

Sport und Freizeit

Australien ist eine sportbegeisterte Nation. Bereits in der Schule haben Kinder die Möglichkeit, die verschiedensten Sportarten auszuprobieren. Dazu gehören nicht nur die aus dem deutschen Sportunterricht gewohnten Sportarten wie Fußball und Schwimmen, Leichtathletik und Volleyball, sondern je nach Region auch »exotischere« Sportarten wie etwa Golf oder Surfen (mehr dazu im Kapitel »Bildungssystem«).

In Australien gibt es zudem Vereine für fast alle Hobbys, die man sich vorstellen kann: vom Mineralienverein, indem mit speziellen Gerätschaften Edelsteine und Mineralien in Form geschliffen werden, über Segelclubs, Football- und Cricketvereine bis hin zu den weitverbreiteten *German Clubs.*

Ein Anlaufpunkt für sportlich und kulturell begeisterte junge Leute sind auch die Jugendclubs der Polizei *(Police Citizens Youth Clubs, PCYC),* die im Kapitel »Polizei und Notfälle« vorgestellt werden. Die Mitgliedschaft in einem Verein ist fast immer sehr günstig, da möglichst viele Menschen für das entsprechende Interessengebiet begeistert werden sollen. Damit die Vereinskassen nicht leer bleiben, unternehmen die meisten Clubs in regelmäßigen Abständen *Fundraising*-Veranstaltungen. Zu den Aktionen gehören Verlosungen *(Raffles)* oder Würstchenverkäufe *(Sausage Sizzles)* auf öffentlichen Veranstaltungen sowie verschiedene andere kreative Maßnahmen, mit denen Geld für den Verein gesammelt werden soll.

Vereine sind eine hervorragende Gelegenheit, Australier kennenzulernen und neue Freunde für sich selbst und die Kinder zu finden. Auch wenn Ihre Sportart in diesem Kapitel vielleicht nicht dabei ist – schauen Sie sich einfach einmal in Ihrem neuen Wohnort um, welche Clubs es gibt und werden Sie Mitglied. Auf diese Weise werden Sie sich in Australien viel schneller wie daheim fühlen.

Sportarten rund um Sonne und Meer

Australier lieben alle Sportarten rund um das Wasser. Nicht selten wird das ganze Leben so organisiert, dass man möglichst viel Zeit im oder am Wasser verbringen kann.

Segeln

Australien ist bekannt für seine Segelregatta *Sydney to Hobart*, die jedes Jahr in Sydney an Weihnachten beginnt und knapp drei Tage später in Hobart endet. Auch wenn Sie selbst kein Bedürfnis haben, Rekorde zu brechen, so ist es doch sehr einfach und nicht teuer, segeln zu lernen und auch regelmäßig segeln zu gehen, auch ohne eine eigene Jacht zu besitzen. Fast jede Stadt, die am Meer liegt, hat mindestens einen Segelclub. In Großstädten wie etwa Sydney gibt es gleich eine ganze Reihe zur Auswahl. Viele Clubs berechnen für eine Mitgliedschaft für die ganze Familie unter $200 im Jahr, es gibt aber auch einige, die das Doppelte verlangen. Hier lohnt sich also ein Blick in die Preisliste, bevor Sie Mitglied werden. Die Ausrüstung ist übrigens nicht sehr teuer: Einfache Segelschuhe mit weißen Sohlen und Segel-Handschuhe kosten zusammen weniger als $100.

Viele Segelclubs bieten im Rahmen der Mitgliederwerbung günstige Segelkurse an. Segelkurse laufen in Australien anders ab als in Deutschland: Die Praxis steht im Vordergrund, nicht das Papier. Wo man in Deutschland noch dicke Wälzer mit Theorie durchackern muss, erhält man in Australien ein kopiertes Blatt mit ein paar Grundlagen und den wichtigsten Seemannsknoten. »Den Rest könnt ihr dann im Buch nachlesen. Kauft euch einfach eins im Segelladen.« (Zitat aus einem Segelkurs). Segeln lernt man direkt an Bord, in der Praxis, mit den Händen an den Seilen und der Nase im Wind. Ein Abschlusszeugnis gibt es nachher zwar auch nicht, aber darauf kommt es den Australiern nicht an.

Selbst wenn Ihr Club keinen Kurs anbietet, so werden oftmals regelmäßig kleinere Trainingsrennen durchgeführt. Und da fast jeder erfahrene Seemann Kapitän *(Skipper)* sein will, wird ständig nach Freiwilligen gesucht, die beim Segeln mithelfen.

Schwimmen und Wasserspielplätze

Schwimmen ist normalerweise ein Teil des Schulsports. Schwimmvereine nutzen in vielen Fällen die Schulschwimmbäder für ihr Training. Laut dem Dachverband *Swimming Australia* sind zudem über 100.000 Australier Mitglied in einem Schwimmverein. Wer gerne schwimmt, der kann auch ohne Verein die öffentlichen Schwimmbäder in vielen Städten Australiens nutzen. In verschiedenen Städten in Nord-Queensland wie etwa Cairns, Townsville, Airlie Beach und Mackay gibt es kostenlose Schwimmbäder, die aber eher Spaßbäder und nicht zum Bahnenschwimmen geeignet sind. Für kleinere Kinder gibt es in vielen Städten kostenlose Wasserspielplätze mit Fontänen statt mit Schwimmbecken, in denen die Kinder beim Spielen gefahrlos nass werden können.

Surfen

Surfen ist an vielen Stränden im Osten und Süden Australiens möglich. Der nördlichste Surfstrand an der Ostküste liegt vor Agnes Water in der Region Bundaberg in Queensland. Von hier aus ziehen sich die Surfstrände die Küste entlang bis hin nach Melbourne. Typische Surferhochburgen sind die Gold Coast in Queensland, die Strände vor Sydney sowie die Great Ocean Road in der Nähe von Melbourne. Auch in Western Australia gibt es gute Surfstrände wie etwa in der Region Margaret River oder direkt in Perth. An Stränden, die keine geeigneten Wellen fürs Surfen haben, dafür aber viel Wind, sieht man oft *Kite Surfer*, also Surfer mit einer Art lenkbarem Fallschirm. Windsurfen ist in Australien eher weniger bekannt.

Die Grundlagen des Surfens können Anfänger innerhalb eines Tages erlernen. Im Grunde geht es nur darum, wie man richtig auf das Brett kommt und wie man oben bleibt. Danach kann es aber noch Jahre dauern, bis man die Körperbeherrschung und auch ein Auge für die richtige Welle hat. Ein zweistündiger Kurs kostet um die $60, hinzu kommen noch die Miete eines Surfboards und später vielleicht das eigene Brett. *Kite Surfing* ist hingegen nicht ganz so einfach, da der »Fallschirm«, von dem sich der Surfer ziehen lässt, immense Kräfte auf den Körper ausübt. Der Surfer muss daher erst einmal lernen, den Schirm zu beherrschen, bevor er überhaupt ins Wasser gehen kann.

Rettungsschwimmer

Rettungsschwimmer finden sich in *Surf and Lifesaving Clubs (SLSC)* zusammen. Man sieht sie an öffentlichen Stränden und in vielen Schwimmbädern, wo sie als zumeist unbezahlte Fachkräfte in kleinen Hütten oder originellen Türmchen sitzen und die Schwimmer in Blick halten. Das ist auch bitter nötig, da an den meisten Stränden an der Ost- und Südküste die Wellen zwar optimal zum Surfen, aber eben nicht sehr sicher für weniger erfahrene Schwimmer sind. Wer etwa in Sydney schwimmen geht, der schwimmt in einem »Wellenbad«, das keineswegs vergleichbar ist mit einem deutschen Binnensee. Hier retten *Life Savers* tatsächlich täglich Leben. Viele Rettungsschwimmer nehmen zudem an nationalen und internationalen Wettbewerben teil. Und nicht zuletzt haben sie einen hohen gesellschaftlichen Stellenwert: Lebensretter sind wichtige Leute – wer dazugehört, der verdient Achtung.

In einem *SLSC* können alle Schwimmer ab 7 Jahren nicht nur wichtige Techniken lernen, die Leben retten können, sondern auch das Surfen, falls es Surfstrände in der Umgebung gibt.

Angeln

Gerade in den ländlichen Regionen Australiens, wo es abgesehen von der Tageszeitung und dem Kino keine oder nur wenige Möglichkeiten gibt, das Wochenende sinnvoll zu verbringen, ist Angeln die Sportart, die alle Einheimischen zusammenbringt. Man trifft sich am örtlichen Bootssteg, der passend *Fishing Pier* heißt, und fischt mit einer Angel oder auch nur einer Angelschnur nach lokalen Leckereien. Oder es geht von der öffentlichen Bootsrampe mit Geländewagen und *Tinny* (kleines Metallboot) vom Anhänger aus direkt ins Wasser. Manchmal gehen ganze Familien zum Fischen raus aufs Meer, manchmal auch nur die Männer unter sich, mit einem entsprechenden Vorrat an gekühltem Bier in der Kühlbox *(Esky)*.

Tauchen

Die Tierwelt in den Gewässern vor Australien ist sehr abwechslungsreich: Von bis zu zwei Meter langen Riesenzackenbarschen *(Potato Cods)* über orangene Clownfische und türkisfarbige Papageienfische am Great

Barrier Reef bis hin zu den etwa 45 Zentimeter langen Fetzenfischen in den Gewässern vor Tasmanien bietet Australiens Tierwelt eine große Vielfalt an Farben und Formen. Auch Haie leben an den Küsten des Kontinents, wie etwa die friedlichen knapp unter zwei Meter langen Riffhaie oder die bis zu 13 Meter langen Walhaie.

Zudem sieht man vor allem in wärmeren Küstenregionen auch Bullenhaie. Weiße Haie hingegen halten sich eher in den kühleren Regionen Süd-Queenslands bis hin nach Western Australien auf. Hai-Unfälle sind selten und treffen zumeist Menschen, die sich an der Wasseroberfläche aufhalten. Zudem hat es in den letzten fünfzig Jahren in Australien jährlich nur einen Todesfall durch Haie gegeben, und das in einem Land, dessen Küste in etwa so lang wie der gesamte Erdumfang ist. Autofahren ist da um einiges gefährlicher!

Tauchen ist im Vergleich zu Europa ein eher unterentwickelter Sport. Es gibt kaum Tauchbasen oder Tauchclubs im europäischen Sinne, die ein Zusammengehörigkeitsgefühl vermitteln und bei denen man sich auch nur mal zu einem Bier treffen könnte. Das ist besonders schade, da das etwa 2.000 Kilometer lange Great Barrier Reef zu den besten Tauchgebieten der Welt gehört.

Das Great Barrier Reef liegt vielerorts mindestens eine Stunde Bootsfahrt von der Küste entfernt. Es gibt nur wenige Plätze, an denen es Sinn macht, direkt vom Strand aus zu Schnorcheln oder zu Tauchen. Auf einer kommerziellen Tagestour ans Great Barrier Reef zahlt man oft an die $150 nur fürs Schnorcheln. Mit Tauchen kostet der Ausflug um die $220. Das motiviert nicht gerade, regelmäßig Tauchen zu gehen. Selbst wenn man das Glück hat, einen Taucher zu kennen, der ein eigenes Boot besitzt, passiert es nur allzu oft, dass der betreffende Taucher nur mit Harpune Speerfischen will und an Tauchfotografie oder an entspannter Tierbeobachtung nicht interessiert ist.

Das Great Barrier Reef ist jedoch nicht das einzige empfehlenswerte Tauchgebiet Australiens. Weitere gute Tauchplätze gibt es etwa vor Brisbane im Moreton Bay Marine Park und vor North Stradbroke Island sowie an verschiedenen Stränden von Sydney (Boot- und Strandtauchgänge), entlang der Küste von Victoria und in den eiskalten Gewässern vor Tasmanien.

Beliebte Sportarten zu Lande

Australischer Football

Football oder kurz *Footy* gehört neben *Cricket* zu den beliebtesten Publikumssportarten des Landes. Beim *Footy* geht es darum, einen ovalen Ball über eine Ziellinie zu tragen oder in ein weites Tor zu kicken. Das Spielfeld erinnert an *American Football*, allerdings tragen die Spieler wie die europäischen Fußballer nur Trikots und kurze Hosen anstelle von Helm und Harnisch wie die Amerikaner. Sanfter geht es auf dem Spielfeld trotzdem nicht zu.

In ganz Australien gibt es Football- oder Rugby-Vereine, in denen Mann aktiv werden kann. *Football* richtet sich zwar vorwiegend an Männer, aber es gibt auch verschiedene *Football*-Clubs für Frauen, beispielsweise in den Großräumen Brisbane, Melbourne, Perth und Sydney.

In Australien gibt es gleich drei *Footy*-Verbände, und zwar:

- *Australian Rules Football (AFL)*
- *Rugby League (NRL)*
- *Rugby Union* (v.a. in Queensland und New South Wales)

Die Ergebnisse und Tabellenplatzierungen in der Bestenliste *(Ladder)* der Erstliga-Mannschaften werden zusammen mit *Cricket* in den Fernsehnachrichten mit gleicher Wichtigkeit durchgegeben wie die Bundesliga-Ergebnisse in Deutschland. Die *Football*-Spiele der besten Mannschaften werden an den Wochenenden im öffentlichen Fernsehen übertragen. Besonders beliebt sind Spiele gegen den Erzfeind Neuseeland, den die *All Blacks* (das Neuseeländische Team) grundsätzlich mit einem einschüchternden Maori-Kriegstanz, dem *Haka* beginnen.

Europäischer Fußball

Seit die australischen Fußballer in den Weltmeisterschaften immer besser abschneiden, steigt auch das allgemeine Interesse an Fußball *(Soccer)*. Die nationale Fußball-Liga heißt *A League*. In kleineren Städten gibt es wenig Gelegenheit, traditionellen Fußball zu spielen, da sich die meisten Vereine auf *Footy* konzentrieren. Auf der Suche nach einem lokalen Fußballverein für Männer oder Frauen hilft oft das Stichwort *Futsal*. Hierbei handelt es sich um eine Variante, die auf kleinerem Spielfeld in zwei Fünfer-Teams gespielt wird und in Australien fast noch beliebter ist als der traditionelle Fußball.

Cricket

Australische Väter spielen mit ihren Kindern in ihrer Freizeit nicht Fußball, sondern *Cricket*, weil dabei auch die kleinen Kinder mitspielen können, ohne sich zu überanstrengen. Das Wichtigste am Spiel ist, dass ein Spieler wirft, ein zweiter den Ball mit dem breiten Cricketschläger zurückschlägt und die übrigen Spieler den Ball wieder zurückwerfen. Abgesehen davon versuchen die Spieler, sich in der australischen Hitze möglichst wenig zu bewegen. Das ist *Cricket*.

Mit Blick auf das offizielle Regelwerk ist *Cricket* sicher die schwierigste (und langweiligste) Sportart überhaupt, trotzdem lieben Australier ihre *Cricket*-Helden, deren Spiele gottesdienstgleich im Fernsehen oder auch auf Großbildschirmen in den Kneipen verfolgt werden. *Cricket*-Spiele können Stunden oder auch Tage dauern. Punkte werden nach kryptischen Systemen verteilt. Die Skandale um die Spieler sind manchmal fast noch interessanter als die eigentlichen Spielergebnisse, vor allem dann, wenn es um die Nationalmannschaften von Australien, Indien und England geht. In den Mannschaften der großen Ligen spielen immer nur Männer, aber auf lokaler Ebene gibt es auch Cricketteams für Frauen.

In jeder Stadt des Landes gibt es mit Sicherheit mindestens einen *Cricket*-Verein. Wer sich für den Sport interessiert oder einfach nur einmal einer typisch australischen Sportart eine Chance geben will, der sollte sich einmal nach einem Verein in seiner Nähe umschauen.

Golf

Australien ist ein Land voller Golfplätze – von Wüsten-Golf in Coober Pedy bis hin zu Insel-Golf auf Dunk Island am Great Barrier Reef ist alles möglich. Auch der längste Golfplatz der Welt befindet sich in Australien. Der 1.400 Kilometer lange 18-Loch-Platz liegt an der Nullarbor Road von Adelaide nach Perth, und zwar zwischen Ceduna und Kalgoorlie. Nach Schottland und Neuseeland gehört Australien mit über 1.400 Golfplätzen zu den Ländern mit der höchsten Golfplatzdichte der Welt*. Weil Golf spielen keine Elitesportart ist, sondern eine Freizeitbeschäftigung für Jedermann und Jederfrau, sind die vielen Plätze immer gut besucht.

Australiens 1,5 Millionen Golfspieler haben sich in 1.560 Clubs zusammengefunden, viele Golfer spielen aber auch, ohne sich einem Club anzuschließen. Schläger und Golfwägelchen können geliehen werden, und die Gebühren für die Golfplatznutzung halten sich normalerweise im Rahmen (ab etwa $20).

Short Courses: Fremdsprachen, Freizeit, Handwerken

An den lokalen Unis und vor allem an den *TAFE Colleges* finden regelmäßig günstige Hobby-Kurse zu den verschiedensten Themen statt, die man in etwa mit Volkshochschulkursen vergleichen kann. Auf dem Programm stehen beispielsweise Kurse in Buchhaltung am Computer, Internet, Astronomie, Malen mit Pastellfarben, Grundlagen der Massage sowie verschiedene Fremdsprachen und auch Englischkurse für Erwachsene. Das Programm richtet sich nach der Größe der Stadt. In ländlichen Gebieten werden viele Kurse nur auf Anfrage angeboten. Sobald sich genügend Teilnehmer finden, wird der Kurs angeboten. In größeren Städten gibt es eine große Auswahl an Kursen, die zumeist im Februar und Juli beginnen. Handwerker- und Bastelkurse bei den *Bunnings*-Baumärkten sind Werbemaßnahmen und kosten daher nichts (siehe dazu auch Kapitel »Handel«).

Zoos, Freizeitparks und Wasserparks

Die Gold Coast im Süden von Queensland hat die größte Konzentration von Freizeit- und Wasserparks im ganzen Lande, mit Parks wie *Dreamworld*, *Sea World*, *Warner Brothers Movie World*, *Wet'n'Wild* und *Whitewater World*, die allesamt fast in Sichtweite voneinander entfernt liegen. Zudem gibt es in der Nähe der Landeshauptstädte noch eine

* Schottland hat »nur« 543 Golfplätze und Neuseeland 392. Deutschland hat zwar 693 Plätze, allerdings auch weit mehr Einwohner...

Reihe von weiteren Parks, die sich vor allem auf Attraktionen rund um das Thema Wasser konzentrieren, wie etwa der *Big Splash Waterpark* in Canberra, die *Manly Waterworks* in Sydney und der *Jamberoo Action Park* in der Nähe von Wollongong in New South Wales. Der *Adventure Park* in Geelong bei Melbourne ist ebenfalls vorwiegend ein Wasserpark, und *Adventure World* in Perth hat neben Spaß im Wasser auch einige Achterbahnen zu bieten. Wasserparks im weitesten Sinne sind auch die großflächigen tropischen Lagunenlandschaften in Cairns und Airlie Beach im Norden von Queensland, wo man sich kostenlos in angenehmer Parklandschaft erfrischen kann.

Verteilt über ganz Australien findet man eine ganze Reihe von erstklassigen Großaquarien wie etwa *Underwater World* in Mooloolaba an der Sunshine Coast und *Reef HQ* in Townsville, die die queensländische Unterwasserwelt präsentieren. Im *Melbourne Aquarium* können die Besucher Haie und Stachelrochen hinter dicken Panorama-Glasscheiben bewundern; das *AQWA* in Perth stellt die Küste West-Australiens vor und behauptet von sich, Australiens größtes Aquarium und Unterwassertunnel zu besitzen.

Zudem gibt es in fast jeder größeren australischen Stadt mindestens einen Zoo, in denen Besucher vorwiegend australische Tiere sehen können. Besonders sehenswert hinsichtlich Tiere aus aller Welt sind etwa der *Taronga Zoo* in Sydney wie auch das *Cairns Wildlife Safari Reserve* in Queensland. Der durch Steve Irwin bekannte *Australia Zoo* an der Sunshine Coast nördlich von Brisbane ist ebenfalls einen Besuch wert, allerdings empfinden ihn viele Gäste als sehr überlaufen und kommerziell.

Einige Zoos bieten interessante Sonderaktionen an, wie etwa Übernachtung im Haitunnel in *Underwater World* in Mooloolaba (nur in den Ferien) oder auch in einem Safarizelt im Taronga Zoo in Sydney. In Melbourne können Besucher beispielsweise am Pinguin-Gehege frühstücken und im Vogelpark *Rainforest Habitat* in Port Douglas in Nord-Queensland mit Papageien zu Mittag essen. Im *Australia Zoo* schließlich können Kinder von sieben bis zwölf Jahren für einen Tag bei der Arbeit hinter den Kulissen des Zoos mithelfen *(Zoo Keeper for a Day)*.

Öffentliche BBQs

Ein besonders schönes Beispiel für den *Aussie Lifestyle* sind die an vielen Stadtparks, Stränden und sogar in Nationalparks kostenlos bereitgestellten Gas-Grills *(BBQs)*. Dort können Einheimische und Gäste ihre Steaks und Würstchen grillen und bei einem Picknick in netter Runde die schöne australische Natur genießen. Und da nicht jeder Australier nach dem Essen Lust hat, den Grill wieder zu reinigen (was eigentlich selbstverständlich sein sollte), kommt regelmäßig eine städtische Putzkolonne oder ein Parkranger vorbei, um die Heizplatten zu säubern und die Gasflaschen wieder aufzufüllen.

Fazit: Freizeitnation Australien

Australier leben für ihre Freizeit, die sie mit ihren Kindern bei Sport und Spiel im Verein, aber vor allem am Strand oder auf dem Wasser verbringen wollen. Durch die geschickte Positionierung vieler Feiertage an den Beginn der Woche gibt es viele lange Wochenenden im Jahr, an denen australische Familien ihren liebsten Hobbys nachgehen können, sei es nun Segeln, Surfern, Angeln oder auch nur Grillen am Strand. Wenn Sie neu sind im Land, schließen Sie sich am besten der allgemeinen Freizeitkultur an; probieren Sie doch einfach mal etwas Neues aus, dann werden Sie sicher schnell Anschluss zu Gleichgesinnten finden.

Kapitel 25

Gesellschaft und Mentalität

Landesstolz

Die beste Art, um australischen Landesstolz »unverdünnt« zu erleben, ist der Besuch einer *ANZAC** Zeremonie bei Morgengrauen am 25. April. Hier erlebt man eine ganz unerwartete Seite der Australier, die fest auf der Seite ihrer Soldaten stehen, egal, ob sie in Gallipolli, Vietnam oder heutzutage in Afghanistan kämpfen.

Nicht zuletzt hat Australien eine enorme Landesgrenze von an die 40.000 Kilometer, die nach Ansicht der Bevölkerung vom Militär gegen illegale Einwanderer aus Asien »geschützt« werden muss. Der Schutz ihres reichen Landes ist den Australiern sehr wichtig. Hier wird hart durchgegriffen, auch wenn die Anzahl der illegalen Einwanderer im Vergleich etwa zu Europa eher klein ist.

Der Landesstolz geht aber nicht so weit, dass er in rechtsradikale Tendenzen abweicht. Australier gehen lieber an den Strand, zum Angeln oder zum Surfen, anstatt Ausländer anzugehen. Wenn das doch einmal vorkommt, wird über jeden einzelnen Vorfall in den Medien breit berichtet und die Täter als Ausnahmen verdammt.

Die australische Familie

Der Traum fast eines jeden Australiers und jeder Australierin ist, eine Familie mit zwei oder drei Kindern zu haben, ein freistehendes Einzelhaus mit Garten und nicht zuletzt zwei Autos zu besitzen: eines für sie und eines für ihn. Ein nicht unerheblicher Teil der australischen Frauen neigt dazu, sich in Vollzeit um ihre Kinder zu kümmern und

* ANZAC = Australian and New Zealand Army Corps. Ein Armeekorps des Britischen Empire zu Zeiten des Ersten Weltkriegs. Das Korps wurde aus australischen und neuseeländischen Kräften gebildet.

nicht mehr arbeiten zu gehen. Aber auch, um die Kinder zur Schule zu bringen, braucht man ja ein eigenes Auto – der Schulbus ist für viele einfach nicht standesgemäß.

Die Frauen- und Männerparty

Eine interessante Beobachtung, die man immer wieder auf australischen Partys macht, ist die Tatsache, dass Männlein und Weiblein fast immer getrennt feiern. Das Abendessen wird zwar von allen Partygästen noch gemeinsam eingenommen, aber wenn man danach einmal ein Auge auf die Bewegungen der Gäste hält, erkennt man, wie sich nach und nach das weibliche und das männliche Element voneinander trennen. Die Damen besprechen dann »unter sich« Frisuren, Kosmetik und Kinder, während es sich bei den Männern eher um Motorsport oder Angeln dreht.

Das Ganze geht übrigens eher unbewusst vor sich, und es wird auch keine Dame gezwungen, sich bei ihren Geschlechtsgenossinnen aufzuhalten, wenn sie sich lieber über Motorräder als über Nagellack unterhält.

Wenn allerdings auf der Party eine größere Anzahl an Ausländer(inne)n anwesend ist, bleibt die Gesellschaft oft den ganzen Abend über bunt gemischt.

Nachbarschaftsverhalten

Wie auch anderswo hängt die Nachbarschaft davon ab, welche Gegend man sich zum Wohnen aussucht. In Wohnblocks mit Mietwohnungen kann man aufgrund der Mietverträge von minimal einem halben Jahr davon ausgehen, dass man seinen Nachbarn gerade dann mit Vornamen kennengelernt hat, wenn er wieder beim Auszug ist. Mehr als das Türenschließen am Morgen, wenn der Nachbar zur Arbeit geht, und gegen Abend, wenn er zurückkehrt, kann man hier nicht erwarten.

In Wohngebieten mit Einzelhäusern richten sich die meisten Familien hingegen für länger ein, allerdings kann man auch hier nicht viel Kontakt erwarten. Es sei denn, man macht selbst den ersten Schritt und lädt die Nachbarn etwa zum BBQ in den eigenen Garten ein. Wichtig zu wissen ist, dass Familien mit kleineren Kindern Neubaugebiete bevorzugen. Wenn Sie selbst kleinere Kinder haben, bieten diese Wohngebiete die besten Gelegenheiten, um Spielkameraden für

Ihre Kinder zu finden, die wahrscheinlich sogar in die gleiche Schule gehen werden.

Australier wollen nach Möglichkeit Konflikte vermeiden. Wenn sie sich aber doch über das eine oder andere ärgern, kommt es gelegentlich vor, dass sie nicht direkt beim betreffenden Nachbarn Bescheid sagen, z. B. wenn die Party abends zu lang war, der Hund zu laut bellt oder ein Hahn als Haustier in dieser Wohngegend nicht erlaubt ist. Stattdessen rufen sie direkt bei der Polizei oder bei der Stadtverwaltung an (manchmal sogar anonym), damit der Betreffende zwar einen Strafzettel bekommt, aber keinen bestimmten Nachbarn dafür verantwortlich machen kann.

Umgang mit neuen Bekannten

Wenn Sie in Australien jemanden kennenlernen – ganz gleich ob im beruflichen oder privaten Umfeld – werden Ihnen die meisten Leute sofort ihren Vornamen nennen. Sogar der Premierminister nennt den Moderator im Fernsehinterview beim Vornamen, allerdings gilt dasselbe in diesem Fall nicht andersherum.

Interessanterweise sorgt diese künstliche Nähe und das fehlende »Sie« im Englischen dafür, dass es viel leichter fällt, mit Leuten zu arbeiten, die man mit Vornamen benennt, auch wenn man sie vielleicht kaum kennt. In der Arbeitswelt bleibt der Chef allerdings immer der Chef, auch wenn man ihn mit Vornamen ansprechen darf. Achten Sie am besten bei neuen Bekannten darauf, wie sich Ihr Gegenüber bei Ihnen vorstellt, dann können Sie sich problemlos auf dieselbe Weise vorstellen.

Die meisten Australier haben übrigens ein beeindruckendes Namensgedächtnis. Haben Sie einmal Ihren Vornamen genannt, werden Sie sicher noch oft direkt von den betreffenden Personen mit Ihrem Vornamen angesprochen. Sollten Sie also die Gelegenheit bekommen, Ihre Nachbarn mit Vornamen kennenzulernen, ist es vielleicht eine gute Idee, den Namen gleich aufzuschreiben, um ihn nicht so schnell wieder zu vergessen. Wenn man den Namen nicht mehr weiß, kann man auch problemlos *Mate* sagen (»Sir« finden Australier zu eingebildet).

Achtung Fettnäpfchen: »Du musst«

Im Deutschen sagt man gerne »du musst«, auch wenn man »du kannst«, »du könntest« oder »du solltest« meint. Im Englischen sagen daher viele unbewusst *»you must«*, auch wenn sie nur einen gut gemeinten Ratschlag geben wollen. Das macht bei Australiern aber einen eher unhöflichen Eindruck, weil sich niemand sagen lassen möchte, was er zu tun hat. Bessere Alternativen wären etwa *»you could«*, *»you should«*, *»it might be a good idea if«*, *»what if...«*

Die australische Frau

Es gibt drei interessante Typen von Frauen in Australien, die man so in deutschsprachigen Ländern eher selten trifft. Hierbei handelt es sich um die *Ladettes* (Wortspiel mit *Lad* = Junge und *Lady*), um die junge Hausfrau und Mutter und zum dritten um die vielseitige Firmenchefin im Mittelstand.

Das Wort *Ladette* bezeichnet eine Fernsehsendung *(»Ladette to Lady«)*, in der besonders auffällige junge Frauen freiwillig in ein Internat gehen, um all das in Sachen Benehmen nachzuholen, was sie nie gelernt haben oder auch bisher nie lernen wollten. *Ladettes* sind junge Frauen in den 20ern, die bis zum Umfallen trinken, die sich in Kneipen mit anderen Frauen oder Männern prügeln und sich insgesamt betont männlich-aggressiv geben. Viele dieser Frauen können keine lange Beziehung halten, weil ihre dominante Art den meisten Männern eher unangenehm ist.

Ganz am anderen Ende der Skala befinden sich die Frauen, die direkt nach der Schule versuchen, zu heiraten und möglichst schnell schwanger zu werden, damit sie ihr Leben ihren Kindern und deren Schulaktivitäten widmen können. Dieser Typ Frau hat zumeist keine gute Schulausbildung und keine Berufsausbildung, und versucht daher, das behütete Leben und die Nähe zur Schule lebenslang aufrecht zu erhalten.

Den dritten Typ Frau findet man ganz oft in Familienbetrieben im australischen Mittelstand, der unter *Small Business* zusammengefasst wird. In diesen Familienbetrieben sind es ganz oft die Frauen, die alle Fäden zusammenhalten, während die Männer sich um andere Aufgaben im Betrieb kümmern. »Ach, darüber musst du mit meiner Frau reden, damit kenne ich mich nicht so aus«, ist eine ganz typische Antwort, die man bei Telefonaten mit diesen Firmen erhält.

Selbstverständlich lebt der Großteil der Australierinnen ein ganz ähnliches Leben wie ihre europäischen Kolleginnen: Vollzeit-Arbeit und danach die doppelte Belastung durch Hausarbeit und zwei oder manchmal drei Kinder. Australische Männer kümmern sich nämlich gerne intensiv um ihre Kinder, aber das schließt den sonstigen Haushalt normalerweise nicht ein.

Australischer Geschäftssinn

Australier sind glänzende Verkäufer, innovative Erfinder, schlaue Landwirte, gute Baumeister und kreative Architekten – aber leider nur allzu oft hoffnungslos in Sachen industrieller Produktion, und zwar vor allem dann, wenn eine konsistente Qualität eingehalten werden muss.

Hat ein Australier eine gute Idee für eine neue Erfindung, so wird in den meisten Fällen in der Garage jahrelang an einem Prototyp herumgebastelt. Australier erwarten dabei sehr oft von der Regierung finanzielle Unterstützung. Bei näherem Hinschauen stellt man dann ab und zu fest, dass die Erfindung, an der man so lange gearbeitet hat, schon anderswo auf der Welt existiert.

Ist die Erfindung allerdings wirklich eine Neuerung und verlangt Produktionsanlagen, die eine gleichbleibend hohe Qualität erreichen, so ist es nicht immer eine australische, sondern in vielen Fällen eine chinesische Firma, die das Produkt schließlich billiger und in besserer Qualität herstellt.

Ein Witz zur Mentalität der Australier, den man sich in australischen Regierungskreisen erzählt

Ein Amerikaner, ein Schotte und ein Australier sitzen in einer Kneipe im Outback und genießen ein kühlendes Bier in der flirrenden Hitze. Ein *Roadtrain* kommt in voller Fahrt herangebraust, der Fahrer verliert aus unerfindlichen Gründen die Kontrolle über seinen Lastzug und schlittert durch die Mauer direkt in die Kneipe. Die drei Männer sind leider sofort tot, der Barkeeper hingegen ist unverletzt und rettet sich auf die Straße, wo er seinem völlig zerstörten Pub nachtrauert.

> Fünf Minuten später taucht der Amerikaner urplötzlich wieder hinter ihm auf. Der Barkeeper traut seinen Augen nicht und fragt: »Wo kommst du denn her? Und wenn du schon hier bist, wo sind dann die andern?«
>
> »Ganz einfach«, sagt der Amerikaner, »als ich oben an der Himmelspforte ankam, meinte Petrus ›Der Unfall war überhaupt nicht geplant. Für $50 könnt ihr wieder zurück auf die Erde‹. Die $50 habe ich natürlich sofort bezahlt. Darum bin ich auch wieder hier.«
>
> »Und die zwei anderen?« fragt der Barkeeper.
>
> »Der Schotte verhandelt noch beim Preis, und der Australier ist der festen Überzeugung, dass die Regierung für ihn zahlt.«

Die Telefon-Gesellschaft

Während die Deutschen eher versuchen, Geschäftliches und Privates weitgehend per eMail zu erledigen, und nur dann zu telefonieren, wenn es sein muss, ist die Situation in Australien genau andersherum: Wenn hier etwas schnell passieren muss, dann greift man zum Telefon, bei Freunden schreibt man eine SMS. In manchen Firmen werden eMails zwar gelesen, dann aber ignoriert oder schnell mit einem Anruf beantwortet.

Wenn es sich nicht um eine eilige Sache handelt, lohnt es sich einmal zu testen, ob die betreffende Firma oder Person auf eMails überhaupt antwortet. Bei wichtigen oder eiligen Dingen bleibt das Telefon aber immer das Mittel der Wahl.

Verrückte »Feiertage«

Australier haben einen gewissen Hang, ständig auf die eine oder andere Gruppe von Mitbürgern aufmerksam machen zu wollen, die es schwer in ihrem Leben haben oder die unter der einen oder anderen Krankheit leiden. Das sind dann sogenannte A*wareness Days.* So gibt es etwa den *Wear Orange to Work Day* am 13. November, der an die harte Arbeit der SES-Leute erinnern will *(SES = State Emergency Service*, vergleichbar mit dem Technischen Hilfswerk). Bei *World's Greatest Shave* werden Köpfe geschert und Geld für die *Leukaemia Foundation* gesammelt. In der *Movember*-Aktion, die den ganzen November über dauert, lassen sich Männer einen Schnurrbart *(Mo,* kurz für: *Moustache)* wachsen und sammeln Geld für gemeinnützige Vereine wie etwa die *Prostate Cancer Foundation of Australia.* Und dies sind nur einige Beispiele für viele andere Aktionstage, die sich über das ganze Jahre erstrecken und bei denen auch regelmäßig um Spenden für die verschiedensten Zwecke gebeten wird.

Strandkultur und Hautkrebs

Australien gilt als eines der Länder mit der höchsten Hautkrebsrate der Welt, jährlich sterben etwa 1.648 Australier an dieser Krebsart. Im Vergleich dazu sterben im Jahr fast 12.800 Australier an Lungenkrebs und anderen Atemwegserkrankungen, die wiederum oft eine Folge des Rauchens sind. Im Umkehrschluss könnte man also sagen, dass Hautkrebs in Australien doch kein so großes Problem ist. Das gilt aber nur für Menschen, die sich immer, wenn sie ins Freie gehen, auch gewissenhaft mit 30+ Sonnencreme schützen, und die eine Sonnenbrille und eine Kopfbedeckung tragen. Beim Schwimmen im Freien wird zum Schutz des Rückens etwa ein spezielles Bade-T-Shirt aus Lycra empfohlen, das man vor allem bei Kindern oft sieht.

Leider gibt es aber viele Australier – dabei handelt es sich vor allem um die aus der älteren Generation – die sich weigern, Sonnencreme zu benutzen, weil sie der Ansicht sind, dass ihre Haut sich an die Sonne gewöhnt hat. Kommt es dann zum Hautkrebs, ist es für Reue leider zu spät, und Operationen können im besten Falle schlimme Narben hinterlassen.

Weil aber ein gesunder, bronzener Hautton auch bei jungen Australiern (vor allem bei den weiblichen) sehr beliebt ist, hat sich neben den traditionellen Sonnenbänken für die Rundumbräune auch die »Sonnendusche« durchgesetzt. Für etwa $30 lässt vor allem frau sich hier gefahrlos mit einer Chemikalie braun ansprühen, um ganz ohne Risiko einfach rundum gut auszusehen.

Am Strand findet man selbstverständlich trotzdem noch viele junge Leute, die sich stundenlang braun (viele auch rot) brennen lassen. Hier handelt es sich aber oft auch um Touristen aus dem Ausland, die nicht ohne sommerliche Bräune in die Heimat zurückfliegen wollen.

Umweltschutz

Australien ist ein riesiges Land mit großflächigen, scheinbar unbewohnten Regionen, die zumeist von Rinderfarmen oder großen Minen besetzt sind. Das australische Gegenstück zu der deutschen Partei »Die Grünen« heißt passenderweise die *Greens*; diese Partei hat aber außerhalb Tasmaniens kaum Gewicht. Das allgemeine Desinteresse an Politik und die Grundeinstellung, dass sich die Regierung schon um die Natur kümmern sollte, hat dazu geführt, dass die großen konservativen Parteien selbst den Naturschutz in ihr Programm einbinden, soweit es für sie von Vorteil ist. In Sachen Naturschutz und Klimawandel ist vor allem die *Labour Party* aktiv.

Wenn wirklich etwas bewegt werden soll, so sind es oft die lokalen Bürgerrechtsgruppen, die sich der einen oder anderen Sache annehmen, wie etwa der Abholzung der Regenwälder in Tasmanien, bei neuen Staudämmen oder neuen Straßen durch Naturschutzgebiete, die ihrer Ansicht nach gestoppt werden müssen.

Religion

Australier sind keine sehr religiösen Menschen. Jedenfalls nicht in der gleichen Weise wie die Amerikaner, die ihre Gottesfürchtigkeit öffentlich vor sich hertragen. Australier reden eher wenig über Religion, auch wenn sie vielleicht jeden Sonntag in die Kirche gehen und ihre Kinder in eine katholische Privatschule schicken. Es gibt Kirchen für die verschiedensten christlichen Glaubensrichtungen sowie Moscheen und Sikh Tempel. Auch Mormonen *(Latter Day Saints)* und Scientology sind in Australien weit verbreitet. Als tolerante Gesellschaft erlaubt Australien seinen Einwohnern, die passende Kleidung zu ihrer Religion zu tragen. Dazu gehören unter anderem auch Turbane und Burqa (Totalverschleierung).

An den Haustüren klopfen neben Kabelfernseh-Verkäufern gelegentlich auch Mormonen und Zeugen Jehovas, Scientology wirbt eher mit Aktionen an öffentlichen »Informationsständen«, wo sie kostenlose Seminare anbieten. Es empfiehlt sich, bei diesen vermeintlich großzügigen Angeboten Vorsicht walten zu lassen.

Weiße Australier und Ureinwohner

Viele Australier, die jetzt erwachsen sind und mit den Kindern von australischen Ureinwohnern in dieselbe Schule gingen, erinnern sich immer noch daran, dass sie nicht selten neidisch auf ihre dunkelhäutigen Mitschüler waren. Aborigine-Kinder hatten immer Geld, immer Zigaretten und all das, was sich andere Jugendliche nicht leisten konnten. Kein Wunder also, dass die Stimmung in solchen Schulen nie so gut war. Heute haben dieselben Weißen einen Job, ein Haus und eine mehr oder weniger intakte Familie. Dieselben Ureinwohner hingegen leben in überfüllten Sozialwohnungen, bekommen Sozialhilfe und müssen nicht selten wegen Nierenschäden zur Dialyse.

Aborigine-Kinder lernten früher wie heute in den öffentlichen *State Schools* was wichtig ist, um als *Whitefella* (weißer Mann) in Australien im Leben Erfolg zu haben. Kaum kommen sie nach Hause, werden sie von ihren traditionell denkenden Eltern, Tanten und Onkeln darüber belehrt, was für einen *Blackfella* wichtig ist – und das sind ganz andere Dinge als die, die man in der Schule mitbekommt.

Kein Wunder also, dass diese Kinder nicht wissen, wo sie hingehören und in der Schule oft nur sehr schlecht abschneiden. Ohne Motivation durch ihre Eltern erreichen sie nicht viel, außer vielleicht das Gefühl zu bekommen, dass die *Whitefellas* ihnen alles weggenommen haben. Alkohol ist ebenfalls ein Problem. Da ihr Körper Alkohol nicht abbauen kann, sind Aborigines viel schneller betrunken als etwa Europäer.

Glücklicherweise trifft diese Situation nicht auf alle australischen Ureinwohner zu: Es gibt auch viele, die gut ausgebildet sind, eine funktionierende Familie und einen Beruf haben, mit dem sie zufrieden sind. Aber leider ist das immer noch die Ausnahme und nicht die Regel. Es ist schwer, den Konflikt zwischen Tradition und Moderne zu lösen, an dem so viele Jugendliche bereits zerbrochen sind.

Fazit: Die stressfreie Gesellschaft

Australien hat eine sehr tolerante, wenn auch manchmal ein wenig oberflächlich gestimmte Gesellschaft. Freundschaften sind einfach zu knüpfen, gehen aber oft nicht in die Tiefe. Freundschaften zwischen Ureinwohnern und Weißen sind eher selten und hängen nicht nur von der Grundeinstellung der Weißen, sondern auch vom familiären Hintergrund der australischen Ureinwohner ab. Themen wie Umweltschutz oder Religion werden in der Öffentlichkeit eher wenig diskutiert.

Ausländern steht man generell offen und freundlich gegenüber. Das liegt nicht zuletzt an dem Bewusstsein, dass in jedem gebürtigen Australier auch ein Stück Europa oder Asien steckt. Daher ist es einfach, sich als neu zugereister Ausländer an die Gesellschaft anzupassen, wenn man sich nur ein wenig Mühe gibt und das eine oder andere, das einen in der alten Heimat massiv geärgert hätte, mit einem lockeren *No Worries, Mate* oder *She'll be right* abtut.

Kapitel 26

Geschichte, Königsfamilie und Politik

Australien hat eine einzigartige Geschichte. Es ist die Geschichte zweier Kulturen mit ganz unterschiedlichen Hintergründen, die auch heute noch nicht ohne Konflikte zusammenleben.

40.000 Jahre ungeschriebene Geschichte

Wie lange Australiens Ureinwohner, die *Aborigines* (d.h., die Menschen, die »von Anfang an da waren«) schon in Australien leben, ist nicht ganz klar. Anhand von archäologischen Funden gehen Experten davon aus, dass Menschen schon seit mindestens 40.000 Jahren in Australien leben, möglicherweise sogar schon seit bis zu 70.000 Jahren. Einer der Grundsätze der Ureinwohner war, dass sie ihre Lebensweise über tausende von Jahren kaum verändert haben, weil sie alles hatten, was sie brauchten. Dies änderte sich ab 1788, nachdem mehrere britische Schiffe im Süden des heutigen Sydney an Land gegangen waren.

Die Siedler der *First Fleet*

Nachdem Entdecker James Cook 1770 als erster Brite die australische Küste entlang gesegelt war und die *Botany Bay* südlich von Sydney benannt hatte, war es acht Jahre später soweit: Am 19. Januar 1788 legten neun Schiffe, die von zwei Kriegsschiffen begleitet wurden, nach 252 Tagen auf See an der Botany Bay an. An Bord waren knapp 1.500 Soldaten, Seeleute und Sträflinge sowie unter anderem ein Bausatz für das Haus des Gouverneurs, 5.000 Ziegel und Kistenweise Nägel. Nachdem sich die Bucht doch nicht so gut für eine Siedlung eignete, wie von Cook beschrieben, segelte man eine Woche später nach Port Jackson. Die erste Siedlung der britischen Kolonie New South Wales wurde daraufhin am 26. Januar 1788 an der Sydney Cove gegründet.

Der 26. Januar wird heute als *Australia Day* bei den Weißen gefeiert – und als Trauertag bei vielen Aborigines.

Das Jahr 1800 kam, und auf dem Kontinent lebten bereits über 5.200 Einwohner. Die Aborigines und die Weißen lebten fürs Erste mehr oder weniger friedlich nebeneinander her. Die britische Regierung schickte weitere Schiffe mit Sträflingen, verschiedene Siedlungen wurden an anderen Stellen Australiens gegründet, waren aber nicht immer erfolgreich. Statt mit Geld wurde mit Alkohol bezahlt – nämlich mit Rum – und die Lebensumstände der freien Siedler waren nur selten besser als die der Sträflinge.

Das »leere« Australien

1835 veröffentlichte das Britische Kolonialamt die These, dass Australien vormals leer war und keinem gehörte: die *Terra Nullius.* Somit gehörte nun alles Land entweder den Siedlern oder der britischen Krone. Und den Aborigines gehörte gar nichts.

Die Kolonie South Australia wurde 1836, Victoria 1851 und Queensland 1859 gegründet, sowie das Northern Territory im Jahr 1863 als Teil von South Australia. Im selben Zeitraum wurden die Anzahl der aus England nach Australien verschifften Sträflinge immer kleiner, bis 1868 schließlich Schluss war. Die zunehmende Anzahl an Siedlern sorgte dafür, dass Aborigines, die zumeist nur mit Speer und anderen Steinzeit-Waffen bewaffnet waren, und Weiße sich immer öfter in die Quere kamen. Aborigines wurden abgeschossen wie lästige Tiere, daraus resultierende Verfahren gegen die Siedler wurden meist eingestellt, wenn es überhaupt so weit kam, dass jemand gemeldet wurde. In vielen Fällen wurden die Aborigines auch in »Missionen« eingesperrt und immer dorthin gebracht, wo gerade Platz für sie war. Viele mussten ihre Heimat und ihre Familien verlassen und an Orten leben, die ihnen völlig fremd waren.

Goldrausch und Acht-Stunden-Tag

Die Goldrauschära begann 1851 in New South Wales und Victoria und löste eine weitere Einwanderungswelle aus England und Irland aus. 1850 lebten 405.000 Weiße im Lande. 1860 hatte sich die Bevölkerung auf dem Kontinent fast verdreifacht, und man zählte schon an die 1,2 Millionen Einwohner. Der Goldrausch machte aus Melbourne die zweitgrößte Stadt im *British Empire*. Melbourne war in diesen Jahren das geistige Zentrum Australiens, und nicht zuletzt auch das Zentrum der australischen Arbeiterbewegung. Schon 1856 setzten die Arbeiter den Acht-Stunden-Tag durch. Eine Leistung, die heute am *Labour Day* gefeiert wird.

In den 1870er Jahren war Australien vor allem für preußische Einwanderer interessant, die durch die Auswanderung dem Militärdienst entkommen konnten und die ihre Kenntnisse vor allem im Süden des Kontinents gewinnbringend in Landwirtschaft und Weinbau einzusetzen wussten.

In den 1890ern folgte nach vielen Jahren des Booms eine große Depression, die unter anderem dazu führte, dass sich die sechs Kolonien zum Wohle aller zusammenschließen wollten. Ein erster Versuch dazu wurde schon 1891 unternommen, aber abgelehnt, weil die anderen Kolonien sich nicht von New South Wales dominieren lassen wollten.

Im Jahr 1900 zählte man fast 3,8 Millionen weiße Einwohner in den Kolonien.

Australien wird unabhängig

In Gesprächen mit der Britischen Regierung einigte man sich im Jahr 1900 auf die Loslösung von England zum 1. Januar 1901. Seitdem gibt es das *Commonwealth of Australia* mit der Queen (damals war es noch Victoria) als Landesoberhaupt und dem Premierminister als ausführendes Regierungsoberhaupt. Die Regierung wurde für den Anfang in Melbourne untergebracht, bis die Reißbrett-Hauptstadt Canberra 1927 fertiggestellt sein würde. Vorausgegangen war ein Streit zwischen Sydney und Melbourne um den Rang der Hauptstadt, bei dem es zu keiner Einigung kam. Canberra lag an einem günstigen Platz zwischen Melbourne und Sydney und war damit eine Alternative, mit der man leben konnte.

1910 bekamen die Australier auch ihre eigene Nationalwährung: das australische Pfund. Das Pfund bestand aus 20 Schilling und jeder Schilling aus 12 Pence.

Gallipoli und die ANZAC-Legende

1914 trat Australien auf der Seite der Briten in den Ersten Weltkrieg ein. Nach nur dreizehn Jahren Unabhängigkeit fühlten sich die Australier immer noch sehr britisch und meldeten sich zu Tausenden als Freiwillige. Zusammen mit den Neuseeländern bildeten sie die ANZAC-Truppen. Die Abkürzung stand dabei für *Australian and New Zealand Army Corps*. Die ANZACs wurden in Ägypten ausgebildet und sollten im April 1915 helfen, Konstantinopel (Istanbul) einzunehmen.

Dabei ging allerdings einiges schief: Die Soldaten wurden an den falschen Strand gebracht und mussten erst einmal Klippen erklimmen. Kaum dort angekommen wurden sie von den wohlvorbereiteten Türken erwartet und niedergemetzelt. Die Schlacht bei Gallipoli ging in die australische Geschichte ein und wird heute immer noch am 25. April als nationaler Gedenktag gefeiert. Im Ersten Weltkrieg wurden 65.000 australische Soldaten getötet und 155.000 verletzt.

Weltwirtschaftskrise und Zweiter Weltkrieg

Australien hatte 1917 bereits mehr als 5 Millionen Einwohner und lebte auch nach dem Ersten Weltkrieg noch vorrangig von seinen landwirtschaftlichen Produkten wie Weizen oder Wolle. Mit der Weltwirtschaftskrise in den 1920ern und 30ern ging es damit bergab, erst Ende der dreißiger Jahre konnte sich die Wirtschaft langsam wieder fangen. Eine der größten Erfolge der 1930er Jahre war die Eröffnung der Sydney Harbour Bridge am 19. März 1932 durch an die 750.000 Fußgänger.

An der Seite der Briten ging es in den Zweiten Weltkrieg. Allerdings stellte sich bald heraus, dass die Briten die Australier nicht mehr schützen konnten, und so rückten die Amerikaner schließlich in Australien ein. Gern gesehen war der Freund aus den Staaten nicht – zum einen, weil sie der Beweis waren, dass die Australier ohne Hilfe nicht auskamen, zum anderen, weil die Amerikaner schickere Uniformen und mehr Geld zur Verfügung hatten und daher bei den Frauen einfach besser ankamen.

1942 wurde Darwin von den Japanern bombardiert. Hier sollen mehr Bomben gefallen sein als in Pearl Harbour*. Das war das erste Mal, dass Australien überhaupt von einer fremden Macht angegriffen wurde, und löste eine entsprechende Panik aus. In Sydney griffen drei japanische U-Boote die dort geankerten Kriegsschiffe an. Nord-Queensland wurde ebenfalls bombardiert, daraufhin wurden die Schulen geschlossen und alle Zivilisten aufgerufen, die Gegend zu evakuieren. In Townsville wurden über 50.000 australische und amerikanische Soldaten stationiert. In der Region Cairns bauten amerikanische Soldaten das Straßennetz aus und suchten den Himmel nach japanischen Flugzeugen ab. In Neuguinea kämpften Australier unter schlimmsten Bedingungen gegen die Japaner in der *Kokoda Track Campaign* in den Jahren 1942 und 1943.

Im Zweiten Weltkrieg sollen fast eine Million australische Soldaten sowie 5.000 australische Ureinwohner für ihr Land gekämpft haben. Um in die Armee eintreten zu können, mussten viele Aborigines ihre Abstammung als Indisch oder Maori angeben. Trotzdem wurden sie nach Ende des Krieges nicht in gleicher Weise belohnt wie ihre weißhäutigen Kollegen.

Der Kokoda Track – eine »Wallfahrt«

Der *Kokoda Track* ist ein schlammiger Dschungelpfad, der aus dem Bergland von Neuguinea nach Port Moresby führt, und der sich zu Beginn des 21. Jahrhunderts zu einem sehr schwierig zu bezwingenden Wallfahrtsweg für Australier entwickelt hat. Auch in den letzten Jahren starben auf dem *Kokoda Track* selbst oder auf dem Weg dorthin noch immer Menschen, weil sie die Strapazen nicht durchhielten – oder auch, weil sie beim Transfer mit den als unsicher bekannten Flugzeugen abstürzten.

Nach 1945: Die Angst vor dem »gelben« Australien

Nach dem Zweiten Weltkrieg war Australien immer noch ein kleines Land mit gerade mal 7,5 Millionen Einwohnern. Politisch fühlte man

* Der Angriff auf Darwin wurde im Film *Australia* (2007) mit den australischen Schauspielern Nicole Kidman und Hugh Jackman thematisiert.

sich immer mehr zu den Amerikanern hingezogen, was sich bis heute gehalten hat. Kein Wunder also, dass in Korea, Vietnam und allen weiteren Konflikten, in denen Amerikaner gefochten haben, auch australische Truppen als Unterstützung mit dabei waren.

Nach dem Zweiten Weltkrieg wurde die Angst vor den Japanern geschürt, auch wenn diese vernichtend geschlagen worden waren. Aber die Australier hatten gelernt: Nachdem sie den dünn besiedelten Norden Queenslands im Krieg evakuiert und damit mehr oder weniger den Japanern überlassen hatten, sollten nun weißhäutige britische und irische Siedler die Lücken füllen. Typische Schlagworte in der Zeit waren *Populate or Perish* und *White Australia Policy.*

Nachdem sich zeigte, dass es gar nicht genug Briten und Iren gab, wie eigentlich gebraucht wurden, wurde auch in Deutschland, Italien, Griechenland und anderswo nach Rekruten gesucht. Man suchte aber nicht nach Gastarbeitern, wie in den Wirtschaftswunderjahren in Deutschland, sondern nach Neubürgern. Über lange Zeit bekamen Einwanderer aus verschiedenen Ländern (darunter auch aus Deutschland) sogar ein Ticket für das Schiff nach Australien geschenkt, was erst 1981 schließlich eingestellt wurde.

Die 1950er bis 70er: Queen Elizabeth II., Olympia und die »gestohlene Generation«

Bemerkenswerte Daten aus der Zeit sind die große Australienreise von Queen Elizabeth II. im Februar 1954, die Olympischen Spiele 1956 in Melbourne und die Einführung des australischen Dollars im Februar 1966. Der Dollar wäre beinahe *Royal* benannt worden, wenn die australische Öffentlichkeit den Namen nicht abgelehnt hätte.

Ein Jahr später, 1967, ereignete sich ein merkwürdiger Unfall, als Premierminister Harold Holt ein Bad im Meer nahm und niemals wiederkehrte.

1967 wurde ein Referendum gehalten, das die Verfassung *(Constitution)* änderte und dafür sorgte, dass das Leben für Aborigines einfacher wurde. Dabei wurden auch die Missionen aufgelöst, sodass die Schwarzen nun selbst entscheiden konnten, wo und wie sie leben wollten. Es dauerte aber immer noch bis in die Mitte der 1970er Jahre, bis Schluss war mit den staatlich sanktionieren Entführungen von Kindern, die als *Stolen Generation** bekannt wurden. Zudem sollten bei Volkszählungen in Zukunft auch Aborigines als Bürger mitgezählt werden.

Für weiße Australier waren die 1960er Jahre echte Boomjahre. Bis Anfang der 70er lag die Arbeitslosigkeit bei nur zwei Prozent. In den 70ern allerdings stieg die Arbeitslosigkeit langsam bis auf sechs Prozent, und die 1980er Jahre schließlich waren Krisenjahre mit zehn Prozent Arbeitslosigkeit in 1983.

Babymord im Outback?

Im Jahr 1980 ereignete sich ein geheimnisvoller Todesfall, der weltweit durch die Medien ging und über Jahre hinweg auflagenstark diskutiert und später sogar verfilmt wurde. Ein neun Wochen altes Baby wurde nach einem Campingausflug zum Ayers Rock am 17. August 1980 als vermisst gemeldet. Beide Eltern erklärten, dass das Baby von einem Wildhund *(Dingo)* aus dem Zelt gestohlen worden sei. Auffällig erschien den Medien wie der Polizei damals, dass Mutter Lindy Chamberlain vor der Kamera nicht weinte und auch sonst sehr ruhig wirkte. Dies wurde so interpretiert, dass sie am Tod ihres Babys einfach schuldig sein musste. Anhand dieser und weiterer Indizien wurde Chamberlain 1982 zu lebenslänglicher Haft und ihr Mann als Beihelfer zu Bewährung verurteilt. Durch Zufall wurden 1986 Babysachen in der Umgebung von Dingos gefunden, worauf Lindy Chamberlain entlassen, aber erst 1988 freigesprochen wurde. Vorher war nicht bekannt gewesen, dass Dingos auch Menschen angreifen. Diese Meinung musste nun revidiert werden.

* Der Begriff *Stolen Generation* bezeichnet die systematische Zwangsentfernung von Kindern aus Familien der australischen Ureinwohner. Betroffen waren schätzungsweise 10 bis 30 % aller Kinder, wobei zumeist »halb-blütige« bevorzugt wurden. Die offizielle Begründung der Regierung war, dass man dadurch den Kindern, die meist in den ärmlichen, von den Weißen geschaffenen »Missionen« lebten, eine bessere Zukunft ermöglichen konnte. Durch Unterbringung in staatlichen Heimen und Freigabe zur Adoption sollten diese »gestohlenen Kinder« nahtlos in die weiße Gesellschaft eingegliedert werden. Die Realität bestand allerdings meist daraus, dass ohne Gerichtsbeschlüsse oder sonstige juristische Legitimation Kinder den Familien entrissen wurden.

Multikulturelles Australien

1981 wurde der 15 Millionste australische Bürger gezählt. In den 36 Jahren nach 1945 hatte sich die Bevölkerung verdoppelt und war plötzlich nicht mehr allein britischen Ursprungs, sondern auf dem Weg in eine multikulturelle Gesellschaft, in der auch Griechisch, Italienisch, Serbokroatisch und Deutsch gesprochen wurde. Daher hatte die Regierung bereits 1979 in die Wege geleitet, dass Australiens mehrsprachige Bürger in Radio und Fernsehen in ihrer Heimatsprache informiert werden sollten. Den TV-Sender *SBS (Special Broadcasting Service)* gibt es seit 1985 (mehr dazu im Kapitel »Medien in Australien«).

Die Kreditkrise der 1980er

Im Laufe der 1980er Jahre stiegen die Kosten für Kredite raketenhaft an. 1989 zahlten Hausbesitzer im Durchschnitt 17 % Zinsen auf ihre Hypotheken. Die gewaltigen Schuldenberge trieben viele Familien und Unternehmer in den Ruin. Danach sanken die Zinsen kontinuierlich, bis der Leitzins Mitte 1993 den damals historischen Tiefstand von 4,75 Prozent erreichte.

Die Ära John Howard – 1996-2007

Am 11. März 1996 begann die Ära John Howard *(Liberal Party)*, die bis zum 3. Dezember 2007 andauerte, nachdem er viermal wiedergewählt worden war. Howard regierte ein wohlhabendes Australien, das kaum Fertigprodukte produzierte und von seinen scheinbar unerschöpflichen Rohstoffreserven lebte. Howard war ein Konservativer, wie man ihn sonst nur in Romanen findet: Die traditionelle Familie mit der Frau als »Heimchen am Herd« war ihm sehr wichtig, Aborigines und ein multikulturelles Australien hingegen gehörten nicht in sein Weltbild. Auch asiatische Einwanderer waren nicht erwünscht. Das hatte er schon in den 80er Jahren klar gemacht, als er noch in der Opposition war.

Der Wahlerfolg 1996 gab Howard und seiner *Liberal Party* sehr viele Freiheiten. Dazu gehörte etwa die Einführung der Mehrwertsteuer *(General Sales Tax, GST)* im Jahr 1998. Die *GST* wurde mit 10 Prozent festgesetzt und sorgte erst einmal für einen Knick im Wirtschaftswachstum, weil auf einen Schlag die meisten Produkte teurer wurden.

Das Nein zur Republik

Nachdem die Queen das Land 1953 und noch einmal 1973 zur Eröffnung des Opernhauses in Sydney besucht hatte, war das Thema Republik für lange Jahre kein Thema. Erst in den 90er Jahren kam das Thema langsam wieder auf.

Am 6. November 1999 wurde ein Referendum abgehalten, das allerdings in die Regierungszeit von Pro-Monarchie Premierminister John Howard fiel. Dieser sorgte tatkräftig dafür, dass das Referendum abgelehnt wurde. In dem Referendum wurde nämlich nicht nur eine Frage gestellt, sondern zwei, oder eigentlich sogar drei: die erste war, ob Australien eine Republik werden sollte, und zwar mit einem Präsidenten, der vom Parlament bestimmt werden sollte. Die zweite Frage war, ob man die Verfassung *(Constitution)* ändern sollte. Die letzte Frage klingt nicht so wichtig, bekommt aber dann Gewicht, wenn man weiß, dass die Australier bisher fast immer dagegen gestimmt hatten, wenn es um die Änderung der Verfassung ging.

Bei so vielen Fragen in einem Referendum war es natürlich schwierig, Menschen zu finden, die allen Punkten zustimmen wollten. Also blieb die Queen weiterhin Oberhaupt von Australien, wenn auch nur auf dem Papier.

Howard sorgte auch dafür, dass australische Truppen in größerem Maßstab im Ausland Dienst taten, und zwar vorerst nur als Friedenstruppen in Ost-Timor 1999. Und er weigerte sich während seiner gesamten Amtszeit beharrlich, sich im Namen der Regierung bei den Aborigines für die *Stolen Generation* und andere Gräueltaten zu entschuldigen, die die Regierung zu verantworten hatte. Seine Ansicht war, dass er nicht dafür verantwortlich gemacht werden könnte, was andere Generationen vor ihm gemacht haben.

Australien im 21. Jahrhundert

Die Australier gehörten aufgrund der Nähe zur Datumsgrenze zu den ersten, die auf das Jahr 2000 anstoßen konnten. Außerdem zeigt sich bei der Gelegenheit sofort, dass der Zusammenbruch des weltweiten Computersystems durch einen gefürchteten »Millennium Bug«-Softwarefehler zum Glück nur Science Fiction blieb. Erfreulicher waren da im gleichen Jahr die Olympischen Sommerspiele in Sydney, in denen das kleine Land Australien 58 Medaillen erringen konnte und damit als viertgrößte Sportnation der Welt von sich reden machte.

Nach dem 11. September 2001 pflegte John Howard seine Freundschaft mit dem großen Bruder Amerika und sorgte dafür, dass australische Soldaten den amerikanischen Truppen jetzt erst recht tatkräftig zur Seite standen. Bestraft wurde Howards Haltung durch das Bombenattentat in Bali ein Jahr später, wo es die Terroristen zwar insgesamt auf Ausländer, aber vor allem auf australische Touristen abgesehen hatten.

Soldaten gegen Aborigines

Im August 2007 wurden nach Regierungsbeschluss an die 600 Soldaten auf australischem Boden eingesetzt, im Rahmen einer »Polizeiaktion« im Northern Territory *(Northern Territory National Emergency Response)*. Dabei wollte die Regierung hart durchgreifen gegen die zum Teil schlimmen Zustände in den Aborigine-Dörfern *(Outstations)*. Zu den geplanten Aktionen gehörten unter anderem weitreichende Alkoholverbote, das Sperren von Pornografie auf Rechnern, die von der Regierung bezahlt wurden, Einschränkung der Selbstverwaltung und bei Bedarf die Sperrung von Sozialhilfe für Eltern, die ihre Kinder vernachlässigten.

Die Polizeiaktion wurde am 21. Oktober 2008 beendet. Laut TV-Berichten soll die Aktion dazu beigetragen haben, dass der Ernährungs- und Gesundheitszustand von Aborigines-Kindern jetzt besser ist, da die Eltern nun ihre Sozialhilfe für Nahrungsmittel ausgeben müssen – und nicht für Alkohol.

Regierungswechsel 2007

Am 27. November 2007 entschied Australien, dass es Zeit für einen Wechsel sei, und wählte Kevin Rudd und die *Labour Party*, die traditionell enge Beziehungen zu den Gewerkschaften unterhält. Kevin Rudd ist 18 Jahre jünger als John Howard und verbrachte seine frühe Kindheit auf einer Milchfarm an Queenslands Sunshine Coast. Rudd war ein guter Schüler und studierte mit Erfolg Chinesisch an der Uni in Canberra und in Taiwan. Die 80er Jahre verbrachte er im Botschaftsdienst in Schweden und China. Wieder in Australien, arbeitete er in den oberen Rängen der queensländischen Landespartei, wo er sich stark dafür einsetzte, dass in den Schulen mehr Wert auf Fremdsprachen gelegt wird. Nachdem Rudds Kollege Kim Beazley Ende 2006 von der Parteispitze zurücktrat, war der Weg frei für Kevin Rudd, der vorher nicht gegen Beazley hatte antreten wollen. Seine angenehme, offene Art kam bei den Wählern gut an. Gut fanden die Wähler scheinbar auch, dass er zwar ein Politiker der Linken war, aber eben auch ein regelmäßiger Kirchgänger.

Kevin Rudd wurde am 4. Dezember 2007 als Premierminister *(Prime Minister)* eingeschworen. Er war der erste Premierminister, der in seinem Schwur die Queen nicht benannt hat.

Wirtschaftskrise 2008/2009

Die ersten acht Jahre im neuen Jahrhundert waren erfolgreiche Jahre für Australien gewesen. China war als Handelspartner immer wichtiger geworden, da die Riesennation Bodenschätze – vor allem Kohle und Eisenerz – in rauen Mengen direkt aus Australien einkaufte. Wie in den 1980ern führte dies zu stark steigenden Löhnen, steigenden Mieten und, zusammen mit den sowieso schon astronomischen Benzinpreisen, zu einer Verstärkung der Inflation. Als Konsequenz wurden die Leitzinsen erhöht, bis sie im März 2008 7,25 Prozent erreichten, was etwa 9,5 Prozent Zinsen für Hausbesitzer mit Hypotheken bedeutete. Nach der Wirtschaftskrise Ende 2008 fiel der Leitzins innerhalb weniger Monate wieder steil bergab, bis im April 2009 ein historisches

Tief der Leitzinsen von 3 Prozent und Hypothekenzinsen von ca. 5,25 Prozent erreicht wurde.

Kevin Rudds Entschuldigung

Ebenfalls bemerkenswert im Jahr 2008 war Kevin Rudds Entschuldigung bei den Aborigines. Im Gegensatz zu seinem Vorgänger John Howard war Rudd der Ansicht, dass er als ausführendes Regierungsoberhaupt die Pflicht hatte, sich bei den Ureinwohnern für das zu entschuldigen, was die Vorgänger in seinem Amt verbrochen hatten. Am 13. Februar 2008 entschuldigte er sich öffentlich auf dem Federation Square in Melbourne bei der *Stolen Generation*. Finanzielle Entschädigung hat er zwar nicht versprochen, und auch nicht, dass sich in Zukunft die Lebensumstände der Schwarzen entscheidend verändern würden, allerdings wurde seine Entschuldigung von der Öffentlichkeit positiv aufgenommen.

2009 – Das Jahr der Naturkatastrophen

Australien ist ein Kontinent der Extreme und der Gegensätze. Das zeigte sich vor allem an den starken Monsunregen im Februar 2009, die viele Ortschaften im Norden Queenslands, darunter auch die Großstädte Townsville und Cairns, für fast zwei Wochen vom Verkehr abschnitten. Lebensmittelläden konnten nicht mehr beliefert werden, und in einigen Orten im Norden Queenslands waren Straßen nur noch per Motorboot befahrbar. Im Nordwesten Queenslands, beispielsweise in Normanton und Karumba, wurde die Bevölkerung über Wochen vom Militär mit Lebensmitteln, Medikamenten und mit Trinkwasser versorgt. Die Überschwemmungen hat die Bevölkerung ohne Panik und Beschwerden hingenommen, da viele langjährige Bewohner daran gewöhnt waren, dass sich alle paar Jahre ein *Big Wet* – eine große Regenzeit – ereignet. Und nicht zuletzt haben die meisten Menschen in den betroffenen Regionen zwar ihre Besitztümer, nicht aber ihr Leben verloren. *

* Die starken Monsunregen haben dann später im Jahr dafür gesorgt, dass sich der Lake Eyre in Südaustralien nach langen Jahren wieder einmal gefüllt hat.

Ganz anders sah es aus bei den Feuern am »Schwarzen Samstag« *(Black Saturday Bushfires)*, die am 7. Februar 2009 in Victoria ausbrachen. Bis zum 14. März 2009 verbrannten an die 4.500 Quadratkilometer Buschland mitsamt ganzer Ortschaften. Insgesamt fielen über 2.000 Häuser den Flammen zum Opfer. Gezählt wurden 173 Tote und 414 Verletzte.

Die Feuer entsprangen verschiedener Quellen, darunter unbeabsichtigtem Funkenwurf durch Maschinen oder Zigaretten, Gewitter, aber auch Brandstiftung. Die eigentlichen Gründe für die Feuer waren die monatelange Trockenheit mit Temperaturen von über 40 °C und starken Winde, die die Feuer immer wieder entfachten. Außerdem waren in Victoria schon seit Langem keine vorbeugenden Feuer mehr gelegt worden, weil sich Naturschützer über Jahre hinweg gegen Feuer und für den Tierschutz eingesetzt hatten.

Nach den Feuern wurden hunderte von Familien heimatlos und mussten in Notquartieren untergebracht werden. In ganz Australien wurde Geld gesammelt, um den Betroffenen, die teilweise wegen der hohen Prämien nicht versichert waren, eine neue Bleibe zu organisieren. Sogar in den zuvor von Überschwemmungen betroffenen Gebieten im Norden Queenslands wurde mit viel Enthusiasmus gespendet, weil die Queensländer der Ansicht waren, dass es die armen Menschen in Victoria einfach viel nötiger hatten als sie selbst.

Australien – weiterhin ein Einwanderungsland

2009 wurde der 22 Millionste Australier gezählt. Trotz der Wirtschaftskrise 2008 / 2009 wird weiterhin nach qualifizierten Arbeitskräften gesucht, allerdings ist die Liste der gesuchten Berufe kürzer geworden. Weiterhin begehrt sind Ingenieure, Allgemeinmediziner, Zahnärzte, Psychiater, Apotheker, Krankenschwestern, Hebammen, Fliesenleger, Physiotherapeuten und Städteplaner, um nur einige Berufssparten zu nennen.

Zusammengefasst: 10 wichtige Daten australischer Geschichte

1 26. Januar 1788: 11 Gefängnisschiffe erreichen die *Sydney Cove* und gründen die Kolonie New South Wales.

2 1. Januar 1901: Die Kolonien werden unabhängig und schließen sich zum *Commonwealth of Australia* zusammen.

3 25. April 1915: Schlacht bei Gallipolli in der Türkei. Dieser Tag wird in Australien als *ANZAC Day* gefeiert.

4 19. März 1932: Die Sydney Harbour Bridge wird von 750.000 Fußgängern eröffnet.

5 20. Februar 1942: Japanischer Bombenangriff auf Darwin. Am 2. Juni wird Sydney von drei japanischen U-Booten angegriffen. Am 22. Juli beginnt die *Kokoda Track Campaign* in der Nähe von Port Moresby in Papua Neu Guinea.

6 22. November bis 8. Dezember 1956: Olympische Sommerspiele in Melbourne.

7 14. Februar 1966: Einführung des Australischen Dollars. Für ein Australisches Pfund bekommt man zwei Dollar.

8 27. Mai 1967: In einem Referendum entscheiden 90,8 % aller Wähler, dass sich die Lebensbedingungen für Aborigines verbessern müssen, und zwar über Gesetzgebung direkt durch die Bundesregierung.

9 15. September bis 1. Oktober 2000: Olympische Spiele in Sydney.

10 2009: Australien zählt den 22 Millionsten Bürger.

Kapitel 27

Feiertage, Feste und Brauchtum

Australische Feiertage sind völlig anders, als man Feiertage von daheim aus Europa kennt. Nicht nur, dass sie in den »falschen« Jahreszeiten gefeiert werden, wie etwa Weihnachten im Sommer und Ostern im Herbst, auch die Schwerpunkte sind völlig anders, wenn man bedenkt, dass der wichtigste Weihnachtstag für Kinder der 25. Dezember und der wichtigste Ostertag der Karfreitag ist.

Bewegliche Feiertage verlängern das Wochenende

Besonders praktisch an den staatlichen Feiertagen ist, dass sie oft ein langes Wochenende ermöglichen. Normalerweise werden die beweglichen Feiertage auf einen Montag gelegt. Fallen feste Feiertage, wie etwa Neujahr, auf einen Samstag oder Sonntag, so wird manchmal der Montag ersatzweise zum Ferientag erklärt. An diesen langen Wochenenden kann gerade in größeren Städten fast immer mit dem typischen Urlaubs-Verkehrschaos gerechnet werden, da viele Familien mit ihren Kindern einen Kurzurlaub in der Umgebung unternehmen.

Neujahr

Neujahr wird in Australien wie auch in anderen Ländern dazu genutzt, um nach den Anstrengungen der Silvesterfeier auszuschlafen und ist daher insgesamt ein sehr ruhiger Feiertag.

Australia Day

Australia Day wird am 26. Januar gefeiert und erinnert an die Gefängnisschiffe der *First Fleet*, die 1788 im Süden des heutigen Sydney vor Anker gegangen sind. Seit diesem Datum wird Australiens eher kurze

»weiße« Geschichte geschrieben. Da die Aborigines weniger angenehme Erinnerung mit diesem Datum verbinden, organisieren sie vielerorts Demonstrationen mit dem Ziel, den Feiertag abzuschaffen.

Ostern

Feiertage sind Karfreitag *(Good Friday)*, Ostersonntag und Ostermontag. Von den drei Feiertagen wird Karfreitag als der wichtigste bewertet. An diesem Tag haben fast alle Betriebe geschlossen – und das kommt sonst nur noch am 25. Dezember vor.

ANZAC Day

ANZAC Day geht vor allem den älteren Australiern besonders nahe. Der Gedenktag findet offiziell am 25. April statt, wird aber in manchen Jahren auch so gelegt, dass er an einem Freitag oder Montag stattfindet, wie etwa am Montag, den 26. April 2010.

Die Geschichte hinter dem *ANZAC Day* geht zurück bis auf den Ersten Weltkrieg, der von Briten wie von Australiern als der »schlimmere« der beiden Weltkriege empfunden wird (mehr Infos dazu im Kapitel »Australische Geschichte«). Jedes Jahr wird vor Sonnenaufgang mit einer religiös-militaristischen Zeremonie, Militärparaden und Kranzniederlegungen an Gallipoli erinnert. Das Ganze wird furchtbar ernst genommen und ist einer der wenigen Momente im Leben, den Australier nicht auf die leichte Schulter nehmen.

Labour Day

Der Tag der Arbeit oder *Labour Day* erinnert an die Arbeiterbewegung, die sich schon 1856 für den Acht-Stunden-Tag eingesetzt hat, nämlich acht Stunden Arbeiten, acht Stunden Freizeit und acht Stunden Schlafen. Der Feiertag findet an den unterschiedlichsten Terminen zwischen März und Oktober statt, etwa am ersten Montag im Oktober in New South Wales, Canberra und South Australia und am ersten Montag im Mai in Queensland und im Northern Territory.

Queen's Birthday

Die englische Königin Elizabeth II ist das offizielle Landesoberhaupt Australiens, auch wenn sie praktisch mit der Regierung des Landes nicht viel zu tun hat. Aber immerhin beschert sie den Australiern einen staatlichen Feiertag. Mit der Positionierung des Feiertages hat die Queen selbst einen Präzedenzfall geschaffen: Da sie am 21. April geboren wurde, den Geburtstag aber an einem anderen Tag feiert, machen es die Australier genauso. In der Tat findet *Queen's Birthday* in Western Australia im September und in den anderen Staaten am zweiten Montag im Juni statt.

State of Origin

Hierbei handelt es sich um keine offiziellen Feiertage, allerdings werden die drei *Rugby League* Spiele der *State of Origin* Serie zwischen den besten Rugby-Spielern aus Queensland *(The Maroons)* und New South Wales *(The Blues)* wie Feiertage gehandelt, in etwa vergleichbar mit dem *Super Bowl* in den USA. In Queensland kann an diesen Tagen keiner mit einem hellblauen Hemd zur Arbeit gehen, ohne sich nicht wenigstens grimmige Blicke einzuhandeln. Steht ein *State of Origin* Spiel an, so trägt man in Queensland konsequent bordeaux-rot und in New South Wales baby-blau.

Die State of Origin Spiele werden zwischen Ende Mai und Anfang Juli ausgetragen. In den Jahren 2003 bis 2005 haben die *Blues* die begehrte Trophäe gewonnen, von 2006 bis 2009 die *Maroons.*

Show Day

Dieser Feiertag wird in jeder Stadt an einem anderen Tag gefeiert und ist in etwa vergleichbar mit einem Kirmestag. An diesem Tag ist Zeit, um die durchreisende *Show* mit seinen Karussells und Ständen zu besuchen. Ursprünglich handelte es sich hier um eine *Agricultural Show,* aber der Teil der landwirtschaftlichen Ausstellung ist heute für die meisten Besucher eher weniger wichtig. Wer sich für prämierte Kühe interessiert, geht lieber zu einem Rodeo, die in Australien auch sehr verbreitet sind.

Melbourne Cup

Der *Melbourne Cup* ist das wichtigste nationale Pferderennen, das am zweiten Dienstag im November stattfindet. Eigentlich ist es nur ein Feiertag in Melbourne, aber auch in anderen Bundesstaaten wird an diesem Tag wenig gearbeitet und viel gefeiert – und zwar in etwa vergleichbar mit Rosenmontag. Bei vielen Firmenpartys wird daher von Damen wie Herren erwartet, dass sie sich bunt und fantasievoll kleiden und manchmal sogar einen Hut oder anderen selbst gebastelten Haarschmuck tragen. *Melbourne Cup* ist einer der Tage im Jahr, an dem sich die australische Damenwelt besonders viele Mühe gibt, schick auszusehen. Größere Firmenpartys werden normalerweise vorher angekündigt, damit sich jeder passend darauf vorbereiten kann.

Weihnachten

Ein Weihnachtsbrauch bei vielen Familien ist, schon Monate vor dem Fest Geld auf ein spezielles Sparkonto für einen *Christmas Hamper* oder »Weihnachtskorb« einzuzahlen. Diese Sparpläne werden etwa von der Firma *Chrisco* oder von der Supermarktkette *IGA* angeboten. Mit dem angesparten Geld kann man dann vor Weihnachten etwa bei *IGA* alles einkaufen, was für ein Festbankett notwendig ist. Bei *Chrisco* hingegen bekommt man einen von der Firma zusammengestellten Warenkorb, bei dem man sich leider nicht alles selbst aussuchen kann.

In der Vorweihnachtszeit, die auch die *Silly Season* genannt wird, organisieren manche Städte *Carols by Candlelight*-Veranstaltungen mit Weihnachtsliedern bei Kerzenlicht nach Einbruch der Dunkelheit. Dies ist besonders bei Familien mit kleineren Kindern beliebt.

Der 24. Dezember ist ein normaler Arbeitstag und hat für die meisten Australier keine besondere Bedeutung. Dafür ist der 25. Dezember abgesehen vom Karfreitag der einzige Feiertag, an dem in Australien alles stehen und liegen bleibt.

Am 25. bekommen die Kinder endlich ihre Geschenke, die theoretisch in die aufgehängte Socke passen sollten, aber praktisch fast immer zu teuer und viel zu groß dafür sind. Weihnachtsbäume gibt es auch, dabei handelt es sich aber nicht um Tannen, sondern um andere Nadelbäume, die besser an das warme Klima angepasst sind. Den 25. Dezember verbringen viele australische Familien gemeinsam, etwa mit einer festlichen Mahlzeit oder auch einem informellen *Barbie* (Grillparty). Typische Gerichte, die an Weihnachten serviert werden, sind eine Art Schweinebraten *(Ham)*, gefüllter Truthahn sowie Garnelen *(Prawns)* und Kirschen, die auf die eine oder andere Weise zu einem festlichen Menü zusammengestellt werden.

In Sydney treffen sich Einheimische und Gäste am 25. Dezember traditionell zum Sonnenbaden und Schwimmen am Bondi Beach, Sydneys beliebtesten Strand.

Der 26. Dezember *(Boxing Day* oder *Proclamation Day)* ist ein sehr aktiver Tag in vieler Hinsicht: Zum einen fängt dann die australische Variante des Sommerschlussverkaufs an, mit langen Schlangen von Schnäppchenjägern in den großen Einkaufszentren. Zum anderen werden an diesem Tag wichtige sportliche Ereignisse abgehalten, wie etwa der Start der Segelregatta *Sydney to Hobart* sowie in Melbourne das *Boxing Day Test Match,* bei dem die Cricket Nationalmannschaft gegen ein ausländisches Team antritt; 2008 etwa gegen Südafrika oder 2009 gegen Pakistan.

Silvester

Der letzte Tag im Jahr *(New Years Eve)* wird in Australien genauso gefeiert wie anderswo, aber aufgrund der Nähe zur Datumsgrenze bis zu zehn Stunden eher als in Europa. An vielen Orten werden hier gleich zwei Feuerwerke gezündet: eines um Punkt zwölf Uhr und ein anderes ein paar Stunden eher, damit auch Familien mit kleineren Kinder das Feuerwerk genießen können.

Selbst Feuerwerk zu zünden ist nicht erlaubt, darum kümmert sich immer die Stadtverwaltung*. Besonders positiv fällt auf, dass man sich hier sehr viel Mühe gibt und dass somit das Silvester-Feuerwerk auch in kleineren Städten sehr beeindruckend ausfällt.

* Selbst Feuerwerk zünden darf man nur im Northern Territory am *Territory Day* (1. Juli) sowie in Canberra am *Queen's Birthday* Wochenende im Juni.

Fazit: Ein Jahr voller Feiertage

Australier verstehen es zu feiern. Kein Wunder also, wenn die Regierung aktiv dabei mithilft, Feiertage so zu legen, dass die Bevölkerung die größtmögliche Anzahl freier Tage im Jahr hat.

Die wichtigsten Feiertage für die Familie sind der erste Weihnachtstag sowie Karfreitag. Der wichtigste Tag für die Nationalseele ist der *ANZAC Day*.

Und nicht zuletzt steht als Ausgleich während des *Melbourne Cups* und während der *State of Origin* Serie den sportbegeisterten Australiern der Sinn mehr nach Feiern als nach Arbeiten.

Selbst wenn diese Termine alljährlich nur inoffiziell zu Feiertagen erklärt werden.

Kapitel 28

Medien in Australien

Kostenloses Fernsehen

In Australien gibt es keine Fernsehgebühren. Sender wie *SBS* und *ABC* werden direkt vom Staat finanziert. Private Anbieter wie *Seven*, *Ten*, *Imparja* und *Win* finanzieren sich allein über Werbung, was sich in ständigen, kurzen Werbepausen äußert.

Digitales Fernsehen per DVB-T-Receiver nimmt an Stellenwert rasch zu, nicht zuletzt deshalb, weil hier eine größere Auswahl an kostenlosen Sendern zur Verfügung steht. Neben den eher kulturell orientierten Kanälen *SBS TWO* und *ABC2* gibt es noch den kommerziellen Sender *7TWO,* den Jugendkanal *GO!*, den nur in HD ausgestrahlten Sportkanal *One* sowie einige andere eher regional orientierte Sender. Abgesehen davon strahlen fast alle großen Sender ihr Programm zusätzlich in HD-Qualität aus.

SBS und *ABC* haben das qualitativ hochwertigste Programm mit nationalen Nachrichten, Magazinen zu aktuellen politischen Themen, Auslandsreportagen, Kultur- und Tiersendungen. Zu den Highlights gehören die Tierfilme von Sir David Attenborough, den man in etwa als den britischen Heinz Sielmann bezeichnen kann. Die auf *SBS* ausgestrahlten Spielfilme stammen aus aller Welt und werden mit englischen Untertiteln ausgestattet. Zudem werden regelmäßig neuere deutsche Filme gezeigt sowie deutschsprachige Dokumentationen, die sich nur allzu oft einseitig mit Themen rund um den Zweiten Weltkrieg beschäftigen.

Sender wie *Win*, *Seven* und *Ten* zeigen vorwiegend Krimis aus Großbritannien und den USA sowie Ratesendungen und Sitcoms und nur selten Spielfilme. Der Jugendkanal *GO!* strahlt vor allem die Serien aus, die bei *Win* nach ein paar Folgen abgesetzt wurden, weil sie bei den Massen nicht das erwartete Interesse geweckt haben.

In den vielen Pausen sieht der Zuschauer oft Werbefilme von lokalen Betrieben. In ländlichen Gebieten erfährt man dabei gleich die neuesten Trends in Sachen Kettensägen, geländegängigen *ATV*-Fahrzeugen *(All Terrain Vehicles)* und Rinder-Impfungen.

Interessant im australischen Fernsehen ist übrigens, dass Fluchen im Gegensatz zu den USA zwar erlaubt ist, aber nur bei Sendungen, die nach 20:30 Uhr ausgestrahlt werden. Viele beliebte Serien werden fast zeitgleich mit der Veröffentlichung in den USA gesendet. In deutschsprachigen Ländern müssen Zuschauer unter anderem aufgrund der Synchronisation manchmal monatelang warten, bis sie neue Serien zu sehen bekommen – das fällt in Australien zum Glück weg.

Kostenpflichtiges Privatfernsehen

Kostenpflichtiges Privatfernsehen funktioniert in Australien ähnlich wie in Europa, mit werbefreien Kanälen mit Sport, Musik, Kinderprogramm, Spielfilmen und Dokumentation. Der Fernsehfreund benötigt ein spezielles Empfangsgerät, das nur zusammen mit einem Dauer-Abo angeboten wird. Abhängig von der Region gibt es einen oder mehrere Anbieter zur Auswahl. Nord-Australien wird beispielsweise über den *Austar* Satelliten versorgt; hierzu benötigt man zusätzlich eine Satellitenschüssel. Andere Anbieter sind *SelecTV* (per Satellit) oder *Foxtel* (Kabelfernsehen). Abhängig vom Anbieter und vom Programmpaket zahlt man etwa $30 bis $50 im Monat.

Deutsche Nachrichten in Fernsehen und Hörfunk

Nachrichten von der Deutschen Welle werden von Montag bis Samstag trotz Zeitverschiebung fast immer pünktlich um 8:00 Uhr in jedem australischen Staat ausgestrahlt. Die Nachrichten dauern eine halbe Stunde und sind eine praktische Möglichkeit, in Sachen Deutschland auf dem Laufenden zu bleiben. Über Australien wird hier allerdings nicht berichtet. Wer hier auf dem Laufenden bleiben will, der sollte zwischen 18 Uhr und 19:30 Uhr noch einmal den Fernseher für lokale und nationale Nachrichten einschalten, die auf verschiedenen Sendern ausgestrahlt werden.

Deutsche Nachrichten gibt es in manchen Regionen des Landes auch im Radio. Die Sendezeiten und Frequenzen sind regional unterschiedlich und werden beispielsweise zum Ende der Nachrichten der Deutschen Welle auf *SBS* angezeigt.

Wer auf seine gewohnten Nachrichten von ARD, ZDF, SF oder ORF nicht verzichten mag, der kann sich im Internet ebenfalls gut versorgen, und zwar direkt auf den Webseiten der Fernsehsender. Zudem lassen sich deutsche Nachrichten und andere deutschsprachige Sendungen etwa mit der Software *iTunes* kostenlos als Podcasts herunterladen.

The Australian und andere überregionale Zeitungen

Die australischen Medien sind fest in den Händen von *News Corp*, der weltweit zweitgrößten Medienfirma nach Walt Disney. Neben Fernsehsendern, Filmstudios und vielen anderen internationalen Projekten gehören zu *News Corp* die meisten der australischen überregionalen Zeitungen sowie viele regionale Zeitungen. Der »Rest« des Marktes wird vom Medienkonzern *Fairfax* bedient.

The Australian ist eine Australienweite Zeitung, die sich selbst als *die* Zeitung Australiens *(»Australia's National Newspaper«)* bezeichnet. Lokale Nachrichten findet man im *Australian* nicht, stattdessen werden Politik und Wirtschaft auf hohem Niveau und aus einem sehr konservativen Blickwinkel diskutiert. Zudem hat jeder Staat noch seine eigenen Zeitungen, wie etwa *Herald Sun* in Victoria oder der *Daily Telegraph* in New South Wales und Canberra. In Queensland gibt es die *Courier Mail*, die vor allem über die Vorkommnisse in Brisbane und Umgebung berichtet und den Rest des Landes mehr oder weniger ignoriert.

Für Jobangebote, die mehr als nur ein durchschnittliches Einkommen versprechen, sowie für Anstellungen bei der Regierung lohnt es sich, regelmäßig in eine überregionale Zeitung zu schauen.

Zeitschriften für jedes Hobby

Ganz gleich, welches Hobby Sie haben, Sie werden *garantiert* eine Zeitschrift finden, die sich mit Ihrem Interessengebiet beschäftigt. Angeln oder Geländewagen, Basteln oder Stricken, Heavy Metal, Gartenpflege oder *Mac*-Computer – sogar kleine Zeitungsläden *(Newsagents)* im ländlichen Raum haben nicht selten hunderte von Magazinen im Angebot.

Viele Zeitungen sind importiert aus Großbritannien und den USA und aufgrund der Portokosten nicht immer ganz billig. Auch lohnt es sich, einmal genauer zu prüfen, wie hoch der Anteil an Information gegenüber der Werbung ist. Manche Zeitschriften schneiden hier ganz gut ab, andere sind kaum mehr als teure Werbeblättchen.

Ein Tipp ist auf jeden Fall die Zeitschrift *Choice*, die ähnlich wie die Stiftung Warentest die unterschiedlichsten Produkte testet, von der Spülmaschine bis hin zur Hausversicherung. Die Zeitschrift gibt es nicht in allen Zeitschriftenläden, aber es gibt auch ein kostenpflichtiges Online-Angebot bei ▶*www.choice.com.au*, wo Sie Testberichte für alle Lebenslagen herunterladen können.

Fazit: Unterhaltung für alle

Das kostenlose australische Fernsehprogramm befindet sich vielleicht technisch auf einem höheren Niveau, als das deutsche, trotzdem ist die Auswahl an Sendern im Vergleich eher klein. Spielfilme sind selten, häufig hingegen sieht man Ratesendungen und amerikanische Krimiserien. Wer hier eine größere Auswahl sucht, der sollte sich in Sachen Privatfernsehen eingehender informieren.

Die Qualität der Nachrichten im Fernsehen ist gar nicht so schlecht; vor allem die Lokalnachrichten gegen 18 Uhr können oftmals die Lokalzeitung ersetzen. Die besten internationalen Nachrichten werden gegen 18:30 Uhr von *SBS* ausgestrahlt, die besten nationalen Nachrichten von *ABC* um 19 Uhr. Auf deutsche Nachrichten und deutsche Filme muss man dank *SBS* ebenfalls nicht verzichten.

Auf dem nationalen Zeitungsmarkt gibt es im Grunde keine Konkurrenz, da die meisten Zeitungen in einer Hand sind, allerdings kann man in Australien auch ausländische Zeitungen und Zeitschriften kaufen. In Sachen Zeitschriften gibt es eine große Auswahl nationaler und internationaler Publikationen für alle Hobbys und Geschmäcker.

Kapitel 29

Sprache

Australisches Englisch

Australisches Englisch ist eine Variante des britischen Englisch, die jedoch wenig mit dem zu tun hat, was man in der Schule so gelernt hat. Viele Europäer fühlen sich zu Anfang ein wenig überfordert, da Vokale verdreht werden – ähnlich wie etwa im Bayerischen. So wird aus *Good Day* plötzlich *G'Day* (sprich »Guddai«) und aus *Right* wird *»Roight«*. *G'Day* ist allerdings eher eine ländliche Begrüßung. In Brisbane beispielsweise sieht man Australier schnell zusammenzucken, wenn man sie damit anspricht...

Mit *»how ya goin«* oder *»how ya goin, mate«* erkundigt man sich nach dem allgemeinen Befinden des Gegenübers. Die Standard-Antwort ist *»good thanks«* oder *»good thanks and self«*, auch wenn man sich gerade todkrank fühlt. Ebenfalls im Gespräch sehr beliebt sind Aussprüche wie *»no worries«* und *»she'll be right, mate«*, die insgesamt vermitteln sollen, dass das Leben einfach zu schön ist, um sich über das eine oder andere Problemchen aufzuregen.

Das Alltagsleben wird mit vielen blumigen Redewendungen verschönert. *»Get on the blower«* heißt »Geh ans Telefon«. *»We canned that idea«* bedeutet »wir haben die Sache abgeschrieben«. *»Come in your best clobber«* weist den Hörer an, in seinen besten Sonntagssachen zu kommen. Völlig begeistert ist man, wenn man sagt *»That's a ripper«*.

Auch beim Essen sind Australier eigen: Klemmt man gebratenes Hackfleisch zwischen zwei Brötchenhälften, dann hat man einen *Burger*. Klemmt man hingegen ein Steak zwischen zwei Scheiben Toast, wird daraus ein *Sanger*. Garnelen heißen nicht *Shrimps,* sondern *Prawns.* Ein Bier wird meist eher nach anderen Eigenschaften benannt, wie etwa ein *Stubbie* (eigentlich eine Flasche mit kurzem Hals) oder ein *Coldie* (Kaltgetränk). Gelegentlich liest man in Cafés, dass *Devonshire Tea* verkauft wird. Hierbei handelt es sich normalerweise um eine Tasse Tee und einen Teller mit *Scones,* also süßen Brötchen mit Marmelade und Sahne.

Australier lieben Wortspiele und Reime, die man nur dann versteht, wenn man die ursprüngliche Vokabel kennt. Hier ein Beispiel: *»Let's have a Captain Cook«* reimt sich auf *look*, und bedeutet damit: »wir schauen uns mal um«. Und *Dead Horse* ist ein anderes Wort für *Tomato Sauce* (Ketchup).

Verschiedene Begriffe aus der Natur stammen aus den Aborigine-Sprachen, wie etwa *Dingo, Kangaroo* oder *Billabong* (Wasserloch). Ein weißer Mann ist ein *Whitefella*, ein schwarzer ein *Blackfella.* Ein Mann kann auch ein *Bloke* sein, eine Frau eine *Sheila*. Männer und Frauen spricht man fast nie mit *Sir* oder *Madam* an, sondern fast ausschließlich mit *Mate* (sprich: »mait«). Das gilt sogar für Kinder bis hin zu Babys. Ausnahmen gelten hier bei Politikern oder anderen hochrangigen Persönlichkeiten, die man mit dem Titel anspricht, wie etwa *Premier* für den Premierminister. Manche Frauen sagen auch gerne *»love«* oder *»hon«* (sprich: »han«) – auch zu Leuten, die ihnen völlig fremd sind. Wer hierbei nicht automatisch zusammzuckt, der hat gute Nerven. Wenn man über Kinder spricht, nennt man sie gerne auch *ankle biters* (Knöchelbeißer).

Beliebte Worte mit wenig Inhalt, die sich oft in australischen Satzkonstruktionen finden sind *bloody, fucking* und *like.* Abhängig vom Alter und der Persönlichkeit kommen diese Vokabeln in fast jedem Satz oder auch nur selten vor. Zu den grammatikalische Eigenheiten gehört die Mehrzahl von *you*, wenn man zu mehreren Leuten spricht, und zwar *youse* (gesprochen: »juhs«). Ebenso sagt ein Australier gerne *me wife* (sprich »mi woif«) und *me car* (»mi cah«), wenn er über seine Frau oder sein Auto spricht. Selbstverständlich sind in der männlichen Grammatik die Ehefrau, das Auto und das Boot weiblich. Mann sagt also immer *she,* wenn er in der dritten Person von seinem *Prachtstück* spricht.

Überhaupt sind Autos ein Thema für sich: Der Traum vieler Männer ist es, einen *Ute* zu fahren (Wagen mit hinten offener Ladefläche) oder in ländlichen Gebieten einen *4WD* (sprich: *»Four wheel drive«*), wie etwa einen Landcruiser oder Toyota Hilux Geländewagen. Lastwagenfahrer fahren keinen *Lorry* wie in England, sondern einen *Truck* (Lastwagen) oder einen *Road Train* (Riesen-Lastzug). In der Freizeit führen sie ihr *Bike* (sprich »boik« – Motorrad) aus, während Sportler ein *Pushbike* oder *Pushie* (Fahrrad) bevorzugen.

Und dann gibt es noch die Liebe zu den Abkürzungen. Wenn man irgendetwas abkürzen kann, dann wird es auch abgekürzt. Fast immer wird dabei am Wortende »ie« angehängt, manchmal gibt es auch völlig neue Wortkreationen. Aus *Bricklayer* (Maurer) wird *Brickie*, aus *Electrician* wird *Sparkie*, aus *Barbecue* wird *Barbie*, aus *Biscuit* (Plätzchen) *Bikkie* und aus *Brisbane* schließlich *Brissie*, um nur einige Beispiele zu nennen.

Es wird zwar gerne behauptet, dass der australische Akzent im ganzen Land gleich ist und dass es keine lokalen Varianten gibt, aber das ist so nicht richtig. Großstädter neigen dazu, schneller zu sprechen, dafür aber klarer – also näher am britischen Englisch. In ländlichen Gegenden nimmt man sich mehr Zeit zum Reden. Viele Buchstaben werden dann aber verschluckt, sodass die Sprache eines *Blokes* aus dem Outback für Ausländer oft noch schwieriger verständlich ist. Auch Aborigines haben eine eigene Art, Englisch zu sprechen, die manchmal – aber nicht immer – davon geprägt ist, dass Englisch für sie eine Fremdsprache ist.

Zum Abschluss sollte man vielleicht noch hinzufügen, dass es keinen Sinn hat, die zuvor genannten Wörter auswendig zu lernen, da man sich damit schnell lächerlich machen kann. Achten Sie lieber darauf, wie in Ihrer Umgebung geredet wird, und passen Sie sich einfach an. Sie werden sicher mit der Zeit noch eine Menge anderer interessanter, lustiger und peinlicher Redewendungen dazulernen.

Sprachkurse

Abhängig vom Alter und vom Visum gibt es die unterschiedlichsten Möglichkeiten, englische Sprachkurse zu besuchen. Kinder erhalten meist in den Schulen zusätzlichen Unterricht in Englisch als Zweitsprache *(English as a Second Language)*, wenn sich herausstellt, dass es notwendig ist. Für Erwachsene gibt es spezielle Sprachkurse im Rahmen des *AMEP*-Programms *(Adult Migrant English Program,* also Englisch für erwachsene Migranten). Der Kurs beinhaltet für Erwachsene maximal 510 Stunden Unterricht oder dauert solange, bis das Leistungsniveau *Functional English* erreicht ist. Weitere Informationen zu Englischkursen für Erwachsene erhalten Sie bei Ihrem lokalen *TAFE College* oder *Community College*.

Englisch lernen per Fernseher

Eine gute und sehr preiswerte Methode, sich an den australischen Akzent zu gewöhnen, ist, wenn man abends zwischen 18 Uhr und 19:30 Uhr die Nachrichten im Fernsehen einschaltet. Um diese Zeit beginnen erst die lokalen und später die nationalen Nachrichten. Zum einen lernt der Zuschauer bei dieser Gelegenheit etwas über seine neue Stadt und den neuen Bundesstaat, zum anderen ist dies eine einfache Möglichkeit, gesprochenes Australisch von Menschen aus den verschiedensten Regionen und sozialen Hintergründen zu erleben.

Fazit: Eine gewöhnungsbedürftige Sprache

Australisches Englisch ist fast schon eine Sprache für sich, mit für Europäer ungewohnter Aussprache, mit merkwürdigen Wortspielen und unzähligen Verkürzungen. Es kann schon einige Zeit dauern, bis man sich daran gewöhnt hat. Für die Australier spricht aber, dass sie sehr viel Geduld haben und sich über Menschen, die ihre Sprache nicht so gut sprechen, grundsätzlich nicht lustig machen.

Daher ist es wichtig, Mut zu fassen und einfach loszureden, selbst wenn sich einmal der eine oder andere Grammatikfehler einschleicht. Deutsche sind oft überkritisch sich selbst gegenüber und bleiben im Zweifelsfall lieber stumm, nur um keinen Fehler zu machen. Dabei sind Australier sehr kommunikativ und reden etwa auf Reisen gerne über den bisherigen Urlaub, ihre Reisepläne und natürlich das Wetter. Nutzen Sie die Gelegenheit für ein kleines Gespräch über »Dies und Das« und andere Belanglosigkeiten – und Sie werden *Down Under* schnell Anschluss finden.

Kapitel 30

Besuch in Deutschland

Irgendwann ist es einmal an der Zeit, wieder die lieben Verwandten in der alten Heimat zu besuchen. Vielleicht haben Sie auch Heimweh und überlegen, ob Sie wieder zurückgehen sollen.

Falls dies der Fall ist, ist es vielleicht eine gute Idee, genau die Zeit für den Besuch zu wählen, die Ihnen vorher am wenigsten gefallen hat, wie etwa die nasskalten Wintermonate zwischen November und März. Nach einiger Zeit in Australien ist es nämlich völlig normal, wenn Sie das, was Sie vorher an Ihrem Heimatland gestört hat, verdrängen und sich nur noch an die schönen Dinge erinnern. Sehen Sie Ihre Heimat wieder von seiner unangenehmsten Seite, können sich am Ende Ihres Urlaubs sicher sein, dass die Entscheidung, die Sie dann treffen, die richtige ist – welche auch immer es sein mag.

Falls Sie sowieso vorhaben, nach dem Urlaub nach Australien zurückzugehen, ist ein Besuch zwischen Mai und September sicher die bessere Wahl. Dann können Sie die schönen langen Sommerabende genießen und müssen sich keine Gedanken über Schnupfen und Erkältungen machen.

Sie haben nun schon eine ganze Weile als Deutscher, Österreicher oder Schweizer in Australien gelebt, vielleicht sogar schon einige Jahre. Trotzdem fühlen Sie sich noch ganz als Deutscher. Wenn Sie dann aber zurück in Europa die unzähligen Städte und Autobahnen sehen, die scheinbar alles nutzbare Land bedecken, wenn Sie Äcker sehen statt Buschland und den in manchen Regionen ewig grauen Himmel, wenn Sie sich nach 28 Grad statt nach 8 Grad sehnen, dann wissen Sie, dass Sie doch nicht mehr so Deutsch sind wie Sie dachten. Und selbst, wenn Sie sich vorher nach Pommes-Currywurst, Schwarzwälder Kirschtorte und Rheinischem Sauerbraten gesehnt haben, ist das Verlangen schnell gestillt, und man freut sich, doch bald wieder nach Hause zu fliegen: nach Australien.

Flüge und Flugpreise

Die meisten Flüge nach Europa landen in Frankfurt, Paris und London, mit Anschlüssen in andere europäische Städte. Flüge ab australischen Hauptstädten sind je nach Jahreszeit für zwischen $1.500 und $2.000 zu haben. Die Weihnachtszeit, Januar sowie Juli und August sind Hochsaison; da kann ein Flug schon einmal weit über $2.000 kosten. In der Nebensaison sind Schnäppchen nicht selten, wenn man flexibel mit den Flugdaten und gewillt ist, mehrere Monate im Voraus zu buchen. Eine gute Quelle für günstige Flüge ist etwa die Preissuchmaschine ▶ *www.webjet.com.au* oder auch Ihr lokales Reisebüro.

Australische Auslandsreisekrankenversicherung für Deutschland

Wer in Europa nicht mehr krankenversichert ist, der sollte für seine Reise in die alte Heimat in Australien eine Auslandsreisekrankenversicherung *(International Travel Insurance)* abschließen. Diese wird etwa vom Autoversicherer *AAMI* und von privaten Krankenversicherungen wie *Medibank* oder *MBF* als Extraprodukt angeboten, oder auch direkt von der Versicherungsgesellschaft *Mondial Assistance Australia*. Bei den meisten Anbietern kann man eine Versicherung für eine Einzelreise oder auch gleich über ein ganzes Jahr für unbegrenzte Auslandsreisen abschließen. Es lohnt sich auf jeden Fall, nicht nur die Preise, sondern auch die Versicherungsbedingungen und den Selbstbehalt *(Excess)* zu vergleichen.

Das *Resident Return Visa*

Leben Sie als *Permanent Resident* mit unbeschränktem Aufenthaltsrecht in Australien, ist das Visum normalerweise auf fünf Jahre angelegt. Sind die fünf auf dem Visum genannten Jahre schließlich verstrichen, benötigt der Reisende für einen Besuch im Ausland ein *Resident Return Visa*, das er vor Antritt der Reise erhalten haben sollte. Das Visum wird normalerweise nicht abgelehnt, wenn Sie mindestens zwei der letzten fünf Jahre sowie im letzten Jahr im Land gelebt haben.

Sind die fünf im Visum angegeben Jahre noch nicht verstrichen, wenn Sie von Ihrer Auslandsreise zurückkehren, ist das *Resident Return Visa* nicht notwendig.

Checkliste: Besuch in Deutschland

Diese Dinge sollten Sie in jedem Fall mitnehmen:

- Reisepass: Wenn Sie eine australische Adresse in Ihren Pass eintragen lassen, können Sie sich die Mehrwertsteuer für manche Einkäufe in Europa bei der Ausfuhr erstatten lassen.
- Visum: Sollte sich das Visum in einem abgelaufenen Pass befinden, unbedingt den alten und neuen Pass mitnehmen.
- Reisekrankenversicherung
- Eventuell das *Resident Return Visa* für Reisende, deren *Permanent Resident Visa* abgelaufen ist.
- Alle deutschen Plastikkarten, die Sie in Australien nie gebraucht haben, wie etwa den Personalausweis und den EU-Führerschein.
- Bei Besuch im Winter: Eventuell vorsorgend eine Grippeimpfung durchführen, da Sie wahrscheinlich nicht mehr in gleicher Weise an europäische Bakterien gewöhnt sind.
- Angepasste Kleidung an die Jahreszeit. Auch im deutschen Sommer mag es Ihnen durch die Gewöhnung ans australische Klima erheblich kälter vorkommen, als Sie es in Erinnerung haben.
- Nehmen Sie am besten wenig Gepäck mit, da Sie in Europa sicher viel einkaufen werden.

Kapitel 31

Rückkehr nach Deutschland

Es gibt die verschiedensten Gründe, warum es für so manchen Wunsch-Australier schließlich doch an der Zeit ist, den roten Kontinent zu verlassen. Für die einen ist es eine freie Entscheidung, für die anderen eine schmerzliche Trennung, etwa weil das Visum ausläuft oder weil die Familie daheim auf die Rückkehrer wartet.

Verlust des australischen Aufenthaltsrechts

Das Aufenthaltsrecht verlieren Sie beispielsweise, wenn die auf Ihrem Visum genannte maximale Aufenthaltsdauer erreicht ist oder wenn Sie ohne Erlaubnis arbeiten und dabei erwischt werden. Auch wenn Sie bei der Einreise mit einem Touristenvisum den Eindruck erwecken, permanent im Lande bleiben zu wollen, kann Ihnen das Aufenthaltsrecht verweigert werden.

Auch *Permanent Residents* – also Menschen mit theoretisch unbeschränktem Aufenthaltsrecht – können das Aufenthaltsrecht verlieren, wenn sie zu lange im Ausland gelebt haben. Ein *Permanent Resident* Visum ist normalerweise auf fünf Jahre angelegt, die man nach Ansicht der Regierung in Australien und nicht im Ausland verbringen soll. Als Daumenregel sollte man mindestens zwei volle Jahre in Australien gewohnt haben. Weitere Informationen zum Thema erhalten Sie von Ihrem Einwanderungsberater *(Migration Agent)* oder auf der Webseite der Einwanderungsbehörde.

Bei einem Touristenvisum ist eine Verlängerung unter bestimmten Bedingungen möglich, etwa, wenn der Reisende entsprechende Finanzen nachweisen kann. Ein *Working Holiday Visum* kann ebenfalls auf ein zweites Jahr verlängert werden, wenn der Reisende unter bestimmten Bedingungen in einem landwirtschaftlichen oder ähnlichen Betrieb arbeitet (siehe auch Kapitel »Visum«).

Behördengänge in Australien

Da es keinen Personalausweis und kein Einwohnermeldeamt gibt, ist es auch nicht nötig, sich irgendwo abzumelden. Falls Sie selbstständig gearbeitet haben und eine eigene *ABN*-Steuernummer *(Australian Business Number)* besitzen, sollten Sie diese in demselben Büro abmelden, in dem Sie die Nummer angemeldet haben. Damit entgehen Sie der Verpflichtung, weiterhin Steuererklärungen einzureichen und Steuervorauszahlungen leisten zu müssen.

Die Miete muss so lange bezahlt werden, bis der Mietvertrag ausgelaufen ist. Um eventuelle Überschneidungen bzw. Doppelbelastungen zu vermeiden, sollten Sie frühzeitig mit Ihrem Vermieter oder Ihrem Immobilienmakler reden. Entweder wird Ihnen der Vermieter anbieten, direkt einen auf Ihr Wunschdatum festgelegten Vertrag abzuschließen, oder aber Sie schließen einen zeitlich nicht begrenzten Vertrag ab. Diesen Vertrag könnten Sie, wie dann auch der Vermieter, mit etwa zwei bis drei Wochen Frist kündigen.

Melden Sie rechtzeitig zum Auszug Ihr Telefon, den Strom, das Bankkonto und eventuell das Handy sowie alle sonstigen Verträge und Abos ab, die regelmäßige Zahlungen verlangen. Wenn Sie Ihr Auto verkaufen, müssen Sie sich nicht um die Ummeldung kümmern. Die Teil- oder Vollkasko-Versicherung wird normalerweise nicht automatisch verlängert, aber es lohnt sich, vorsichtshalber eine schriftliche Kündigung einzureichen.

Arbeitssuche in Deutschland

Wer eine Weile im Ausland gelebt hat, der wird es nicht immer einfach finden, das Erlebte mit einfachen Worten in eine für Europa geeignete Bewerbung und einen Lebenslauf unterzubringen. Dabei haben Sie so viel gelernt, das man einfach nur im Ausland lernen kann, wie beispielsweise mehr Gelassenheit im Umgang mit fremden Menschen, mehr Geschick am Telefon in Englisch und in Deutsch oder auch ein besseres Gedächtnis für Namen. Hinzu kommen natürlich die interkulturellen und fachliche Kompetenzen hinsichtlich fremdländischer

Arbeitsabläufe, anderer Herangehensweisen an Problemlösungen, Zurechtfinden in neuen Kultur- und Sozialkreisen und vieles mehr.

Am einfachsten haben es natürlich die Menschen, die sich bei ihrem deutschen Arbeitsplatz für eine Zeit haben beurlauben lassen und mehr oder weniger direkt nach der Ankunft in Deutschland wieder auf der alten Arbeitsstelle antreten können. Aber auch hier lohnt es sich, beizeiten mit dem Chef Kontakt aufzunehmen und durchzugeben, wann Sie wieder am Arbeitsplatz sein werden und welche »neuen« Stärken Sie mitbringen.

Sollten Sie bei der alten Firma gekündigt haben, ist es vielleicht eine gute Idee, noch einmal mit den ehemaligen Kollegen oder Vorgesetzten Kontakt aufzunehmen. Diese dürften wissen, ob es Sinn hat, sich auf die alte Stelle oder einen ähnlichen Posten in der Firma zu bewerben.

Nicht zuletzt gibt es Online-Jobbörsen wie etwa ► *www.monster.de*, bei denen Sie sich schon einige Monate im Voraus von Australien aus eintragen können. Da Sie in Deutschland zu diesem Zeitpunkt wahrscheinlich noch keine Wohnung haben werden, wären Sie frei, einen Job anzunehmen, der vielleicht weiter weg liegt von Ihrem ehemaligen Wohnort, der aber möglicherweise Ihrer Karriere zugutekommen könnte.

Wohnungssuche in Deutschland

Die Wohnungssuche sollten Sie erst einmal herausschieben, bis Sie einen Arbeitsplatz gefunden haben. Falls Sie in eine fremde Stadt ziehen wollen, ist es sinnvoll, vorher herauszufinden, ob die Wohnungssuche ein Problem werden könnte. Städte wie Heidelberg oder München beispielsweise sind bekannt für Ihre Wohnungsknappheit.

Erste Behördengänge in Deutschland

Damit Sie wieder als »vollständiger« Bürger in Deutschland anerkannt werden, ist es empfehlenswert, sich möglichst rasch beim Einwohnermeldeamt anzumelden. Falls Ihr zukünftiger Wohnort noch nicht feststeht, melden Sie sich am besten bei Ihren Eltern oder anderen Verwandten an, auch wenn Sie nur auf dem Papier dort wohnen. Dabei müssten Ihre Verwandten ein Papier unterschreiben, das Ihre neue Adresse bestätigt. Vergessen Sie auch nicht, die Abmeldebescheinigung aus Ihrem letzten Wohnort in Deutschland und eventuell den alten Mietvertrag aus Australien mitzunehmen, damit Sie nachweisen können, dass Sie wirklich im Ausland waren. Manche Beamte können aufgrund der nicht alltäglichen Situation sehr misstrauisch sein.*

Schulwechsel der Kinder

Da das australische Schuljahr versetzt ist zu dem europäischen, mit Schuljahresbeginn Ende Januar, ist der richtige Zeitpunkt für einen Schulwechsel nicht ganz einfach zu planen. Trotz schlechter PISA-Ergebnisse sind viele europäische Schulen anspruchsvoller als ihre australischen Gegenstücke. Nehmen Sie am besten nicht nur die Zeugnisse, sondern auch Bücher und Arbeitshefte mit nach Europa zurück und sprechen Sie in der neuen Schule das Gelernte mit einem Beratungslehrer durch. Möglicherweise ist es sinnvoll, die Kinder ein Jahr zurückzustufen, damit sie Zeit haben, im deutschsprachigen Unterricht wieder aufzuholen. Vor allem jüngere Kinder werden möglicherweise noch das eine oder andere in Sachen deutscher Rechtschreibung nachholen müssen, während sie in Englisch sicher glänzen werden.

* Daher lohnt sich die Überlegung, sich vielleicht erst gar nicht vom Einwohnermeldeamt abzumelden, falls Sie sowieso nur einen begrenzten Aufenthalt in Australien planen.

Checkliste: Zurück nach Deutschland

- Abmelden bei einer staatlichen Behörde ist nur notwendig, wenn Sie selbstständig waren und eine *ABN*-Steuernummer haben.
- Mietwohnung: Geben Sie dem Vermieter rechtzeitig Bescheid und schließen Sie eventuell einen zeitlich unbefristeten Vertrag ab, wenn Sie bereits wissen oder ahnen, dass Ihr Aufenthalt begrenzt sein wird.
- Machen Sie eine Liste von allen Dingen, die regelmäßige Zahlungen verlangen – beispielsweise Telefon, Handy, Strom, Bankkonto, Abos – und melden Sie diese rechtzeitig ab.
- Melden Sie sich frühzeitig bei verschiedenen Jobbörsen wie ►*www.monster.de* an und stellen Sie in Ihrem Profil Ihre Erfahrungen im Ausland heraus.
- Melden Sie sich in Deutschland möglichst bald beim Einwohnermeldeamt an.

Danke!

Vielen Dank an alle in Cairns und anderswo in Australien, die mir geholfen haben, dass dieses Buch so geworden ist, wie Sie es jetzt in Händen halten.

Danke an Andrea und Richard Schulz für die Infos zum Gesundheitssystem und die Tipps zum Länderkapitel sowie an Michael Rocca und Andrea Berger für die Preisgabe ihrer Erfahrungen aus dem Schulleben. Mein Dank geht auch an Heike Thiel für ihren kompetenten Beiträge zum Thema Universität sowie an Marlies Gehrig für ihre willkommenen Anmerkungen zu den Themen australische Ureinwohner und Australiens Frauen.

Nicht zuletzt möchte ich mich noch einmal bei Margot Obrist bedanken, die mir sehr beim Visa-Kapitel geholfen und mir gezeigt hat, dass man auch bei Informationen, die direkt von der Regierung kommen, kritisch sein sollte. Auch Matthias Walter hat meinen Dank verdient – für sein Vertrauen in meine Kompetenz und für sein sonniges Gemüt.

Ein riesengroßes Dankeschön geht schließlich an Robert Buhrke für seine Geschichten aus dem Arbeitsleben in einer regierungsnahen Institution sowie für seine Geduld mit mir.

Anhang

Die wichtigsten Fachwörter

4WD (sprich: Four wheel drive) Geländewagen
Accountant Steuerberater
Age Pension Altersrente
Ankle Biters Umgangssprachlicher Begriff für Kinder (»Knöchelbeißer«)
Ambulance Krankenwagen
Animal Shelter, RSPCA Tierheim (*RSPCA* ist die Abkürzung für einen Tierschutzverein namens *Royal Society for the Prevention of Cruelty to Animals*)
ATM Geldautomat. Eigentlich *Automated Teller Machine*, aber das sagt niemand.
ATO Kurz für: *Australian Taxation Office*, das Finanzamt
Bangers and Mash Bratwurst mit Kartoffelpüree, ein australisches Gericht
Barbecue, BBQ, Barbie Grill, Grillparty
Bike Motorrad (ein Fahrrad wäre ein *Pushbike*).
Biscuit, Bikkie Plätzchen
Bloke Mann (umgangssprachlich)
Bok Choi Senfkohl
Bond Kaution
Bottle Shop, Liquor Store Alkohol-Laden
Broadband (Internet) Breitband-Internet, DSL-Internet
Bricklayer, Brickie Maurer
Bring your Own, BYO In einem Restaurant mit diesem Schild kann der Gast seinen Wein selbst mitbringen und muss nur eine *Corkage Fee* (Korkgeld) bezahlen.
Building Inspector Bausachverständiger
Bulk Billing Bargeldlose Abrechnung beim Arzt über die *Medicare*-Karte.
Bush Recht unklarer Begriff für alles außerhalb von geschlossenen Städten. Der *Bush* ist zumeist mit lichtem Eukalyptuswald bewachsen.
Cabin Ferienwohnung oder Ferienhütte auf einem Campingplatz.
Camp Oven Gusseiserner Topf fürs Backen im Lagerfeuer.
Cane Toad Aga-Kröte
Car Dealer Autohändler
Car Registration, Rego Vergleichbar in etwa mit der Autosteuer, beinhaltet die gesetzliche Mindestversicherung und eine Insassenversicherung *(CTP = Compulsory Third Party)*.
Casual a) eine Vertragsart, z. B. für Telefon oder Internet, bei der man jederzeit kündigen kann, b) Mitarbeiter auf Abruf
Cheque Account Girokonto für Selbstständige. Man bekommt dazu auch ein Scheckbuch, das aber in Zeiten von Online-Überweisungen immer seltener benutzt wird.
City Coucil Stadtverwaltung
Constitution Verfassung
Contents Insurance Sachversicherung für eine Wohnung oder Haus.
Conveyancer Notar
Compulsory Third Party, CTP Insassen-Haftpflichtversicherung, wird zusammen mit der *Registration (Rego)* bezahlt und ist zwingend für alle Autofahrer. Bei den meisten Versicherungen sind alle Personen eingeschlossen, die in einem Unfall verwickelt sind, außer dem schuldigen Fahrer.
»Come in your best clobber.« »Komm in deinen besten Sonntagssachen.«

Comprehensive Insurance Vollkasko-Versicherung fürs Auto.
Corkage Fee Korkgeld. Wenn man in einem *BYO*-Restaurant seinen Wein selbst mitbringt, zahlt man für die Gläser eine *Corkage Fee*.
Credit Card Kreditkarte, bei der man entweder den Gesamtbetrag am Ende des Monats oder alles in kleinen Beträgen abbezahlt.
Cyclone Tropischer Wirbelsturm, der über warmem Wasser entsteht und in anderen Teilen der Welt als Hurricane bekannt ist.
CV, Resume Lebenslauf
Damper Typisch australische Brotsorte
Debit Card Kreditkarte, bei der das Geld sofort nach dem Einkauf vom Konto abgebucht wird.
De Facto Eheähnliche Partnerschaft
De Jure Per Urkunde nachweisbare Partnerschaft, z. B. durch Hochzeit bei einer Person, die Ehen schließen darf.
Demerit Points »Flensburger Punkte« beim Autofahren
Dental Assistant Zahnpflege-Assistent
Dentist Zahnarzt
Detention Nachsitzen in der Schule
Devonshire Tea Zumeist eine Tasse Tee und ein Teller mit *Scones*, also süßen Brötchen mit Marmelade und Sahne.
Dial Up Internet Internet in Modem-Geschwindigkeit
Dragonfruit Drachenfrucht
Driver License Führerschein
Driving School Fahrschule
Electrical Engineer Elektroingenieur
Electrician, Sparkie Elektriker
End of (Financial) Year Sale Größerer Schlussverkauf, jeweils im Juni (Ende des Finanzjahres) und zum Jahreswechsel.
Ensuite Zimmer mit eigenem Bad.
Esky Kühlbox
Estuarine Crocodile, Saltie Leistenkrokodil
Excess Selbstbehalt, Selbstbeteiligung bei Versicherungen
Fire, Theft & Third Party Liability Teilkasko-Versicherung
Fishing Pier Bootssteg, der weit auf das Wasser hinausragt und unter anderem fürs Angeln benutzt wird.
Flake, Shark Hai(filet)
Footy, Rugby Australischer Fußball
Freshwater Crocodile, Freshie Süßwasserkrokodil
Full Time Vollzeit
Furnished Unit Möblierte Wohnung
Futsal Variante des europäischen Fußballs mit kleineren Teams.
»G'Day« »Guten Tag.« Begrüßung, wird allerdings nicht überall in Australien benutzt.
General Manager, Director Typischer Titel einer Person, der ein Gewerbebetrieb gehört, auch wenn es sich nur um einen Ein-Personen-Betrieb handelt.
General Practitioner, GP Allgemeinmediziner
»Get on the blower.« »Geh ans Telefon.«
Good Friday Karfreitag
GST, General Sales Tax Mehrwertsteuer
Ginger Beer Ingwerbier (alkoholfreies Getränk)
High School Weiterführende Schule, Gesamtschule
Home and Contents Insurance Gebäude- und Hausratsversicherung
Home Insurance Gebäudeversicherung
Home Loan Hypothek
Homestay Unterbringung in einer Familie, bspw. für Schüler und Studenten.
Hospitality Hotel- und Gastgewerbe
Hostel Jugendherberge
House of Representatives Repräsentantenhaus, vergleichbar mit dem Deutschen Bundestag.
Lamb Lammfleisch
Laundry Raum für Waschmaschine und Handwaschbecken

Lifesaver, Lifeguard Rettungsschwimmer
Liquor Store, Bottle Shop Alkohol-Laden
Ladder Bestenliste bei Sportveranstaltungen
Mardi Gras Karneval
Marks (Schul-)Noten
Mangosteen Mangostanfrüchte
Master Bedroom Größtes Schlafzimmer in einer Wohnung oder einem Haus
Mate a) Freund, Kumpel, b) Allgemeine Anrede für Erwachsene (informeller Ersatz für »Sir«) und Kinder
Meat Pie Fleischpastete
Medical Centre Gemeinschaftspraxis von mehreren Ärzten
Micro Brewery Klein-Brauerei, »Boutique Brauerei«
Migration Agent Kommerzieller Einwanderungsberater
Mobile, Mobile Phone Handy
Networking Events Alle Gelegenheiten, bei denen man andere Leute kennen lernen kann.
New Years Eve Silvester
Newsagent Zeitungsladen
»No Worries, (Mate)« »Keine Sorge, alles wird gut.«
Nurse Krankenpfleger oder Krankenschwester
Nursing Krankenpflege (Studiengang)
Open License Offener Führerschein, d. h. kein Führerschein auf Probe
Open Plan Living Wohnung, bei der sich Wohnzimmer, Esszimmer und Küche in einem Raum befinden.
Optometrist Optiker
Organic Foods Bio-Lebensmittel
Overseas Das Ausland, im Ausland
Part Time Teilzeit
Passionfruit Maracuja
Paw Paw Papaya
Pest Control Kammerjäger
Pet Insurance Krankenversicherung für Haustiere
Pharmacy Apotheke
Pork Schweinefleisch
Prawns Garnelen
Preschool Vorschule
Preservatives Konservierungsmittel
Primary School Grundschule
Prime Minister Premierminister. Ausführendes Staatsoberhaupt Australiens, vergleichbar mit Bundeskanzler.
Product Disclosure Statement, Terms and Conditions Geschäftsbedingungen, »das Kleingedruckte«
Provisional Driver License Führerschein für Fahranfänger
Pub Eigentlich: »Public House«, Kneipe
Public Liability Insurance Berufshaftpflichtversicherung
Pushbike, Pushie Fahrrad
Raffle Verlosung
Real Estate Agent Immobilienmakler
Recruitment Agency Jobagentur
Report Card Schulzeugnis
Residential Tenancy Agreement Mietvertrag
Resume, CV Bewerbung
Resume Writing Service Professioneller Bewerbungsschreiber
Roadtrain, Road Train Goßer Lastzug, fast nur im Outback unterwegs.
Roundabout Kreisverkehr
Rumpus Room, Study Zusätzliches Zimmer in einem Haus, zumeist ohne Schränke
Sandfly Sandmücke
Sanger Steak zwischen zwei Scheiben Toast
Sausage Sizzle Würstchenverkäufe für einen wohltätigen Zweck
Savings Account Girokonto
Schoolies, Schoolies Week, Leaver's Week Abschlussfeiern von Schulabgängern in beliebten Ferienzielen
Scones Süße Brötchen, zumeist mit Marmelade und Sahne
Security Screen Insektengitter an Fenstern oder Türen
Self Employed, Sole Trader Jemand, der als selbständiger Unternehmer für sich selbst arbeitet.

Senate Senat. Oberes Haus des Parlaments, vergleichbar mit dem Bundesrat
Shared Flat Wohngemeinschaft
Sickies, Sick Leave Bezahlte Krankentage
»She'll be right.« »Das passt schon so, ist alles nicht so schlimm.«
Sheila Frau (umgangssprachlich), wird eher selten benutzt
Shopping Mall Zumeist überdachtes und klimatisiertes Einkaufszentrum
Show Day Lokaler Feiertag, vergleichbar mit »Kirmestag«
Silly Season Vorweihnachtszeit
Skipper Kapitän
Small Business Mittelständischer Betrieb
Small Business Owner Besitzer eines mittelständischen Betriebes, der aber auch nur aus einer Person bestehen kann.
Soccer (Europäischer) Fußball
Solicitor Anwalt
Student Residence Studentenwohnheim
Spa Whirlpool
Sporting Carnival Sportfest in der Schule
Stamp Duty Eine Steuer, die fällig wird, wenn etwa ein Auto oder ein Haus verkauft wird. Der Käufer muss diese Steuer bezahlen.
Station Wagon Kombi
Stubbie, Coldie Bier
Sub Contractor Selbständiger (manchmal auch *scheinselbständiger*) Mitarbeiter einer Firma, der auf eigene Rechnung arbeitet. Oft in der Baubranche üblich.
Suburb Wohngebiet, Vorort, Stadtteil.
Superannuation Fund, Super Fund Private Rentenversicherung
Take Away Menu Speisekarte für Gerichte zum Mitnehmen
Takeaway Restaurant oder Imbiss, von dem man das Essen eingepackt abholt und anderswo isst.
Tassie Umgangssprachliche Abkürzung für Tasmanien
Tax Agent Steuerberater, der sich nur auf Steuererklärungen konzentriert.
Tea a) Tee, b) Abendessen
Term Viertel eines Schuljahres.
»That's a ripper!« »Das ist ein Knüller!«
Theft and Third Party Freiwillige Autoversicherung, vergleichbar mit Teilkasko.
Tinny Kleines Metallboot
Toll Road Mautpflichtige Straße
Townhouse Zumeist zweistöckiges Reihenhaus
Truck Lastwagen
Tuckshop Pausenkiosk in der Schule
Unfurnished Unit Unmöblierte Wohnung
Unit Wohnung
Ute Wagen mit hinten offener Ladefläche
Valuer, Property Valuer Immobilien-Gutachter
Veal Kalbfleisch
Wallaby Kleine Känguruart
»We canned that idea.« »Wir haben die Sache abgeschrieben.«
Window Tinting Dunkle UV-Beschichtung auf Fensterscheiben von Häusern oder Autos
Wireless Internet Internet per UMTS

Anhang

Glossar

18+ Card Altersnachweis in Form einer Plastikkarte

3 (Three.com.au) Australische Telefonanbieter

3G, Next G UMTS-Funknetz

ABC Staatlicher Fernsehsender

Aborigines Ureinwohner Australiens – im deutschen Sprachgebrauch. In Australien sagt man *»Aboriginal«* oder *»Indigenous Person«*.

ACT Kurz für: *Australian Capital Territory*. Regierungsbezirk der Hauptstadt Canberra.

ANZ Kurz für: *Australia and New Zealand Banking Group*. Eine der vier größten australischen Banken.

ANZAC Kurz für: *Australian and New Zealand Army Corps*. Vereinte australische und neuseeländische Truppen, die im ersten Weltkrieg an der Seite der Briten kämpften.

ANZAC Day Gedenktag für gefallene australische Soldaten am 25. April

ANZAC Biscuits Knusprige Plätzchen mit Haferflocken und Kokosraspeln

AQIS Kurz für: *Australian Quarantine and Inspection Service*. Australische Quarantänebehörde, aber auch Quarantänestation bei einem Flughafen, beispielsweise für den Import von Haustieren.

Assessing Authority Eine australische Behörde, die den beruflichen Werdegang prüft, bevor man sich für ein Arbeitsvisum bewerben kann.

Australia Day Feiertag am 26. Januar, der an die Gründung der Kolonie Australien (1788) erinnert.

Australian Business Number, ABN Steuernummer für Gewerbebetriebe

Austudy, Youth Allowance Staatliche Hilfen für Schüler und Studenten. Nur für Permanent Residents.

Baby Bonus Sonderzahlung von der Regierung zur Geburt eines Babys.

Bachelor a) Studienabschluss, b) Junggeselle

Banana Benders »Bananen-Krummbieger«. Ironische Bezeichnung für die Einwohner Queenslands.

Bigpond Größter australischer Internet-Anbieter, vergleichbar mit T-Online.

Blackfella Ureinwohner Australiens. Kann im Kontext neutral sein (als Gegensatz zu *Whitefella*). Der unverfänglichste Begriff wäre *»indigenous«*.

Blundstones Australische Schuhmarke

Body Corporate a) Eigentümer-Gemeinschaft bei Häusern mit mehreren Wohnungen, b) Ausgaben, die man im Rahmen der Eigentümer-Gemeinschaft zahlt, wie etwa für Gebäudeversicherung oder den Gärtner.

Bonds Australische Marke für T-Shirts und Unterwäsche

Boxing Day, Proclamation Day 2. Weihnachtsfeiertag am 26. Dezember

Bunnings Eine der größten australischen Baumarktketten

Business Name Registration Anmeldung eines Firmennamens

Brick Veneer Holzskelett, das beim Hausbau außen mit einer Ziegelwand verkleidet wird.

Cadbury Schokoladenmarke

Carols by Candlelight Öffentliche Veranstaltungen vor Weihnachten, an denen gemeinsam Weihnachtslieder gesungen werden.

Cascade Tasmanische Brauerei

Centrelink Eine Art Sozialamt, das u. a. Kindergeld, Renten und Arbeitslosengeld auszahlt.

Coles Zweitgrößte australische Supermarktkette

Colorbond Roof Mit einem farbigen Überzug versehenes Wellblechdach

Commonwealth Bank Eine der vier größten australischen Banken

Commonwealth of Australia Offizieller Name des Landes

Company Firma mit eingeschränkter Haftung, vergleichbar mit GmbH

Condition Report Report über den Zustand eines Mietobjekts. Wird vom Mieter beim Einzug ausgefüllt.

Controlled Burnings Von Menschen gelegte kleinere Feuer, mit denen große Buschfeuer abgewendet werden sollen. Ursprünglich eine Tradition der Aborigines.

Cooling Off Period Eine Frist, in der man von einem Kaufvertrag zurücktreten kann, etwa bei Autos oder Immobilien.

Council Rates Gebühren, die die Stadtverwaltung Besitzern von Immobilien berechnet, etwa für Straßenreinigung, Müllabfuhr und andere städtische Dienstleistungen.

Covenant Bauauflagen, die etwa für ein bestimmtes Wohngebiet festgelegt werden.

Credit Check Vergleichbar mit »Schufa-Anfrage«

Crime Stoppers Private Organisation, die der Polizei zur Seite steht und bei der man sich anonym melden kann, wenn man das Gefühl hat, etwas Verdächtiges beobachtet zu haben.

Critical Skills List, CSL Liste von der australischen Regierung dringend benötigen Berufe. Wer seinen Beruf auf dieser Liste findet, hat bessere Chancen, schnell ein Einwanderungsvisum zu erhalten. Soll im Laufe des Jahres 2010 abgeschafft werden.

Department of Transport Straßenverkehrsamt von Western Australia

Diploma Einjähriger Studiengang an einer Uni oder einem TAFE College

Drive Thru Durchfahrt für schnelle Einkäufe ohne Aussteigen zu müssen, etwa bei einem Fast Food Imbiss oder einem Alkoholladen.

E-tax Kostenlose Software der Regierung für die jährliche Steuererklärung

Federal Minimum Wage Mindestlohn

Fiberglass Pool Swimming Pool aus glasfaserverstärktem Kunststoff

Finance Broker Hypotheken-Broker, Hypotheken-Vermittler

First Fleet Die ersten weißen Siedler der *First Fleet* gründeten die Kolonie Australien am 26. Januar 1788.

First Home Owner Grant (FHOG) Prämie von der Regierung für Australier und *Permanent Residents*, die ihre erste Immobilie kaufen.

Flying Doctors Fliegende Ärzte. Luftrettungsdienst vor allem für ländliche Regionen und fürs Outback.

Freedom Furniture Großer australischer Möbelmarkt

Full Brick Bautechnik mit zwei tragenden Ziegelmauern, die durch einen isolierenden Luftraum getrennt sind.

Governor-General Generalgouverneur von Australien, vertritt die englische Königin als Staatsoberhaupt. Der Posten ist eher repräsentativ, in etwa vergleichbar mit dem Bundespräsidenten.

Gyprock, Plasterboard Rigips-Platten für Innenwände beim Hausbau

Harvey Norman Großer australischer Möbelmarkt, in größeren Städten mit Elektronik- und Haushaltsgeräte-Abteilung.

Hospital Cover Private Krankenversicherung für Behandlungen im Krankenhaus.

Hotel Für Australier ist ein *Hotel* hauptsächlich eine Kneipe oder Pub. Zimmer zum Übernachten gibt es im Hotel zwar auch, aber dies sind meist nur notdürftige Angelegenheiten. Das, was sich Europäer unter einem Hotel vorstellen, ist in Australien ein *Motel* oder ein *Resort*.

Howard, John Premierminister von 1996 bis 2007 (Liberal Party)

Huntsman Größere Spinnenart, nicht aggressiv

Indigenous Person Australischer Ureinwohner

IELTS-Test Kurz für: *International English Language Testing System*. Ein Englischtest, der für verschiedene Visa-Klassen benötigt wird. Abhängig vom Visum und der Berufswahl muss der Bewerber den einfacheren *General* oder den schwierigen *Academic Test* absolvieren. Getestet wird Lesen, Schreiben, Hören und Sprechen.

Junior Wages Spezielle (niedrigere) Löhne für Arbeitnehmer unter 21

Key Performance Indicators, KPIs Liste von Dingen, die man in seinem Job erreicht haben sollte, wenn ein bestimmter Zeitraum (etwa ein Jahr) vergangen ist.

Kit Home Bausatz-Haus

Labour Party Gewerkschaftsnahe, sozialdemokratische Partei. Eine der zwei großen Parteien in Australien.

Lamingtons Mit Kokosraspeln bestreute, weiche Kuchen

Letter of (Conditional) Offerm, Firm Offer Einladungsbrief von einer Universität für Auslandsstudenten

Liberal Party, Liberals Konservative Partei, eine der zwei großen Parteien in Australien.

Loan Application fee »Anmeldegebühr« für einen Kredit

Master of Business Administration, MBA Zusatzstudiengang mit Schwerpunkt BWL

MBF Private Krankenversicherung mit mehr als 1,7 Millionen Mitgliedern

Medibank Private Krankenversicherung. Mit 3,4 Millionen Versicherten einer der größten privaten Krankenversicherer des Landes.

Medicare Staatliche australische Krankenversicherung, die die Grundversorgung in Sachen Gesundheit übernimmt.

Melbourne Cup Wichtigstes nationales Pferderennen am zweiten Dienstag im November

Micro Business Kleinstbetrieb, zumeist bestehend aus nur einer Person. Der Begriff *Small Business* wäre hier aber ebenfalls richtig.

Mortgage Insurance Hypotheken-Versicherung. Hier versichert sich die Bank gegen die Zahlungsunfähigkeit des Kunden.

National Australia Bank (NAB) Eine der vier größten australischen Banken

NIB Private Krankenversicherung mit mehr als 700.000 Mitgliedern

NRMA Autoclub von New South Wales

NSW Kurz für: New South Wales. Bundesstaat im Osten des Landes, Hauptstadt ist Sydney.

NT Kurz für: Northern Territory. Bundesstaat im Norden des Landes, Hauptstadt ist Darwin.

NT Transport Straßenverkehrsamt des Northern Territory

Open House Besichtigungstermine bei Hausverkäufen. Vorherige Anmeldung ist nicht notwendig.

Optus Australischer Telefonanbieter

Orientation Week, Orientation Programme Das Einführungsprogramm für neue Studenten an einer Universität

Overseas Student Health Cover Krankenversicherung für ausländische Studenten

Owner Builder Jemand, der sein Haus selbst bauen möchte.

Parents & Citizen Association (P&C) / Parents & Friends Association (P&F) Eine Art gemeinnütziger Verein bestehend aus den Eltern von Kindern einer bestimmten Schule.

Pay as You Go, PAYG Zumeist vierteljährliche Einkommensteuervorauszahlungen für Selbstständige

Permanent Resident, Resident Ausländer mit unbeschränkter Aufenthaltsberechtigung

Pink Slip Eine Art TÜV Bescheinigung, notwendig für Autoverkäufe in New South Wales.

Police Citizens Youth Club (PCYC) Von der Polizei organisiertes Sport- und Kulturprogramm für Kinder und Jugendliche.

Pre Approval Kredit-Angebot von einer Bank für den Kauf einer Immobilie

Proclamation Day, Boxing Day 2. Weihnachtsfeiertag am 26. Dezember

Proof of Age Card Altersnachweis in Form einer Plastikkarte.

Property Manager Mitarbeiter eines Maklerbüros, der sich um Mietobjekte kümmert und u. a. regelmäßig den Zustand der Wohnungen in seiner Obhut prüft.

RACV Autoclub von Victoria

QLD Abkürzung für Queensland. Hauptstadt ist Brisbane.

Queensland Transport Straßenverkehrsamt von Queensland

Quiksilver Australische Modemarke für Surf- und Strandbekleidung.

RACQ Autoclub von Queensland

Resident Manager Hausmeister in Wohnanlagen.

Resident Return Visa Reise-Visum für *Permanent Residents*, deren 5-Jahres-Visum abgelaufen ist.

Rip Curl Australische Modemarke für Surf- und Strandbekleidung

Potato Cod Riesenzackenbarsch

Road and Traffic Authority (RTA) Straßenverkehrsamt von New South Wales

Road Transport Authority Straßenverkehrsamt des *Australian Capital Territory (ACT)*

Rudd, Kevin Premierminister seit 2007 (Labour Party)

SA Kurz für: South Australia. Bundesstaat im Süden des Landes, Hauptstadt ist Adelaide.

Safety Certificate Eine Art TÜV-Bescheinigung, notwendig für Autoverkäufe in Queensland.

Savings Account Girokonto

SBS Kurz für: *Special Broadcasting Service*. Staatlicher Fernsehsender.

School of the Air Fernunterricht über Funk und Internet für Kinder im Outback.

Sea Change Umzug aus einer Großstadt ans Meer. Die Idee dahinter ist, dass man ein ruhigeres Leben mit mehr Lebensqualität bekommt.

SES, State Emergency Service Katastrophenschutz, vergleichbar etwa mit dem Technischem Hilfswerk (THW)

Self Storage Lagerhäuser, in denen man private Dinge dauerhaft lagern kann. Je nach gemieteter Größe ähnlich wie ein abschließbarer Schuppen oder eine Garage.

Settlement Eigentumsübertragung bei Immobilien

Skilled Occupation List (SOL) Liste mit Berufen, die von der australischen Regierung herausgegeben wird. Den Berufen werden je nach Wichtigkeit höhere oder niedrigere Punktzahlen zugeordnet, die wichtig für die Bewerbung bei einem Visum sind.

Smart State, Sunshine State Motto von Queensland, oft zu sehen auf Auto-Nummernschildern.

Sponsor, Sponsorship Ein Arbeitgeber,

der das finanzielle Risiko für den Visumsantragssteller übernimmt. *Sponsorship-Visa* laufen normalerweise über 2 Jahre.

State of Origin Serie von Rugby Spielen zwischen Queensland und New South Wales

Stick Frame Bautechnik im Hausbau: Holzwände, die mit dekorativen Ziegelsteinen *(Brick Veneer)*, Holzplanken *(Weatherboard)* oder anderen Materialien verkleidet werden.

Stolen Generation Von der Regierung bis in die 1970er Jahre autorisierte Entführungen von Aborigine-Kindern, um diese in Internaten als »australische Bürger« aufzuziehen.

Super A-Mart Großer Möbelmarkt

Surf and Lifesaving Club (SLSC) Rettungsschwimmer-Verein

Swim Spa Größerer Whirpool mit starken Gegenstrom-Düsen, die es ermöglichen, im *Spa* zu schwimmen.

TAFE, TAFE College Kurz für: *Technical And Further Education.* Institution für die Erwachsenen-Fortbildung, je nach Kurs eher Berufs- oder Fachhochschule.

TAS Kurz für: *Tasmania.* Insel-Bundesstaat südöstlich des Festlandes, Hauptstadt ist Hobart.

Tax File Number, TFN Steuernummer. Wird etwa beim Eröffnen von Bankkonten, bei der Steuererklärung und beim Abschluss von Rentenversicherungen benötigt. Jeder legale Arbeitnehmer in Australien braucht eine *TFN*, auch Leute mit *Working Holiday Visum.*

Telstra Größte australische Telefongesellschaft, vergleichbar mit der Deutschen Telekom.

Telstra Smart Community Wohngegend, in der Internet nur per Glasfaser und nur von Telstra geliefert werden kann.

TOEFL, Test of English as a Foreign Language Englischtest, der für manche Studentenvisa benötigt wird.

Trade Mark Geschützte Marke

Transport SA Straßenverkehrsamt von South Australia

Transport TAS Straßenverkehrsamt von Tasmanien

Tree Change Umzug aus einer Großstadt aufs Land oder in den *Bush.* Die Idee dahinter ist, dass man ein ruhigeres Leben mit mehr Lebensqualität führt.

Variable Rate Home Loan Hypothek mit variablem Zinssatz

Vegemite Hefeaufstrich fürs Frühstücksbrot

Vic Roads Straßenverkehrsamt von Victoria

WA Abkürzung für Western Australia. Hauptstadt ist Perth.

Weatherboard Holzplanken für die Verkleidung eines Hauses von außen

Westpac Bank Eine der vier größten australischen Banken

Whitefella Gegensatz zu *Blackfella.* Gemeint ist ein weißhäutiger Mensch.

Wine Cask Wein im Pappkarton

Wireless Broadband Internet über das UMTS-Handynetz

Working Holiday Visum Visum für junge Leute unter 30, die sich im Urlaub etwas dazu verdienen möchten.

Woolworths Größte australische Supermarktkette.

Wwoofer Kurz für: *Willing Worker on Organic Farms.* Freiwillige Hilfskräfte bei zumeist landwirtschaftlichen Betrieben, die ein wenig bei der Arbeit mithelfen und im Gegenzug alle Mahlzeiten und eine Gelegenheit zum Schlafen bekommen.

Your keys to driving in Queensland Fahrschul-Heft mit Verkehrsregeln. Erhältlich in Zeitungsläden in Queensland.

Youth Allowance, Austudy Staatliche Hilfen für Schüler und Studenten. Nur für *Permanent Residents* oder australische Bürger.

Anhang

Internetlinks

Fakten über Australien

Aktuelle Zahlen und Statistiken über Australien erhalten Sie vom *Australian Bureau of Statistics*

► *www.abs.gov.au*

Deutschsprachige PDF-Infobroschüre für Einwanderer, jeweils angepasst an die einzelnen Bundesstaaten

► *www.immi.gov.au/living-in-australia/settle-in-australia/beginning-life/booklets/german.htm*

Klima

Das Australische Wetterbüro *(Bureau of Meteorology, BOM)* veröffentlicht auf seiner Webseite aktuelle Klimadaten von Wetterstationen rund um Australien

► *www.bom.gov.au/climate/averages*

Landschaft, Orte und Regionen

Sydney und New South Wales

Informationen und PDF-Broschüren für Neubürger in Sydney und New South Wales

► *www.business.nsw.gov.au/investment/living*

Informationen für Neubürger in Sydney

► *www.sydneyaustralia.com/cne/lifestyle.asp*

Informationen zu Stadtvierteln *(Suburbs)* und Schulen
► *www.cityhobo.com/top-10/top-10-suburbs-and-best-schools*

Stadtviertel von A-Z
► *http://info.id.com.au/dosydney/Default.aspx?pg=100*

Welche Volksgruppen wohnen wo in Sydney? Eine Übersicht gibt es hier:
► *www.living-in-sydney.com/Sydney-suburbs-profile.html*

Mietobjekte, Kleinanzeigen und Jobs
► *http://sydney.gumtree.com.au*

Reiseinformationen zu Sydney
► *www.sydney.com*

Reiseinformationen zu New South Wales
► *www.visitnsw.com*

Veranstaltungskalender Sydney
► *www.sydney.com/Events_in_Sydney_p803.aspx*

Surfen in Bondi Beach: Informationen und See-Wetterbericht
► *www.swellnet.com.au/reports/bondi/daily*

Sydney Festival mit Theater, Musik und Tanz
► *www.sydneyfestival.org.au*

Karneval der Schwulenszene: *Gay and Lesbian Mardi Gras*
► *www.mardigras.org.au*

Volkslauf: *City to Surf Run*
► *www.city2surf.com.au*

Segeln: *Sydney to Hobart*
► *www.rolexsydneyhobart.com*

Melbourne und Victoria

Informationen zu Stadtvierteln und Schulen
► *www.cityhobo.com/top-10/top-10-suburbs-and-best-schools*

Deutschsprachige Reiseinformationen zu Melbourne
► *http://german.visitmelbourne.com*

Veranstaltungskalender Melbourne – auf deutsch
► *http://german.visitmelbourne.com/melbourne/veranstaltungen/veranstaltungen-melbourne--victoria.html*

Veranstaltungskalender und Reiseinformationen (englisch)
► *www.thatsmelbourne.com.au*

Reiseinformationen zu Victoria (deutsch)
► *http://german.visitmelbourne.com/melbourne/victoria/die-regionen-von-victoria-australien.html*

Surfen in der Region Melbourne / Great Ocean Road: Informationen und See-Wetterbericht
► *www.swellnet.com.au/reports/torquay/daily*

Tennis: Australian Open
► *www.australianopen.com*

Formel 1: Großer Preis von Australien
► *www.grandprix.com.au*

Pferderennen: *Melbourne Cup*
► *www.melbournecup.com*

Cricket: *Boxing Day Test Match*
► *www.cricketvictoria.com.au*

Brisbane und Queensland

Brisbane: Informationen zu Stadtvierteln *(Suburbs)* und Schulen
► *www.cityhobo.com/top-10/top-10-suburbs-and-best-schools*

Übersicht über Brisbanes Stadtviertel
► *www.ourbrisbane.com/suburbs*

Informationen für Neubürger in Brisbane
► *www.new2brisbane.com.au*

Mietobjekte, Kleinanzeigen und Jobs für Brisbane
► *http://brisbane.gumtree.com.au*

Region Gold Coast: Kurzprofile zu Städten und Gemeinden
► *www.queenslandholidays.com.au/destinations/gold-coast/places-to-visit/all-cities-and-towns.cfm*

Region Sunshine Coast: Kurzprofile zu Städten und Gemeinden
► *www.queenslandholidays.com.au/destinations/sunshine-coast/sunshine-coast_home.cfm*

Region Townsville: Kurzprofile zu Städten und Gemeinden
► *www.queenslandholidays.com.au/destinations/townsville/places-to-visit/all-cities-and-towns.cfm*

Region Cairns und Cape York: Kurzprofile zu Städten und Gemeinden
► *www.queenslandholidays.com.au/destinations/tropical-north-queensland/places-to-visit/all-cities-and-towns.cfm*

Brisbane Festival mit Feuerwerk und Musik
► *www.brisbanefestival.com.au*

Brisbane International Film Festival
► *www.stgeorgebiff.com.au*

Kunst und Musik – *Valley Fiesta* in Brisbane
► *www.valleyfiesta.com.au*

Perth und Western Australia

Informationen für Neubürger in Western Australia
► *www.migration.wa.gov.au/?page=living-in-the-regions*

Reiseinformationen zu Perth und Umgebung
► *www.experienceperth.com/en/Destinations/Pages/Destinations.aspx*

Reiseinformationen zu Western Australia
► *www.westernaustralia.com*

Veranstaltungskalender Western Australia
► *www.westernaustralia.com/au/Things_to_See_and_Do/Events/Pages/events.aspx*

Surfen in Perth: Informationen und See-Wetterbericht
► *www.swellnet.com.au/reports/perth/daily*

Tennis: *Hopman Cup*
► *http://hopmancup.com*

Flugkunst: *Red Bull Air Race*
► *www.redbullairrace.com*

Theater, Tanz, Musik: Perth International Arts Festival
► *www.perthfestival.com.au*

Adelaide und South Australia

Informationen für Neubürger in South Australia
► *www.migration.sa.gov.au/sa/home.jsp*

Informationen für Neubürger in Adelaide
► *www.adelaidebound.com*

Übersicht und Statistiken zu den Stadtteilen von Adelaide
► *www.adelaidesuburbs.com.au*

Veranstaltungsvorschau in Adelaide
► *www.southaustralia.com/AdelaideWhatsOn.aspx*

Veranstaltungsvorschau für South Australia
► *www.southaustralia.com/Events.aspx*

Reiseinformationen zu allen Regionen von South Australia
► *www.southaustralia.com/Regions.aspx*

Essen gehen in Adelaide – eine Übersicht über die interessantesten Restaurantmeilen
► *www.southaustralia.com/DiningInAdelaide.aspx*

Obst, Gemüse und mehr direkt vom Markt: Adelaide Central Market
► *www.adelaidecentralmarket.com.au*

Schützenfest in Adelaide
► *www.schutzenfest.com.au*

Canberra und ACT

Informationen für Neubürger von Canberra
► *http://liveincanberra.com.au*

Mietobjekte, Kleinanzeigen und Jobs
► *http://canberra.gumtree.com.au*

Reiseinformationen Canberra
► *www.visitcanberra.com.au*

Festivals in Canberra
► *www.events.act.gov.au*

Floriade – Australiens größtes Blumenfestival
► *www.floriadeaustralia.com*

Hobart und Tasmanien

Informationen für Neubürger in Hobart
► *www.hobartcity.com.au/content/InternetWebsite/Hobart/Living_in_Hobart.aspx*

Reiseinformationen zu Tasmanien
► *www.discovertasmania.com*

Nachrichten aus Tasmanien
► *www.themercury.com.au/news/tasmania-news.html*

Veranstaltungskalender Tasmanien
► *http://events.discovertasmania.com/Events/Controller/index.asp*

Schokoladenfabrik Cadbury, Besucherzentrum und Jobs
► *www.cadbury.com.au*

Brauerei Cascade
► *www.carltonbrewhouse.com.au*

Essen und Trinken, Kunst und Musik: Das *Taste Festival*
► *www.tastefestival.com.au*

Darwin und das Northern Territory

Informationen für Neubürger des Northern Territory
► *www.theterritory.com.au*

Make your Move – PDF-Infoheft mit Informationen für Neubürger
► *www.theterritory.com.au/resources/img/pdf/live/make_your_move.pdf*

Liste von *Recruitment Agencies*, die bei der Jobsuche in Darwin und Alice Springs helfen können:
► *www.theterritory.com.au/index.php?menuID=188*

Nachrichten aus dem Northern Territory
► *www.ntnews.com.au/news*

Reiseinfos zum Norteil des Northern Territory, mit Darwin und Katherine
► *www.tourismtopend.com.au*

Reiseinformationen zum Northern Territory insgesamt
► *www.tourismnt.com.au*

Veranstaltungskalender für Darwin
► *www.darwin.com.au/darwin-entertainment/whats-on-in-darwin*

Freilicht-Kino in Darwin: Deckchair Cinema
► *www.deckchaircinema.com*

Kunst und Kulinarisches in Darwin: Mindil Beach Sunset Markets
► *www.mindil.com.au*

Pferderennen in Darwin: Darwin Cup Carnival
► *www.darwinturfclub.org.au*

Bierdosenregatta in Darwin: Beer Can Regatta
► *www.beercanregatta.org.au*

Visum

Informationen zu allen Visumsklassen
► *www.immi.gov.au/immigration*

PDF-Infobücher zu allen Visumsklassen
► *www.immi.gov.au/allforms/booklets/booklets.htm*

Online Antrag für *eVisitor Visa*
► *www.immi.gov.au/e_visa/evisitor.htm*

Online Antrag für *Tourist Visa*
► *www.immi.gov.au/e_visa/e676.htm*

Für türkische Staatsbürger: *Work and Holiday Visa*
► *www.turkey.embassy.gov.au*

ILETS Test: In Deutschland gibt es 12 Testzentren von Hamburg bis Radolfzell. Mehr Informationen zum IELTS finden Sie hier:
► *www.ielts.org*

Deutschsprachige Informationen zum IELTS Test
► *www.britishcouncil.de/d/english/ielts.htm*

Doppelte Staatsbürgerschaft:

Doppelte Staatsbürgerschaft für Deutsche
► *www.bva.bund.de/cln_108/nn_383954/DE/Aufgaben/Abt__III/Staatsangehoerigkeit/Einbuergerung/Beibehaltung/beibehaltung-node.html*
► *www.sydney.diplo.de/Vertretung/sydney/de/04/Beibehaltung_20der_20deutschen_20Staatsangeh_C3_B6rigkeit_20und_20Einb_C3_BCrgerung.html*

Doppelte Staatsbürgerschaft für Österreicher
► *www.austria.org/content/view/37/59*

Doppelte Staatsbürgerschaft für Schweizer (am Beispiel Vietnam erklärt)
► *www.eda.admin.ch/eda/de/home/reps/asia/vvnm/ref_livfor/livvnm/nathan.html*

Umzug und Abreise

Deutschsprachige Broschüre mit ausführlichen Informationen über Importverbote nach Australien
► *www.daff.gov.au/__data/assets/pdf_file/0006/855726/german-cant-take.pdf*

Informationen zum Import von Hunden und Katzen
► *www.daff.gov.au/aqis/cat-dogs/countries/cat4*

Postämter in Australien
► *http://apps.nowwhere.com.au/austpost/postofficelocator*

Geldfragen

Bankkonto eröffnen von Deutschland aus bei *ANZ*
► *www.anz.com.au/personal/travel-foreign-exchange/moving-australia*
► *www.anz.com/aus/promo/Apply-For-A-Bank-Account-In-Australia/default.asp*

Bankkonto eröffnen von Deutschland aus bei *Westpac*
► *www.westpac.com.au/personal-banking/moving-to-australia*

Informationen zur Steuernummer *(Tax File Number, TFN)* für alle, die in Australien arbeiten dürfen
► *www.ato.gov.au/corporate/content.asp?doc=/Content/27156.htm*

Tax File Number online anmelden – nur innerhalb von Australien möglich
► *www.ato.gov.au/individuals/content.asp?doc=/content/38760.htm*

Verkehr

Kostenloser Download: »*Your keys to driving in Queensland*«
► *https://www.bookshop.qld.gov.au/documents/QT0905_080701.pdf*

Australische Autoclubs

- NRMA für New South Wales und ACT: ►*www.mynrma.com.au*
- RACV für Victoria: ►*www.racv.com.au*
- RACQ für Queensland: ►*www.racq.com.au*
- RAC für Western Australia: ►*http://rac.com.au*
- RAA für South Australia: ►*www.raa.com.au*
- AANT für das Northern Territory: ►*www.aant.com.au*
- RACT für Tasmanien: ►*www.ract.com.au*

Beispiele für Autoversicherungen

- AAMI: ►*www.aami.com.au*
- Allianz: ►*www.allianz.com.au/allianz/car+insurance.html*
- Suncorp: ►*www.suncorp.com.au/suncorp/personal/car_insurance*

Autoversicherungen werden auch über die Webseiten der Autoclubs angeboten, siehe oben

Krankenversicherung

Medicare – Australiens staatliche Krankenversicherung
►*www.medicareaustralia.gov.au*

Übersicht über Auslands-Krankenversicherung für kürzere Reisen
►*www.testberichte.de/testsieger/level3_special_reiseversicherungen_1262.html*

Beispiele für Auslands-Krankenversicherungen für Langzeit-Reisende
►*www.dkv.com/ausland-krankenversicherung-36-monate_167_179_700_8852.html*
►*www.axa.de/servlet/PB/menu/1078869*

Broschüren zur Touristen-Krankenversicherung *(Visitors Cover)* von *Medibank*
►*www.medibank.com.au/Health-Covers/Download-a-Brochure.aspx*

Wohnen zur Miete

Häuser und Wohnungen mieten oder kaufen in ganz Australien

- ► *www.realestate.com.au*
- ► *www.realestateview.com.au*
- ► *www.domain.com.au*

Tipps fürs Mieten in Victoria: PDF-Dokument *»Renting a Home«*. Das Dokument ist aber auch lesenswert für Bewohner anderer Regionen Australiens.

► *www.consumer.vic.gov.au/CA256902000FE154/Lookup/CAV_Publications_Renting/$file/RentingComplete.pdf*

Hauskauf

Beispiele für Webseiten, auf denen Besitzer ihre Häuser ohne Makler verkaufen können

- ► *www.owner.com.au*
- ► *www.smartvendor.com.au*

Hausbau

Austart Homes baut Australienweit

► *www.austarthomes.com.au*

GJ Gardner Homes baut Australienweit

► *www.gjgardner.com.au*

Liste von Baufirmen aus New South Wales, die sich auf *Fullbrick*-Bauten aus zwei Ziegelstein-Reihen spezialisiert haben

► *www.fullbrick.com.au*

Simonds baut in Melbourne und Victoria

► *www.simonds.com.au*

Sarah Homes baut in South Australia
▶ *www.sarahhomes.com.au*

Dixon Homes baut in Queensland und im nördlichen New South Wales
▶ *www.dixonhomes.com.au*

Better Homes Queensland baut im Norden Queenslands von Cairns bis Townsville
▶ *www.betterhomesqueensland.com.au*

Dale Alcock Homes baut in Perth und im Südwesten von Western Australia
▶ *www.dalealcock.com.au*

Bausatz-Häuser von *Cedar Kit Homes*
▶ *www.newcedarhomes.com*

Bausatz-Häuser von *Nu-Steel*
▶ *www.nusteel.com.au*

Bausatz-Häuser von *Kitome*
▶ *www.kitome.com.au*

Vorfabrizierte Häuser von *Ark Homes*, vorwiegend für Nord-Australien
▶ *www.arkhomes.com.au*

Vorfabrizierte Häuser von *Modscapes* (Melbourne) – Lieferung Australienweit
▶ *www.modscape.com.au*

Telefon und Internet

Informationen zum Festnetzanschluss
▶ *www.telstra.com.au/homephone/connections*

Ist DSL verfügbar? Adresse hier testen
▶ *https://my.bigpond.com/check-availability/default.do*

Australisches Meinungsforum rund um Telefon und Internet
► *http://forums.whirlpool.net.au*

Bildungssystem

Suchmaschine für Australische Schulen
► *www.myschool.edu.au*

Offizielle Informationen zum Thema Schule

- New South Wales: ► *www.det.nsw.edu.au*
- Victoria: ► *www.education.vic.gov.au/aboutschool*
- Queensland: ► *http://education.qld.gov.au/parents*
- Western Australia: ► *www.det.wa.edu.au/education/parents.asp*
- South Australia: ► *www.decs.sa.gov.au*
- Canberra und ACT: ► *www.det.act.gov.au*
- Tasmanien: ► *www.education.tas.gov.au*
- Northern Territory: ► *www.det.nt.gov.au*

Bei diesen Behörden können Sie Ihr Kind für den Unterricht von daheim anmelden:
► *www.hea.asn.au/resources/disp_res.asp?type=4&id=178*

Arbeiten

Beispiele für Australienweite Job-Suchmaschinen

- ► *www.mycareer.com.au*
- ► *www.careerone.com.au*
- ► *www.seek.com.au*

Informationen zu registrierungspflichtigen Berufen

- New South Wales: ► *www.blis.fairtrading.nsw.gov.au*
- Victoria: ► *http://services.business.vic.gov.au/licences/prod/start*
- Queensland: ► *www.business.qld.gov.au/smartlicence*
- Western Australia: ► *www.licence.sbdc.com.au/index.html*
- South Australia: ► *http://bli.net.au/BLI/default.asp?State=SA*

- Canberra und ACT: ►*www.blis.act.gov.au*
- Tasmanien: ►*www.blis.tas.gov.au/BLIS/prod/info*
- Northern Territory: ►*www.bli.net.au/nt*

Studieren in Australien

Offizielle Webseite zum Thema Studieren in Australien
►*www.study-in-australia.org/germany*

PDF-Infobuch zum Thema Studieren in Australien
►*www.study-in-australia.org/guide/_download/studyinaustralia-guide.pdf*

Kostenlose Bewerbungshilfe für Studenten
►*www.studiuminaustralien.com/studium-in-australien*

ELICOS: Englisch lernen an einer Universität in Australien
►*www.elicos.com*

Studentenvisum online beantragen
►*www.immi.gov.au/e_visa/students.htm*

Webseite für Leute, die nach einer Wohngemeinschaft suchen
►*www.flatmates.com.au*

Fernkurse bei der *Open University Australia*
►*www.open.edu.au*

Firmengründung

Informationen für Firmengründer direkt von der Regierung
►*www.business.gov.au*

Links zum Thema »registrierungspflichtige Berufe« finden Sie im Abschnitt »Arbeiten«

Renten

Informationen von der australischen Regierung zu Rentenversicherungen *(Superannuation)* und anderen Investments
► *www.fido.gov.au*

Eine Liste von privaten Rentenversicherungen in Australien
► *www.industrysuper.com*

Steuerlich absetzbare Rentenbeiträge
► *www.ato.gov.au/businesses/content.asp?doc=/content/29506.htm*

Informationen zur australischen Altersrente
► *www.centrelink.gov.au/internet/internet.nsf/payments/age_pension.htm*

Haustiere und andere Tiere in Australien

PDF-Dokument zu verbotenen Haustieren in Queensland – die Verbote gelten zum größten Teil auch in anderen Teilen Australiens
► *www.ddmrb.org.au/Files/Prohibited%20Pets.pdf*

Beispiele für eine Haustierversicherung

- ► *www.medibank.com.au/Pet-Insurance.aspx*
- ► *www.rspcapetinsurance.org.au*

Polizei und Notfälle

Neue Reisepässe für Deutsche
► *www.canberra.diplo.de/Vertretung/canberra/de/04/Passangelegenheiten/passangelegenheiten.html*

Kontaktinformationen bei Kartenverlust:

- American Express: ► *www.americanexpress.com/australia/customerservice/contactus.shtml?*

- Master Card: ►*www.mastercard.com/de/personal/de/privatkunden/unsereservices/notfall-servicenummern/index.html*
- Visa: ►*www.visa.de/privat/karte_verloren/main.jsp*

PCYC-Jugendclubs

- ►*www.pcyc.org.au*
- ►*www.pcycnsw.org*
- ►*www.stkildapcyc.org*

Sport und Freizeit

Surfen lernen – landesweite Übersicht über Surfschulen
►*www.sasurfschools.com.au*

Übersicht über Surfclubs
►*www.surfingaustralia.com/board-riding-clubs.php*

Golfplätze in Australien
►*www.ausgolf.com.au*

Golfvereinigung Australien
►*www.golfaustralia.org.au*

Lebensretter werden im *Surf and Lifesavers Club*
►*www.slsa.com.au/default.aspx?s=_becomeasurflifesaver*

Australische Fußball-Bundesliga: *A League*
►*www.a-league.com.au*

Cricket Australia
►*www.cricket.com.au*

Dachverband aller Schwimmvereine
►*www.swimming.org.au*

Informationen zu Tauchplätzen und Diskussionsforum
► *www.diveoz.com.au*

Feiertage, Feste und Brauchtum

Liste von Feiertagen in Australiens Bundesstaaten und Territorien
► *www.australia.gov.au/topics/australian-facts-and-figures/public-holidays*

Hintergrundinformationen zum *Australia Day*
► *www.australiaday.org.au/experience*

Hintergrundinformationen zum *ANZAC Day*
► *www.anzacday.org.au*

Medien in Australien

Einige Beispiele für deutschsprachige TV-Nachrichten aus dem Internet

- ARD: ► *www.ard.de*
- Deutsche Welle: ► *www.dw-world.de*
- ORF: ► *http://iptv.orf.at*
- SF Tagesschau: ► *http://tagesschau.sf.tv*
- ZDF: ► *www.zdf.de*

Magazin und Webseite mit Testberichten zu allen Lebenslagen
► *www.choice.com.au*

Sprache

Liste von Instituten, die *AMEP*-Englischkurse für Einwanderer anbieten
► *www.immi.gov.au/living-in-australia/help-with-english/learn-english/client/pubs/where-can-i-learn-english.pdf*

Besuch in Deutschland

Beispiel für eine Preissuchmaschine für Flüge
► *www.webjet.com.au*

Beispiele für Reiseversicherungen

- ► *www.nrma.com.au/travel-insurance*
- ► *www.medibank.com.au/Travel-Insurance/About-Our-Travel-Insurance.aspx*
- ► *www.mondial-assistance.com.au*

Informationen zum *Resident Return Visa*
► *www.immi.gov.au/migrants/residents/155*

Anhang

Stichwortverzeichnis

B

C

G

H

I

T

U

V

W

LITERATUR

Eine spannende und humorvolle Reise durch den Wahnsinn und die vielen Freuden der uns so fremden chinesischen Kultur.

Sonja Piontek
CHINA, DIE TÜRKISE COUCH & ICH
KURIOSES AUS DEM REICH DER MITTE

ISBN 978-3-934918-41-2

CHINA, DIE TÜRKISE COUCH & ICH. Chen Luyaos Großmutter weiß noch immer nicht, dass ihre türkise Couch so gar nicht zum Rest der Einrichtung passt und Sonja erfährt erst nach 17 Monaten, dass man ihr den mühsam erkämpften Führerschein gesperrt hat und fährt somit anderthalb Jahre illegal durch die Volksrepublik.

Entgegen aller Erfahrungen aus den deutschen China-Restaurants bekommt der Gast in Peking erst einmal grundsätzlich keinen Reis serviert. Aber zumindest Miss Karin hat mal wieder unglaubliches Glück gehabt: sie darf in eine andere Stadt fliegen. Nur schade, dass sie das eigentlich gar nicht möchte...

Begleiten Sie Sonja Piontek auf ihrer faszinierenden und unterhaltsamen Reise durch den chinesischen Alltag und gewinnen Sie Einblicke in die alltäglichen Widrigkeiten und die vielen Freuden einer Westlerin mit einem Land und einer Kultur, die uns fremder nicht sein könnte!

»Überraschende Geschichten weiß Frau Piontek zu erzählen! [...] Überall macht sie für den Leser verblüffende kleine Beobachtungen, die zusammen das Mosaik eines Chinabildes ergeben, das ebenso ungewohnt wie erhellend ist.«
(Dr. Volker Stanzel, 2004-2007 deutscher Botschafter in China)

CONBOOK VERLAG
www.conbook-verlag.de

Über die Geschichte, Gesellschaft und Kultur Indiens... und über Eunuchen, IT-Boom, Kühe und Yoga.

Andrea Glaubacker
INDIEN...
VON BUDDHA BIS BOLLYWOOD

ISBN 978-3-934918-29-0

INDIEN... VON BUDDHA BIS BOLLYWOOD. Indien - für die einen ein Land der Sehnsüchte, für die anderen ein Schreckensszenario. Ein Gegensatz, der bezeichnend ist für eine Gesellschaft, die mehr denn je im Spannungsfeld zwischen Tradition und Moderne gefangen scheint.

Doch der behäbige indische Elefant ist in Bewegung geraten und setzt wie ein Tiger zum Sprung an, während Jahrtausende alte Strukturen und Traditionen immer noch lebendig und tief in den Menschen verankert sind. Kein anderes Land scheint so komplex, so vielschichtig und auch so widersprüchlich wie Indien.

Dieser Kulturführer, ergänzt mit spannenden Interviews und unterhaltsamen Erlebnissen, macht Indien ein Stück begreifbarer, entblättert es und öffnet dem Leser einen faszinierenden Subkontinent.

Interviews u.a. mit Anti-Terrorexperte Colonel Mahendra Pratap Choudhary, Frauenrechtlerin Urvashi Butalia und dem Direktor des Sivananda Yoga Ashram in Neyyar Dam.

Empfohlen von der Deutsch-Indischen Handelskammer.

CONBOOK VERLAG
www.conbook-verlag.de

LITERATUR

Charmant-ironische Episoden über und quer durch die neuseeländische Gesellschaft.

Allen Falls
DER GERUPFTE KIWI - NEUSEELAND. FAST WIE IM RICHTIGEN PARADIES

ISBN 978-3-934918-49-8

DER GERUPFTE KIWI - NEUSEELAND. FAST WIE IM RICHTIGEN PARADIES. Aotearoa, wie der maoriphile Weltreisende Neuseeland fachmännisch gerne nennt, ist ein unbestritten schönes Land, das auf den ersten Blick tatsächlich wirklich einzigartig aussieht. Doch hält das Flair des kleinen Musterlandes am anderen Ende der Welt auch einer spontanen Nagelprobe stand? Was fördert wohl ein verschämter Blick unter den neuseeländischen Rasenteppich zutage?

Der lemmingartigen Begeisterung für das Land der Kiwis leicht überdrüssig, wagt Allen Falls einen kritischen, ironischen und sehr unterhaltsamen Blick auf Land und Leute, fördert dunkle Geheimnisse zutage und führt den Lesern eine Gesellschaft vor Augen, die viele unserer mühsam erarbeiteten wertdeutschen Errungenschaften so ganz und gar nicht nachvollziehen kann.

»Der gerupfte Kiwi« versteht sich als Episodenerzählung mit in sich weitgehend abgeschlossenen Kapiteln, die absichtlich immer wieder Fragen offen lassen und in locker er Folge diverse Auffälligkeiten des neuseeländischen Lebens beschreiben.

Soviel sei an dieser Stelle schon verraten: Genaugenommen ist auf dieser Doppelinsel alles eine einzige große Auffälligkeit.

CONBOOK VERLAG
www.conbook-verlag.de